HERITAGE OF FIRE
The Story of Richard Wagner's Granddaughter

炎の遺産

リヒャルト・ワーグナーの孫娘の物語

フリーデリント・ワーグナー　Friedelind wagner
ページ・クーパー　Page Cooper

訳者　北村充史

論創社

HERITAGE OF FIRE

The Story of Richard Wagner's Granddaughter

BY

FRIEDELIND WAGNER

AND

PAGE COOPER

炎の遺産——リヒャルト・ワーグナーの孫娘の物語

二人の父、
ジークフリート・ワーグナーと
アルトゥーロ・トスカニーニ
に捧げる

——フリーデリント・ワーグナー

炎の遺産――リヒャルト・ワーグナーの孫娘の物語　目次

序章

一九一八年、私が生まれた頃のドイツは、混沌とした荒廃の大地だった。バイロイトは、この本で私が語ろうとした思い出の地だが、すさまじい被害をこうむっていた。祝祭劇場《フェストシュピールハウス》は閉鎖されており、歌手や観衆の人影はなかった。私が最初におぼえているヴァーンフリートは、大きな建物のヴァーンフリート本館ではなく、すぐとなりの小さな父の独身用住宅で、私の一家は大きな館の暖房がまかなえなくなって、そちらへ引っ越していたのだ。一九二二年にやっと本館に戻った。大戦中は芝生と庭にキャベツやじゃがいもが植えられていたが、一九二四年に訪問客が戻るまでに、芝生や庭はまた元通りにされた。

父が一九二四年にバイロイト音楽祭を復活させると——父は自分と家族をかえりみず懸命に働き、音楽愛好家や友人の助けをえて再興したのだが——、大歌手や大指揮者たちは、ワーグナーがこの小さな町の丘の上に建ててくれた劇場で、ふたたびワーグナーの楽劇を上演演奏するようになった。

地球の裏側からやって来た音楽好きたちが、夏の空気のもとで、スコアを読んだり、いろんな国の言葉でお喋りをしながら、幕間《まくあい》に紅茶やバイエルン・ビールを飲んでいた。ダイムラーやメルセデス、ロールスロイスなどの車が通りにひしめいていた。王様や女王様、王子や王女、大公や大公妃が、きらびやかな絵のようだった。なかには退位したものもいて、上演後アーティストや観客と夕食をとり、下のレストラン・フロアへの広い階段をおりてくる人たちにブラボーの声をかけていたからだ。ヴァーンフリートは戦前とおなじく著名客のためのオープンハウスで、昔はコージマが、女王みたいに客を迎えていた。

一〇年にわたる閉鎖ののち父が祝祭劇場を再開したとき、わたしは父の夢を理解し共有できる歳《とし》になっていたから、そのことが背景にあってわたしはのちに、ヒトラーと国家社会主義がバイロイトやドイツ全土にもたらした荒廃をみつめたのだ。

第一次大戦後、世界の音楽の中心地としてバイロイト音楽祭が復活されたときは、父にとって不滅の瞬間であった。彼はその後六年しか生きられなかったが、自分の努力が実ったのを見届けるには十分長生きしたといえるだろう。しかし、日に日に増えてくる骨の折れる仕事に耐えるには、父は疲れており、働きすぎだった。一九三〇年に『神々の黄昏』の舞台稽古《ゲネプロ》後に倒れたのだが、それは奇しくもジークフリートの「葬送行進曲」を演奏した直後だった。わたしの母が大胆にもその仕事を引き継いだ。それからどうなったかは、本文でお読みいただきたい。

しかし父のバイロイト、コージマや祖父ワーグナーのバイロイトは、もはやない。よく言われるコメントは真実からはほど遠いと、わたしは確信しているのだが、それは、祖父リヒャルト・ワーグナーが精神的ナチで、その音楽がナチス・イデオロギーを体現している、という意見である。祖父はあのような思考形式を絶対是認できなかっただろう。彼の全生涯と、その著作と音楽のすべてが、そういう可能性を否定している。ナチのプロパガンダに耳を傾けるかわりに、祖父の書いたものをお読みいただければわかる。

ワーグナーが預言者的明確さで予知したのは、現代のドラマと悲劇であった。ヒトラーが『ニーベルングの指環』をちゃんと読んでいれば、自分の運命が予知できたはずだ。『指環』では象徴的に、黄金を自分の力の拡大に用いる者は、破滅にいたるのである。黄金が美をあらわしているかぎり、それは安全で美しいものだが、アルベーリヒが愛を強く否定し、黄金を奪って指輪をこしらえたとき、彼は自らに権力をあつめて他の人びとを隷属させ、私たちが今日もくりかえし見るきわめて勝手な行為にはしったのである。ヒトラーと、ワーグナーに関するヒトラーの勘違いに追従している人びとが、この類似性に気づいていれば、彼らはワーグナーを理解できただろう。そうすれば、その作品すべてに流れる永遠のテーマ、愛による救済と、憐れみによる救済というテーマがわかることだろう。ワーグナーのドラマに救済をもたらすのは、いつでも愛と至高の犠牲なのだ。

祖父リヒャルト・ワーグナーはかつてこう書いた。「私は、自分の創作したものすべてを、喜んであきらめ、破壊するだろう――そうすればこの世にさらなる正義と自由がもたらされるというのであれば」

おなじ理由でわたしが志願亡命者になったずっとあとに、トスカニーニは、わたしへの手紙の冒頭にこの引用を書いてきた。

だからわたしは祖父が歩んだのとおなじ道をたどる——祖父ワーグナーは、自分が耐えがたい《イントレランス》というだけで、自分と違う信念を断固として拒絶し《イントレラント》、不正に対してはつねに反逆者であった。子供の頃から娘時代、わたしは、現代世界のドラマがしかけられていく段階《ステージ》を見てきた。二〇年代はじめ、わたしの母は、無名の若い狂信者と出会い、彼の熱心な支持者となった——その若者が本当に《世界の救済者》だと信じたのだ。母の熱狂ぶりが理解できるのは、第一次大戦後のドイツを知っている人たちだけだろう。あの頃は誰もが、ドイツ人民をあの混乱から救い出してくれる人物をひたすら求めていたのだから。現れた唯一の指導者がアドルフ・ヒトラーだったという事実は、どうやら、ドイツ人の愚かさを永遠に記録する証拠となりそうである。

ヒトラーはわが家をひんぱんに訪れるようになったから、わたしは非公式に、いわゆる「舞台メイキャップ」なしの彼を知っている数少ない人間となった。父は、母の不思議な救世主《メシア》のことを一笑に付した。多くの人たちと同じように、父は、新しい自称救済者が成功するチャンスは、万に一つもないと感じていた。このたった一つのおかげで、ヒトラーは驚くべき権力への上昇を果たせたのだ。重要な地位にある人はだれ一人、彼をまともに扱わなかった。ヴェルサイユ条約の監視国も、ドイツ人民とおなじく、まんまとあやして眠らされていた。ヒトラーなんてまもなく舞台から消えてしまうさ、とみんな高をくくっていたので、彼を止めようとする者などいなかった。

もちろんわたしは、ドイツの文化や芸術生活に何がおこっているかをじかに見てきた。今では、だれでもぞっとするほど明らかだ。わたしが育ってきた世界はまるでお伽話みたいで、当時ですら全部ほんとうとは思えないくらいだった。ありがたいことにわたしは運よく、美とか愛、思いやり、音楽や芸術というもののしっかりした基礎を身につけたのちに、人生はおそろしく厳しいもので、ちっとも美しくないということに直面させられた。憎しみやだましあい、残虐行為といったものを、それにまきこまれないで何とかすりぬけて来られたが、それは、ユニークな生い立ち、背景のおかげであり、父がわたしに愛するよう——また愛するもののために戦うよう教えてくれたことを守ってきたおかげだった。あの独裁時代、人びとがどんどん悪いほうに変わっていくおそろしい光景を目《ま》の当たりにすると、わたしは全人生をかけて、あらゆるもの、すべての人びとに対し、たえず反逆せざるをえなかった。

わたしのドイツとのつながりは、一九四〇年の春、スイスで、母と最後の別れをしたときに終わった。あのじめじめして寒い午後、チューリッヒ駅のフォームでさよならを言って以来、わたしはもう一つの人生を生きはじめたが、多分もっと正確にいえば、わたしは前進するための第一歩を踏み出したのだ。実際、わたしには長いあいだ故国というものがなかった。

英国政府が「たぐいないプロパガンダ価値」ありと認めて、わたしを受け入れてくれたので、おかげでわたしは英国に渡り、そこで何ヶ月もすごして、自分のできることをしたり新聞に手記を書いたりした。やがてベルギーとオランダが占領され、英国も敵国人をすべて強制収容する必要があると考えた。その後わたしはマン島の強制収容所で何ヶ月かすごした。九月、たまたまちょうどロンドン大空襲の時期に、わたしはロンドンに移された。

この間ずっと、トスカニーニがわたしの釈放を働きかけてくれた。一九四〇年夏に、彼はわたしがアルゼンチンに渡れるようにしてくれたが、わたしがようやくその国に着いたのは、一九四一年春のことだった。

六月、トスカニーニが演奏会シーズンのためにブエノス・アイレスに到着し、その六週間後、トスカニーニ夫妻とともにわたしはニューヨークに飛んだ。ラ・ガーディア空港に着いたのは、夏の終わりの午後六時だった。翌朝九時に、わたしは最初のアメリカ市民権申請用紙を提出した。わたしにはまた故国ができたのだ。故国があって、そこで働いて生き、隣人たちと仲よく暮らせるのは、何といいことだろう――これはもう一つ別の人生を歩んできた者にしかわからないだろうけれど。

フリーデリント・ワーグナー
ニューヨーク州ニューヨーク市
一九四五年

ワーグナー家 系譜図

フランツ・リスト
1811-1886

ダグール伯爵夫人
旧姓マリ・ド・フラヴィニイ

コージマ
1837-1930

前夫 ハンス・
フォン・ビューロー
1830-1894

夫 リヒャルト・
ワーグナー
1813-1883

ダニエラ
1860-1940

ブランディーヌ
1862-1941

イゾルデ
1865-1919

エヴァ
1867-1942

ジークフリート
1869-1930

妻 ヴィニフレート・
ウィリアムズ－クリンドウォース
1897-1980

ヴィーラント
1917-1966

フリーデリント
1918-1991
（愛称マウジ）

ヴォルフガング
1919- 2010

ヴェレナ
1920-

ヴォルフ＝ジークフリート 他 3 人
1943-

ゴットフリート
1947- 他 2 人

マンフレート・
ラフェレンツ
1945-
他 5 人

（＊ 1943 年以降は訳者が追加・簡略化した）

コージマとリヒャルト・ワーグナー　1872年

リヒャルト・ワーグナーとその息子ジークフリート　1880 年

祝祭劇場

ヴァーンフリート館、バイロイトのワーグナー家

第1章　救国者が来た日

祖母コージマは二階の居間の長椅子に横たわり、盲《めし》いた目を明かりからそむけて、わたしたちに「お医者さまごっこ」をさせていた。ヴィーラントが鉛筆で祖母の体温をはかり、わたしは脈をみていた。ヴォルフガングはグラスの上で水の入ったスプーンを水平にしており、まだ二歳半の赤ん坊ヴェレナは、床でクッションと遊んでいた。わたしたちはコージマの部屋が好きだった――そこには濃い木綿サラサでおおわれた椅子や、暖炉の上にはワーグナーの胸像があった。わたしたちの子供部屋のとなりにあって、階下の部屋ほど格式ばっていなかったからだ。なによりも、裏庭を見下ろすバルコニーがわたしたちのお気に入りだった。まわりにバラがびっしり植えられた噴水と、ワーグナーのお墓は紋章もない灰色の大理石の板で、礎石のまわりにつたが這っている。祖母はワーグナーの話をしたことがなかったし、彼女の前では誰も話題にしなかった――祖父の誕生日や命日が近くなると、みんな祖母にちがう日付を言ってそれをやり過ごしたが、祖母は寝言でその名を呼んだそうだ。

孫たちだけはこわいもの知らずだったが、ほかのみんなは、この背の高い堂々とした、美しいというよりは人目をひいてきただろうわし鼻の容貌をもつ老婦人のまわりを、そっと忍び足で歩いた。もう九〇近くで、わたしは、暖炉のうえにかかっている肖像画や、階下の書斎にある肖像画のために祖母がポーズをとっているところを、想像するのが好きだった。この二枚はレンバッハが描いたもので、一枚は黒いドレス、もう一枚は白いドレスを着ている。もう一枚ユウコフスキーの描いた祖母は、東洋風ガウンをつけている。どれも曽祖父リストが生きていた動乱の日々のもので、コージマの神聖なる頭上をスキャンダルのあらしが吹き荒れており、ベルリンっ子が『タンホイザー』の序曲にブーイングを浴びせていた頃である。

コージマと伯母たち——コージマの娘ダニエラとエヴァ——、肖像画とピアノ、庭とお墓、どれもヴァーンフリートに生きてきたワーグナー家の伝統の一部だった。この家は祖父が五〇年ほど前に建てたもので、バイエルンの美しい小さな町バイロイトにあり、祖父は自分の楽劇用の完璧な祝祭劇場《フェストシュピールハウス》を建てるために、この町を選んだのだった。彼は広々とした空間にヴァーンフリートを設計し、音楽家やアーティストをもてなすセンターにして、劇場は楽劇のためだけに使い、ようやくそこに、もとめてやまなかった安らぎを実現したのである。

この美しくも複雑な先祖と因習の世界に生まれたワーグナー家の孫たちにとって、ヴァーンフリートは、古くて熟した伝説そのものだった。ワーグナーがヴェネチアの小さなソファで亡くなって

（一八八三年）から三〇年間、コージマはそのソファをヴァーンフリートに持ち帰って寝室に置き――誰もそれにさわらせてもらえなかった――祖母が独裁的権力で支配してきたのだ。その間《かん》ずっと、何一つ変わらなかった。巨大な書斎にはワーグナー自身のデザインで美しく装丁した書物が並び、崇拝者たちが世界中から送ってきためずらしい貴重な贈り物《プレゼント》が、ワーグナーの生前そのままの場所に置いてあった。祖父の眼鏡が、ガラス張りの机の引き出しに、祖父が置いたとおりに横たわっていた。ほぼどの部屋にもあるピアノは、一インチたりとも動かしていなかった。私たちはそれにふれてはいけなかったのである。

「これはリストのピアノだったの」私たちは教えられた。「ワーグナーはフランス製エラールをもって旅をし、〈私の白鳥〉と呼んでいたわ。その黒いステックで彼は『パルジファル』を作曲した。あの黒檀のは中に銘が入っていて、スタインウェイがおじいさまにくださったの。そのベヒシュタインであなたのお父様は作曲なさったのよ。あなたは二階の自分のピアノでお稽古なさい」なかでもすてきな椅子があって、演奏中に後ろにもたれられるようにリストがデザインしたものだった。じつをいうと二つあったのだが、私たちが〈リストみたいに演奏する遊び〉で後ろにひっくりかえし、こわしてしまったのだ。

いま思うとわかるが、わたしたち四人の新世代が、この神聖なる伝統の世界（ヴァーンフリート）に加わったのは、何ともめんどうなことだったろう。父は四六歳で、若く美しい英国人の母は一八歳、その年に父は花嫁をヴァーンフリートに連れてきたのだ。一九一七年にワーグナーの最初の孫が生まれたときは、大変おめでたいできごとだった。初孫の生まれた日に、コージマはワーグナーの死後はじめて、スタインウェイの前にすわって、「ジークフリートの牧歌」を数小節弾いた。一五か月後の聖金曜日《グッドフライデー》にわたしが生まれたが、それほど祝ってもらえなかった。そのあと生まれたヴォルフガングとヴェレナも、歓迎されなかった。コージマは二度とピアノにさわらなかった。わたしたちは祖父の聖なるピアノの椅子によじのぼり、大作曲家思い出の曲を弾いたり、祖父の眼鏡をかけたりさえしたが、喜んだのは父だけで、伯母たちはショックをうけて憤然とし、おさな子の手が大作曲家の神聖さを汚したという思いと、新たなワーグナーの血が生まれたのだという誇りとにひきさかれていた。

しかしわたしたちは、自由な日々を無邪気に走りまわり、先祖に大変な人がいたのだと魅《ひ》きつけられはしたが、おそれを抱いたことはなかった。一九二三年の、あのよく晴れた五月の朝、コージマの部屋でお医者さんごっこをして遊んでいたとき、みんなとりわけうれしかった。ヴィーラントが学校を休んでいたからだ。母にはお客様の予定があり、あとでわたしたちは階下に降りていって、お客に会うことになっていた。が、みんなお客様にはなれっこになっており、わたしたちに気をつかってほしくなかった。赤ん坊の頃から、わたしたちははいはいをしながら、有名な作曲家や作家、演奏家、皇室関係者など、ヴァーンフリートをたえず訪れる著名なお客の足もとで遊んでいたのだから。

コージマはひ弱でたくさんの来客に会えないため、古い親友とだけ面会したが、わたしたちはいつもお客様の話をしてあげた。

「今日は誰がいらっしゃるの?」祖母はたずねた。

「またヴィニーの熱中してる人よ」と、そのとき付き添っていたダニエラが答えた。「あの若いアドルフ・ヒトラーという、ミュンヘンで会った人。ヴィニーの話じゃ、ドイツの救国者になる方ですって」

コージマの娘たちは毎日を二人で分担していた。朝はダニエラが母の世話をする。午後はエヴァ。ときどき午前と午後が入れ替わる。二人は会って別れるとき、エヴァの夫ヒューストン・スチュアート・チェンバレン(評論家・著作家)に遠慮していた。ダニエラはチェンバレンがきらいで、その確執が、やさしいエヴァと姉の仲を冷たくしていたのだ。

ダニエラはいつも誰かをはげしく憎んだり愛したりしており、幸せな人間を見るのが我慢できないのだった。明晰な頭脳と猛烈なエネルギーをもった人だったから、別の世界か別の時代に生きていれば、何かのしごとで成功しただろう。だがコージマにせまい〈ドイツ社交界〉のなかに閉じ込められて(ダニエラはフォン・ビューロー家の人間で、コージマの離婚にもかかわらず宮廷で拝謁をたまわった)、彼女はたえず感情を爆発させており、まわりのものをみなぶちこわしては、自分がかっとなるのをいつも後悔し自分を責めていた。

わたしたちがダニエラ伯母に魅せられたのはその目で、一つは青く、もう一つは茶色だった。伝説によると、最初の赤ん坊と対面してその目を見たとき、コージマはみぶるいして、この子は二重人格になるのではと心配したという。コージマがおそれたのは、その子が不安定な気性をついで、フォン・ビューロー家の地獄を一生背負わなくてはならない、ということだった。

ダニエラは甥や姪を愛して、わたしたちをかわいがってくれたが、母と話すときは、不機嫌なきんきん声になった。父が娘のような若い女と結婚したのが、許せなかったのだ。そのうえ、有名なピアニストで指揮者のカール・クリンドウォースの養女だったとはいえ、母ヴィニフレート・ウィリアムズは英国人で、孤児だった。二人ははじめて会ったときから犬猿の仲だが、それはコージマがダニエラをベルリンにやって、ジークフリートの花嫁（つまり母）の嫁入り支度を選ばせたときだった。おそろしく保守的なダニエラは、自尊心のある花嫁なら着たがらないようなドレスをすすめたのだ。祖母だとぴったりだった。靴のつま先があまりとがっているので、母はそれを全部靴直しに出して丸めてもらった。ヴァーンフリートに到着すると、母は嫁入り道具を全部しまいこんで、女学生時代のドレスを身につけた。

自分の結婚が第一次大戦直前に離婚という不幸な結果に終わったものだから、ダニエラはその関心を私の父に集中していた。父の結婚後は前線で看護婦として働いていた。数年後バイロイトに戻ると、父は当然ヴァーンフリートに住まいを提供したが、母への憎しみが家庭をめちゃくちゃにしたので、おなじ家に住めなくなった。まもなくダニエラは近くに部屋をみつけて引っ越した。いまダニエラと母のあいだは一種休戦状態だった。

母がヴァーンフリートに来た頃の話を、わたしたちはいつもどきどきしながら聞き入った。コージマは母を子ども部屋から出たばかりのようにあつかい、毎日フランス語の宿題をすることと、毎朝半時間書斎の掃除をすることを命じた。母は何もかもいやだったが、耐えぬいた。年取った執事のショイエルンブラントが、よき理解者だったからだ。彼と、チェンバレンと父のおかげで、母は何とか明るさを失わず、ヴァーンフリートの圧倒的な亡霊たちに押しつぶされずにすんだのである。

「ヴィニーの熱中してる人」ダニエラはその口調にうんと軽蔑の意味をこめて言うのだった。わたしたちはまるで気にしなかった。将来有望なお客に会うより、コージマを説きふせてバルコニーに出るほうがおもしろかったから。

「おばあさま」とヴィーラントがたずねる。「車椅子に乗せてあげてもいい？」兄だけは大きかったので祖母を乗せられたが、伯母のどちらかが手伝わないと乗せてはいけないことになっていた。コージマは長椅子から立ち上がった。とても背が高くてやせており、ロウみたいに白くきゃしゃだったので、わたしは祖母が二つにこわれそうな不安におそわれた。白髪は真ん中で分けられてうしろでギリシャ結びにしてあり、まだふさふさと美しかった。

ちょっとした隊列をくんで、一同はバルコニーに出ていった。ヴォルフガングは毛布を引きずっていってコージマのひざにかけ、ダニエラがショールで祖母をくるんだ。外は春の香りがした。ニレの葉が伸びはじめて、モミの木を背に淡い黄色になっており、花壇のあいだの芝生は新緑にもえていた。わが家のスカイテリア、プッチがハエを追うのをやめて、わたしたちに元気よくほえた。

「プッチだよ」とヴォルフガング（みんなヴォルフィと呼んでいた）が説明した。「二階に来たいんだ」

コージマは透き通った老いた手を孫の頭にのせた。だれも見えなかったが、祖母はだれがそばにいるかわかり、孫がみな刈入れどきの小麦色ブロンドなのがうれしかった。

「坊ちゃま、お嬢様」エマが居間の入り口で、わたしたちを呼んでいた。「下へ行く時間ですよ」

わたしたちはしぶしぶコージマの頬にキスして、エマについていった。みんなこのりりしい、背の高い保母《ナース》が大好きだった。エマはヴィーラントの勉強をみてやり、わたしたちのなきごとに耳をかたむけ、みんなのごたごたを解決してくれたが、子どもたちのいたずらには我慢できなかった。いたずらするのならもうやめる、と毎晩わたしたちをおどかし、毎回わたしたちが説きふせてとどまるように頼むのだった。

すぐに全員顔を洗って髪をとかし、赤ん坊のヴェレナは白いふち飾りのついた子供服に、わたしは髪に青いリボンをつけられた。エマがみんなを音楽室に連れていくと、父と母が待っていた。わたしはかけよって父の手をにぎった。父といればその間じゅう、わたしはすっかり幸せだった。母は、目を輝かして頬を紅潮させ、ワーグナーのピアノの前にすわると、指でキイのほこりをぬぐっていた。

この部屋は、いつもわたしたちの人生で重要なできごとの舞台となった。館《やかた》の中心にある大きな二階吹き抜けのサロンで、音響効果のいい壁をもち、明り取りのガラスの天窓があった。部屋をぐるっと取り巻いているバルコニーの下に高々と、コージマはルートヴィヒ王から贈られた油絵をかざっている――『ニーベルングの指環』を描いたもので、フリーズ装飾みたいに壁にはめこんであった。たくさんありすぎて、祖母はそうするほか考えられなかったのだ。台座の上の大理石彫刻六つも、ルートヴィヒ王の贈りものだった。ローエングリン、ジークフリート、タンホイザー、トリスタン、ワルター・フォン・シュトルツィング（訳注：『ニュルンベルクの名歌手』の主人公の一人）、パルジファル。みんなクリスマス花輪《リース》をかける台にぴったりだった。この胸像や英雄像のなかで、わたしたちは誕生日やクリスマスのお祝いをし、父と母がパーティを開くときは、バルコニーにもぐりこんでお客をのぞき見した。

ながいことわたしたちは待たされた。母は熱心に父に話しかけ、その若い人がいかにすばらしいかを説明していた。やがてヴォルフガングとわたしは退屈して、玄関の戸口に行き、栗並木のあいだの車道を走ってくる自動車を待ち受けた。ようやく一台、リヒャルト・ワーグナー通りからあらわれた。二人は父と母を呼び、みんなで玄関にお客を迎えにいった。若い男が車から飛び降りて、わたしたちの方に来た。その人はババリアふう皮のひざ丈ズボンに短い厚手ウールのソックスというありふれた姿で、赤と青のチェックのシャツと短い青の上着が、つめもののない骨格をふくらませていた。くぼんだ青白いほおの上にするどい頬骨が出ており、そのうえに不自然なほど明るく青い目があった。なかば飢えたような表情と、ほかにも、ある種の狂信的な輝きがあった。

若い男は母と握手をし、母はその人を父に紹介した。男は二人のあとからおずおずと、ぎこちなく音楽室と書斎に入り、まるで大聖堂の聖遺物を見ているみたいに記念の品々のあいだをそっと歩きまわった。敬虔な表情で、だれかがコージマに贈った水晶の阿片パイプや、きれいでかわいい仏壇をながめ、ワーグナーがナポリの街である男から買った蝶のコレクションの前で立ち止まると、ワーグナーの最後の写真——ちょうど逆光になる位置にかけてあった——の前でながいことたたずんだ。一二歳のとき『ローエングリン』を聞いて以来、彼はワーグナーを「史上もっとも偉大なドイツ人」と尊敬していたのだ。

　ローエングリンと白鳥をあしらったおそろしく大きな青い花瓶が二つあり——これもルートヴィヒの贈りものだった——、ヒトラーはちらと見ただけで通り過ぎたが、金属板の銘を読んで銀の月桂冠を一つ手に取った。それが伯母たちあてのでなかったら、母はかくしてしまっていただろう——彼はそれをやせたきゃしゃな手で、慎重にかかげていた。

　そのあとみんなは、両親と、へりくだって遠慮がちな男の人のあとから、庭をぞろぞろ行進した。ここでは男は、室内ほどワーグナー風雰囲気に圧倒されていなかった。父と母に、自分の党が今年の後半計画している行動《クー》のことを話した——それが成功すれば、ただちに権力をにぎれるというのだ。その計画を話しながら、男の声はしだいに興奮して表情ゆたかになり、どんどん深くなっていったので、みんな音楽を聴いてうっとりする小鳥たちのように輪になってすわっていたけれども、ことばの中味は気にしていなかった。

　まもなく若い男は去り、わたしたちは戻って遊んだ。昼食の席で、母はまだヒトラーのことを父に話していた——ベヒシュタイン夫人が、どれほど彼を食べさせて衣装を与えたり、基本的マナーを教えてオペラに連れていき、お金をあげたり晩餐会を開いたりして、重要人物たちに引き合わせたかを。有名なピアノ・メーカーのエドウィン・ベヒシュタイン氏は、母の保護者で、母はミュンヘン訪問中にその熱をうつされたのだった。

「あの方はドイツの救国者になるべく運命づけられているとお思いにならない？」と母は言い張った。

父はおうように笑っていた。あの青白い若い男に感服はしなかったのだ。

第2章　シンデレラ・チャイルド

父が家にいるときは、いつも休日だった。秋と冬のあいだは、父と母は演奏旅行にでかけ、わたしたちはエマと召使たち、コージマと伯母たちとともに残された。五歳の少女にはそれも充実した世界だったが、わたしは心の底では、父が家に戻らないのではないかとひそかに恐れていた。

一九二三年の夏、父はほとんどヴァーンフリートにいた。ふつうはお茶の時間《ティータイム》までしごとをし、そのあと長い散歩をしてから、六時にコージマの部屋にあつまるのだ。ときには家族全員で行ったが、めったにないものの、わたしだけが父と散歩することがあった。二人は鉄の門でうちの庭と仕切られている公園に入っていった。父は人なかが好きで、立ち止まってはベンチにいる人たちとお喋りをした。列車に乗るため駅に行くときも、父は一、二時間早く出て人びとをながめた。その多くがあとで父のオペラに登場することになる。

ときどき牧場の小道を行くか、町をかこむゆるやかな木立の丘にのぼった。二人だけのときは、父はわたしに英語とフランス語を教えてくれた。子ども時代の大半を外国で過ごしたので、どちらもなまりなしにしゃべれるのだった。イタリア語はほとんどどこの方言もまねることができ、わたしに向かって、ロンバルディのお百姓やナポリの漁師のまねをするのが好きだった。ほんとに物まねがうまくて、当人の知らないまに顔の表情までまねてしまうのだ。

父がオペラの一節でわたしをテストしたり、二人で想像上のオペラをいっしょにつくり出したりした。わたしが大きくなったらツアーについて行って、フェスティバルの製作を手伝うという、すてきな計画もたてた。父の人生の一大目標は、大戦開始以来閉鎖されている祝祭劇場を再開することだった。その目的で父は演奏旅行にでかけ、ヨーロッパ中を東奔西走して、コンサートの指揮や自分のオペラの上演指揮を行っていた。来年、一九二四年には、きっとフェスティバルが再開できると思っていた。

父は、コージマに死ぬまでにもう一度、指環物語群を聞かせたかった。父はコージマを偶像化していた。彼がいちばんよく知っていたのだ、コージマが、フェスティバルの経営を息子に引き継ぐのに、どれほど一大決心を要したのかを。彼女が『指環』を輝かしい成功にみちびいた——演奏者《アーティスト》を選んで訓練し、技術的上演法から財務にいたる何から何まで、自分で実現にこぎつけたのだった。はじめ父は指揮をし、それからコージマの助手になって、最終的に準備できたと信じられた時点で、彼女は完全に引退したのである。

「手を引いたままでは絶対いられないよ」人びとは言ったが、彼女は手を出さなかった。そのときからフェスティバルは父の全人生となったのだ。父がわたしを自分の後継者だと話したとき、わたしは子どもごころに誇りではりさけそうだった。

「いつかお前が仕切れるんだよ」父はよく言った。フェスティバルに行ったこともなければ父の言葉の意味もちゃんとわからないくせに、わたしは大まじめで答えた。「もちろん、やるわ」

散歩中に彼がぼんやりしていると、わたしは「パパは作曲中だ」とわかって、音を立てないよう気をつけてそのまわりを走りまわった。作っている曲のテンポに応じて歩く速さを変えたので、それに合わせようとするのは愉しかった。そうなると娘のことなどすっかり忘れて、ヴァーンフリートの門までたどりつくのだ。すると父は笑って、お前は作曲家のいい女房になれるよと言った。

「当然よ」わたしは同意した。「パパあたしと結婚しない？」父はしどろもどろで、小さな女の子がどうして父親と結婚できないのかを説明するのだった。

雨もようの夏の午後、父はときどき子ども部屋をのぞきにきた。ヴィーラントはいつもスケッチをしていた。左手で描くので、学校で先生にしかられ、正しいほうの手で描くようしつけられたが、家では逆らって、いつもわたしたちにモデルになれとうるさかった。父はヴィーラントに同情した。自分も以前左手で指揮していて、楽団員からわかりにくいと文句が出たからだ。ヴォルフィが消防自動車をばらばらにするのをやめ、みんながまわりに集まってくると、父は子どものころの話や、どうやって母に言い寄ったかというお話をしてくれた。

父の愛妻ヴィニー（わたしたちの母ヴィニフレート）は不幸な境遇出のシンデレラ・チャイルド

だった。若い女優だった母親と、橋の建築技術者でときどき小説や音楽批評を書いていた父親は、どちらもヴィニーが二歳になる前に亡くなった。デンマーク人の祖父はロンドンで苦労していたが、おさなごを育てる将来に恐れをなして、子どもを殺したうえ自殺しようとしかけた。そこを逃れたヴィニーは、英国の孤児院でみじめな子ども時代を過ごした。一〇歳のとき、ドイツに送られ、遠い親戚のカール・クリンドウォースの妻に会った。クリンドウォース夫妻はハノーヴァーの駅に行って、首に名札をかけ青ざめた美少女に会ったとたん、たちまち彼女に恋してしまった。ヴィニーが過ごしにきた休暇は無期限に延期され、数年後、このピアニスト兼指揮者は彼女を養女にした。

英国人だったクリンドウォース夫人はドイツ語が苦手で、ヴィニフレートをドイツの学校にやったが、日曜日には英国国教会の礼拝と、町中の英国人お茶の会に連れて行った。指揮者の夫はヴィニーにピアノを教え、ベルリンのいい演奏会に彼女を連れて歩いた。一五歳のときヴィニーは、父ジークフリートの指揮する演奏を聞き、恋に落ちて、授業中毎日教科書に父の横顔を描いてすごした。その絵はいまでもヴァーンフリートにある。お小遣いは全部、父のオペラの台本を買うのにつぎこんだ。

二年後の夏、一九一四年に、クリンドウォースはヴィニフレートをバイロイト・フェスティバルに連れて行った。舞台稽古《ゲネプロ》は招待客だけで、一般公演よりはなやかだった。ピアニストのクリンドウォースはワーグナーとリストの古い友人で、ヴァーンフリートにも出入りしていたので、ヴィニーをコージマと家族たちに紹介し、みんなこの美しい少女に夢中になった。当然ジークフリートもうっとりして、休憩のたびごとに彼女をワーグナー席のお茶に招いた。母はジャムに目がなく、父はもう夢中だったので、ポットから直接食べていいとすすめた。かくして一七歳の少女が、きれいな指をジャムだらけにして、ドイツでいちばんハンサムな、金持ちでもっとも有名な独身男をとりこにしたのだ。年ごろの娘をもつ年配の貴婦人たちは、さぞや嘆き悲しんだことだろう。

だが、愛が成就するまでは大変だった。一九一四年のシーズンさなかで大戦のため中断されたフェスティバルのごたごたを片付けるとすぐ、父はベルリンに行き、クリンドウォースの家のあるリヒターフェルドへの長い巡礼をはじめた。クリンドウォース家では菜食主義ランチもがまんして食べたが、辞去するやポツダム最初のレストランでハムをしこたま買い込んだ。

翌年の春、父がプロポーズすると、クリンドウォースは承諾した。

「ヴィニーが卒業するまで待てるかね」養父はたずねた。「それとも、すぐ結婚したいかね？」

「すぐです」と父は言ったが、行く手にひとつ難関があった。ヴィニーは敵国英国人で、日に二回警察に報告しなくてはならなかったのだ。はてしないお役所仕事で三か月待たされたのち、父は婚約者をドイツに帰化させた。ある日ヴィニーはめでたくプロシャ市民になり、つぎの日バイロイトで父と結婚してバイエルン市民となった。

ヴァーンフリートに足を踏み入れたときから、母は父にとって命そのものという存在になった。母は父の秘書となり、二、三年で演奏旅行のビジネスすべての世話をまかされ、どこへでも父に付き添っていって、持ち前の明るさと魅力で夫の士気を高めるのだった。夫は妻のささいな欠点も楽しみ、それをやさしくからかった。母がヒトラーに熱をあげても、父はちょっと変わった趣味ぐらいにみていた。まだ若くて生命力にあふれているんだから、集会に参加したり、街頭やビアホールでかぎ十字旗をふっていけないことはない――むりやりビアホールに連れて行かれたとしても。そのうち熱もさめるだろう。

　父は大戦後のドイツに幻滅していた。内心でまだ君主主義者なのは、大半のドイツ人とおなじだった。皇帝の亡命を理解できなかったし、許すこともできず、国をよくするつもりで失敗したワイマール共和国にも共感できなかった。父はリベラルだったが保守的な人でもあり、ドイツが革命と流血の惨事にひきさかれて、つぎつぎと不気味な「救世主《メシア》」を生み出すのを見るに耐えなかったのだ。ドイツは豚小屋みたいだと言い、そう思っていた。しかし父は、党派政治に巻き込まれるには、国際的な背景を身につけすぎていた。人生のかなりの部分を外国ですごしていたし、毎年ヨーロッパ中を旅して、ヴァーンフリートの家にいるときも世界中からお客があり、あきらかにインターナショナルだった。だから母の集会参加をからかい、ヒトラーを聖人とあがめるのはことわった。

　一九二三年の夏が終わり、コンサート・シーズンがはじまると、わたしはちょっとした不安におそわれた。今度はアメリカに行く話があった。あの重大な一一月のはじめ、正確には九日だったが、父は母と、コンサートの指揮をするミュンヘンへ行った。着いてみると、八日の〈小暴動《プッチ》〉のためにコンサートは中止されたことがわかった。ホテルの部屋から野外音楽堂が見えた。通りの騒ぎを聞いて父と母が窓から見ると、ヒトラーとルーデンドルフ将軍を先頭に、正規のカーキ色防水上着を着たナチ突撃隊員の一団が、街路中央を行進してきた。隊列はどんどん近づき、ひきいる将軍と歩調が合っていたので、悲しいかなヒトラーは非軍隊風にみえた。隊列が野外音楽堂の前にさしかかると突然、機関銃の発射音がして、行列は止められた。突撃隊員は逃げ散った。混乱のなかで母には、ヒトラーとルーデンドルフがどうなったか見えなかった。うわさでは、将軍はぶじだったが、ヒトラーは腕に怪我をして、どこにかくれたかわからなかった。

父は考えるだけでぞっとした――バイエルン政府が、全ドイツの偶像《アイドル》ルーデンドルフ将軍に発砲するなんて。この同情心が消えないうちに、母は父を説得してインスブルックに行った。そこには山道越えで逃亡し重傷のまま入院しているゲーリングがおり、難儀している人をほうっておけない父は、ゲーリングを看病しているのが美しいスウェーデン人の妻で、彼女も病気がおもく一文無しなのを知った。父は二人の入院費を払い、ヴェニスへ行って一年間ホテルで暮らせるよう手配した。ホテルの所有者は父の友人で、一セントも請求してこなかった。

これが、この運動に父が唯一貢献したことだった。父はそんなことは忘れてクリスマスのために帰宅した。その年のクリスマスは、ヴァーンフリート時代最大のお祭り《フェスティバル》だった。何週間もわたしたち子どもはあちこち走りまわり、伯母たちやコージマ、エマへのプレゼントをかくした。音楽室のワーグナーの胸像にわたしのベレーをかぶせてヴォルフィのスカーフをまき、リスト像の首に父のいちばんきれいなネクタイをつけた。大きなツリーが床に寝かされていた。枝をそろえて立てられるととても高かったので、バルコニーの上から身を乗り出して、てっぺんにつけたお星さまにさわれた。

クリスマス・イブの六時に鐘が鳴ると、わたしたちはみな一列行進して、ほんもののロウソクで照らしたツリーのそばに並んだ。父が演奏し、母がクリスマス福音書を読み、わたしたちはキャロルを歌った。やっとプレゼントだ！　うちへきてインテリ気取りになったコックは、ワーグナーに関する本をほしがった。エマは家族からだけでなく、お客様からもプレゼントをいっぱいもらった。ヴァーンフリートに来る人はみなエマが好きだったのだ。それからみんな、ツリーのまわりに並べた小さなテーブルや、家族、お客様、召使、子どもたちのあいだを歩きまわり、クリスマス・プレゼントを見せ合うのだった。

そのすばらしい日からまもなく、トランクがいくつも二階に運ばれて、母の部屋のベッドにドレスがいっぱい広げられた。父と母がアメリカに行く準備だ。父はこのツアーを楽しみにしていたが、ある意味ではがっかりする結果になった。ニューヨークに着くと、ある種慎重な堅苦しさがうかがえ、父の親友ですらそうだったのだ。あとでわかったのだが、父に悪意を抱く人がニューヨークに電報を打って、父がヒトラーの〈小暴動《プッチ》〉にフェスティバル再開のための金を全部寄付しており、その一部は世界中のワーグナー崇拝者から寄付してもらったものだ、という話を広めたのだ――お金は大部分、父が演奏会で生み出したものなのに。母が公然とあの運動に用立てたことが、父の行為で、しかもバイロイトの態度だとされたのである。

　わたしたち子どもは、父の心配ごとを知らなかった。自分たちの悲劇に心をうばわれていたからだ――プッツィが死んだのは春のことだった。お昼ごはんを食べているとメイドの一人が庭から駆け込んできて、わたしたちの犬が噴水でおぼれたと教えてくれたのだ。ひとしきり泣いたあと、わたしたちはプッツィを庭の裏塀の近くに埋めた。そばには以前いた犬やオウム、わたしが芝生で死んでいるのをみつけ、古い靴の箱に入れて葬ってやったクロツグミのひなのお墓があった。それぞれのお墓の上には、ラスのお墓より大きいくらいの墓石があった。ラスというのはワーグナーのニューファンドランド犬で、主人が亡くなったとき悲しみのあまり死んでしまったので、ワーグナーの墓の横に埋葬されたのだ。その墓は大理石で、こう銘が彫ってあった――「ここに眠りワーグナーを見守るラス」。塀のそばの小さなお墓には、埋められている犬やオウムの名前だけが刻んであった。

　ずっと残念だったのは、わたしがまだ生まれる前で、オウムを知らなかったことだ。このしわがれ声のペアは、ブリュンヒルデの戦いの雄たけび「ホジョートーホー！」と叫んでお客を驚かせたそうだ。母がヴァーンフリートに来たころは生きていた。その一羽、たぶんゴッケルは、人間より悪かったとよく話してくれた。そのオウムはエヴァが大きらいで、伯母の部屋にしのびこむ機会をみつけると不吉な鳴き声をあげ、机の上の書類を破ってしまった。あるときエヴァがげっぷをするのをオウムが聞いて、エヴァが部屋に入ってくるたびに、あざけるように大きなげっぷの音をまねたそうだ。
だがオウムのゴッケルはコージマが好きだった。祖母の寝室のとなりで眠り、夜女主人が寝つかれないと、「ドーラ来い！　ドーラ来い！」とナースが来るまで鳴いた。ある夜、一階に強盗が押し入り、ゴッケルは英雄になった。「ドーラ来い！」で家じゅうをたたき起こしたのだ。ゴッケルの墓は古かったが、わたしたちは、おぼえている犬の墓とおなじだけの世話をしてやった。

いまわたしたちはプッツィを墓地に運び、芝生に寝かせてやった。わたしが定めたクロツグミのとなりがいい。棒で場所のしるしをつけた。

「掘ってもいい、マウジ（訳注：「小ネズミ」という意の愛称）？」ヴォルフィがたずねた。ヴィーラントは学校だったから、わたしがつぎの指揮官で、儀式を仕切った。ヴォルフィは納屋へシャベルを取りに行き、庭師の老ホフマンといっしょに戻ってきた。わたしたちが芝生をいためないよう見に来たのだ。ホフマンは、彼のバラ園と芝生をこの世でいちばん大事だと思っていた。息子が大戦で鉄十字勲章をもらったというニュースを老人が受けたときは、コージマが庭まで来て、おめでとうを言った。

「ありがとうございます、奥様」老人は言った。「ところで、新しい剪定ばさみがほしいのですが」

プッツィのお墓に毎日花をそなえる計画だったが、フェスティバル準備のさわぎで忘れてしまった。工事請負業者があわただしく祝祭劇場とヴァーンフリートのあいだを行き来し、電報配達の少年が栗並木の路をたえず往復して、自転車で小石をはねていた。母もいそがしくて、手紙の返事を書いたり、無数の雑事の世話をしていたが、ヒトラーと仲間がランツベルク・アム・レックの要塞に収監されたことを知るぐらいの時間はあった。党は消滅したみたいで、ほんのわずかの熱狂的ナチスが、地下で活動していた。ヒトラーの忠実な信奉者は、そのあわれな男を気の毒がって、山のような食料品と、とくに彼が情熱をかたむけた砂糖菓子、ケーキやキャンデー類を送りつけた。なかば飢えたような容貌がヒトラーから消えてなくなったのは、この収監時代であった。

ランツベルクはバイロイトから各駅停車で七時間半かかったので、母はヒトラーと面会しようとは思わなかったが、服役中のナチ党員の家族のために、お金や衣服、食べ物をあつめる仕事をすぐはじめた。警察署長が母を署に呼んで、こういうばかなことをやめないといつか獄に入ることになる、と父親のように警告したが、母はまったく動じなかった。ほかのみんながドイツの服役「救国主」に甘いものを送っているのを知っていたから、彼女はヒトラーの必要なほかの何かを考えようとした。バイロイト中心街の文房具店で、母はかなりの量の紙、タイプ用紙、カーボン紙、鉛筆、ペン、インク、消しゴムを買い込んだ。わたしたちもその荷造りを手伝い、荷物はクリスマス小包便みたいに楽しくみえた。母はヒトラーが文学的野心をいだいているのを知らなかったが、彼女の送ったまさにその紙にインクと鉛筆で、ヒトラーは『わが闘争《マインカンプ》』の第一巻を書いたのである。刑務所で服役中ずっと、この推定天才が必要とするものを、母はすべて提供しつづけた。

こうした活動は父を不安にした。フェスティバルの開催に不吉な影をおとしはじめたからだ。もう笑いごとではすまなかった。父は母をとめなくてはいけないと感じたが、どうやって彼女にきびしくすればいいのかわからなかった。そのころの父のコメントで、一度だけいやみを言ったのをわたしはおぼえている。「ヴィニーは、私が必死に立て直そうとしているものを、全部ぶちこわしてしまう」

第3章　バイロイト・フェスティバル

一九二四年の祝祭劇場《フェストシュピールハウス》再開とともに、わたしたち子どもは、おとぎ話が現実になるなかで生きはじめていた。もうお医者さんや技師や、列車の車掌になりたいとは思わず、みんなワーグナーの音楽と劇場の進行に夢中になり、自分の職業を選ぶのに何の疑いももたなかった。毎日わたしたちは父に、自分たちが引き継いだとき製作するつもりの新しい、すてきな計画について話した。

はじめは、十年間閉鎖されていた祝祭劇場が再塗装され、設備が整えられるのをみていると興奮してきた。五月中、ヴォルフィとヴェレナは毎朝父といっしょにバイロイトへドライブして、しごとの進み具合を見に行くのに、ヴィーラントとわたしはまだ学校があるので、父が車をまわして放課後二人をひろいに来るまで待っているのだった。

だれもわたしたちに行けとかいていいとか言わなかったが、父はわたしたちがつきまといたがるのを自然だと思っていたらしい。だから機会があるたびにみんな車にのせてもらった。リヒャルト・ワーグナー通りをずっと行って、広場に入ると、交通整理の巡査がいつも「おはようございます」と言い、有名な連隊を記念した泉のうえのブロンズ騎馬像をすぎて、それからマイン川の橋をわたる――夏はとても小さな流れで、高い両岸のあいだに消えそう。丘をのぼりきると祝祭劇場だ。エンジンがうなり声をあげ、丘の中腹に広がった公園の車道を劇場めざして走った。大戦後、市の有力者たちは地元刑務所の服役囚を雇って造園を行い、柳の植え込みのあちこちに遊歩道や噴水、小さなプールをつくった。

みんな、モミの木立に囲まれたシンプルな赤レンガの建物が好きだった。劇場はワーグナーのデザインで、内部はチェロのように空洞になっていた。舞台の下に口をあけた洞穴のような空間が反響を生み出し、天井は非常にうすいので音が屋根に吸い込まれた。世界一音響効果がいいといわれていた。

劇場内部はおおわらわだった。大工が釘を打ち、絵描きがはしごを移動して絵の汚れを直し、掃除婦がモップとバケツで廊下を水ぶきしていた。いたるところに絵の具やテレピン油、ナフタリンの香りがただよっていた。技術監督のクラニッヒはもう到着していた。その息子二人はわたしたちと遊び、天井下のロープだらけの二重にのぼったり、下の舞台で山のような小道具のあいだを歩き回ったりした。

衣装責任者のダニエラはお針子たちに、本物そっくりの子ども用ミニチュア衣装をつくらせてくれた。祝祭劇場に行かないときは、ヴォータン、フリッカ、フロー、フライア、ジークフリートやブリュンヒルデの衣装をつけてみんなで庭を行進し、狂ったように庭を駆けまわったり、槍をふりまわしたり、動物みたいな戦いの雄たけびをあげたりした。自分たちの『指環』上演に、わたしたちは二〇セントの入場料を取り、聖地巡礼をしているかのように前庭をうろついている見知らぬ人たちから観客をあつめた。のちに母は、公園に通じる裏門を閉めたままにし、裏庭を家族専用にさせたが、当時観光客はまだ自由に庭じゅう歩きまわり、それも毎日のことで、犬たちに英語やオランダ語、スカンジナビアのことばなど、ドイツ語以外のあらゆる言語で話しかけ、立ち止まってドアの銘文を読んだり、正面玄関の小さなイチイの植え込みのなかに仕切られているルートヴィヒ王の胸像をながめたりするのだった。

六月一日にリハーサルがはじまり、ペンキ職人や大工はいなくなって出演者がやってきた。技術指導者や楽団員、お針子や仕立て屋、裏方たちだ。あのときからバイロイトを去る日まで、わたしはリハーサルを一度も見逃したことはない。何時間もわたしは舞台で父のうしろをついてまわり、〈アシスタント〉を演じていたが、とうとう、フットライトに向かって傾斜した床に立ちつづけたので足が痛くなった。父は天使のような忍耐力をもち、わたしがじゃまだと感じないらしかった。リハーサルのあいまにわたしたちは衣裳部屋へ駆け込んだり出たりして、二階の着付け作業をながめた。建物の片側では女たちがピンでとめたり仮縫いをされており、反対側は男の人たちが鎧《よろい》や翼のついたかぶとを試着していた。衣裳部屋の片すみでは、靴屋が神や女神のサンダルをつくっていた。

わたしたちをみつけるのは骨が折れるさすらいの旅だった。岩やロープのあいだでみんなでかくれんぼをし、巨人ファフナーのおなかの中にかくれたりした。だれも気にしなかった——クラニッヒの息子が職工のあとを追って、ドアだと思い窓から二階分落ちるまでは。少年は『ラインの黄金』の岩のやわらかい部分に落ちて骨は折らなかったが、脳震盪で二、三日おかしかった。それ以後、いちばん危険な場所は立ち入り禁止になった。

『ラインの黄金』でラインの娘たちを乗せる装置は、上下左右に揺れうごいて、てっぺんに黄金のある岩のまわりを移動し、コニーアイランドの乗り物みたいで、六歳の子どもには特別なスリルだった。大道具係が二人でワイアを操作し、ほか何人かがロープを操るのを、みんな目を丸くしてみつめた。

「ラインの波よ、身をうねらせ、私を揺すって、ゆりかごのように!」とウォークリンデが歌い、船酔いにならぬよう祈っているあいだに、音楽監督の三人の助手がスコアを手に走りまわり、操作係に合図《キュー》を出す。ラインのおとめたちはこの揺れる機械に乗るのをこわがっていた——平気になるまでシーズン中毎日乗せられるのだから。だがわたしたちはおとめたちがうらやましくて、いつもあれに乗ってみろとおたがいけしかけあっていた。

「ラインのおとめになるの、こわいんだろ」

「こわくないわよ」

あるとき大道具係にたのんでリハーサルの前に乗せてもらったが、一人は昼ごはんを食べそこなってしまった。

楽団員が音合わせしているとき下のオーケストラ・ピットにいるのも楽しかった。オーケストラは観客から見えないようになっていた。指揮者は、舞台に向かって開いた貝型のおおいでかくれており、楽員は舞台のした奥深くまで配置されていたので、ティンパニーやトランペット奏者は歌手の声が聞こえないくらいだった。舞台の歌手には、指揮者とバイオリンしか見えなかった。ワーグナーは、新しい楽器の配置をこころみたことがある。第一バイオリンは全員左側にすわるのではなく、右側のコントラバスも音をより完全に混ぜるために点在させたのだ。容貌自慢の指揮者のなかには、観客から見えないのを残念がったものもいるが、夏のあつい日には、上着やタイを脱ぎ捨てて振るのが好きだった。ときにはそれが神々の光景のようにみえた。

父は、ドイツ主要都市の六〇ものオーケストラから、一三〇人の楽団員を選んだ。しかしソリストも楽員も、ミュンヘンからは決して選ばなかった。都市間の古い確執がまだ盛んで、コージマの時代に、ミュンヘンは祝祭劇場とおなじ様式の大きなライバル・オペラハウスを建て、わたしたちバイロイトとおなじ時期にフェスティバルを実施したからだ。残念ながら、そっちの建物は音響がよくなかった。わたしは、その建物に足を踏み入れた唯一のワーグナーである。

父の歌手の選び方は無頓着にみえたが、正式なオーディションよりよっぽど考えたものだった。オーディションはアーティストに公正じゃない、と父は主張した——アーティストがいつも落ち着けず、最良の状態を見せられないのだ。それにまた、審査員はどうやってその歌手が、なが年歌いつづけてきたかもしれぬアリアのほかに、何でも歌えるかどうかわかるというのだろう。父は上演をこっそり見に行って、興味のあるアーティストを聴くのが好きだった。ある歌手が気に入ると、終演後楽屋を訪ねて、しごとのオファーをするのだ。気に入らなければそっと立ち去るだけで、いちばん賢明だしだれも傷つかなかった。

いい声の人物をみつけるというのは、父が自慢していた才能だった。あるときドレスデンのバーで、父はベックメッサーぴったりの男をみつけたのだ。

「あなた、バイロイトでベックメッサーを歌うべきですね」と父は言った。

「一度も歌ったことないんですよ」見知らぬ人はおどろいて言った。

「かまいません。歌ってみるといい」と父は答えた。で、男はやってみた。ベストのベックメッサーの一人になり、一九二四年と一九二五年に『ニュルンベルクの名歌手』上演でその役をやった。しかし父の直感システムは、友人のピーター・パスマンには当てはまらなかった。パスマンはハンサムな古道具商で、父のオペラをかならず見ていた。

「君は完璧なジークフリートなんだ。声がよけりゃなあ」父は残念がった。だが二人ともわかっていた——ピーターはまったくの音痴だったのだ。

七月第二週のはじめになると、ワルキューレはみごとに岩を飛び越えたし、ラインのおとめたちは揺れる波のりになれてきた。舞台稽古《ゲネプロ》の一週間、バイロイトにはフェスティバルの雰囲気が高まった。わたしたちは実際の上演よりこの週のほうが好きだった。ゲネプロのあいだは楽団員や父の友人たち、バイロイト近隣の人びとが観客だったから。外部の人はだれもじゃましなかった。みんなうちとけて一つの大家族みたいだった。

もちろん、フェスティバルがはじまると、豪華なロールスロイスやダイムラーが警笛を鳴らして町を走りまわり、ホテルは宿泊客で満員で、有力者の家族はみな著名人をお茶に招くのを自慢した。町中外国人だらけになるので、ドイツ人の顔はめったに見なかった。ヴァーンフリートでは、母が各公演日の一一時から一二時まで自宅を開放していた。エヴァは、コージマの娘のなかでいちばん美しい姉のブランディーヌをもてなしたが、この姉は一九歳でビアッジョ・グラヴィーナ伯爵と結婚して、フィレンツェではなやかな社交生活を送っていた。はじめは長いこと滞在したが、年がたつにつれて訪問はみじかく間遠になり、とうとうフェスティバルのあいだだけ来て、終わるとすぐ、じめじめして寒いバイロイトの気候から逃げるようにあわただしく帰っていった。

ダニエラとエヴァは、ブランディーヌをまるでよその人みたいに尊敬していた。ダニエラは身も心もコージマの独裁に服従しており、エヴァはのぞんで決まりきった毎日のしごとをしたのち、四一歳になってようやくチェンバレンと結婚して「ほんとにすてきな自由」といいうるものをつかんだのだが、ブランディーヌははじめから自分の欲しいものを手に入れる強力なすべを心得ていたのである。彼女とダニエラはあまりうまくいってなかったが、ブランディーヌはとりわけ、父や、のちには母も悩ませることはなく、祝祭劇場に加えられる改良にいちいち反対したりしなかった。

わたしたち子どもはブランディーヌに好意をもっていた。わたしたちのマナーを直さなかったし、彼女の子ども（つまりいとこ）が好きだったから——母より年が上なので、子どもたちは「おじさん」「おばさん」と呼んでいた。美しいマリアと夫は家にとまり、マンフレディと妻もとまった。いちばん好きなのは、マリア‐ソフィアで、黒髪のローマ風横顔をしており、子どものことがよくわかっていた。

あのころはのんきな時期で、みんな子どものマナーを直したり、手がきれいかどうか見せたりばかりしていた。ふだんはダニエラが、たまにエヴァが、わたしたちを、コージマが娘にしつけた行儀作法にしたがわせようとした。わたしたちはできるだけ知らんぷりをしていたが、ときどき、とくにヴィーラントが反抗した。ワーグナー家の人間にふさわしいお行儀をいいきかせているダニエラにあるとき、ヴィーラントはこう答えたのだ——ぼくの家族はちっとも上品じゃない、「パパは食卓で口笛を吹くし、ママは新聞を読むし、マウジは歌を歌うもの」

ヴィーラントは金髪の給仕ふう髪形で舌足らずの話し方をし、ヴェレナはかん高いむじゃきな少女口調、ヴォルフィはおだやかな無関心さで、みんなおどろくほどいろんなことから逃れる、なのにわたしは、不運な子どもで、ずるいところがないのだった。わがとびはねるエネルギー、ばか正直さ加減は、いつもわたしを面倒にまきこむのだった。

こうしたエピソードの一つが、『ジークフリート』の舞台稽古《ゲネプロ》で起こった。どうしてそんなアイデアが浮かんだのか、まったくわからない。どこからともなくぽっと心に浮かんできて、それを行動に移すには、幕間にほんのちょっとからだを動かせばよかった。わたしがいつも興味を抱いていたのは、父がオペラにつける奇妙な題名《タイトル》だった。たとえば、『An Allem ist Hütchen Schuld』は大ざっぱに訳せば、「みんないたずら妖精のせい」となる。『Bruder Lustig』は「陽気な兄弟」になる。『Schwarz-schwanenreich』(「黒鳥の王国」)、『Bärenhäuter』(「のらくら者」)。多分わたしは父にいいタイトルをあげようとしたのだ。とにかくわたしが意識していたのは、やたらと込み入った計画だということだった。

舞台は第二幕のためにもう暗くなっていた。アルベーリヒが洞窟の前にひそんでおり、オーケストラが鳴り出すと沈うつに考え込むところだ。カーテンのすきまから出たわたしは、オーケストラ・ピットのかすかな明かりのなかに立ち、劇場の円形部分に亡霊観客のように何段も並んでいる顔のシルエットを見上げた。大きく息をすうと、わたしは声をかぎりにさけんだ。「父のつぎのオペラは、『Der Kuhwedl(牛のしっぽ)』という題です」一瞬びっくりした沈黙の瞬間ののち、白いスーツと青い夏のドレスがさざめき、観客がどっと爆笑した。一本の手に首すじをつかまれ、わたしがカーテンのすきまに引きずり込まれると、オーケストラがアルベーリヒの憎悪の動機に突入した。わたしのカラーをつかんだのは舞台監督で、ヴィーラントのそばにどさっとわたしを放り出した——ヴィーラントは袖で、出のキューを待っているさすらい人と一緒に立っていた。

「出て行け、二人とも」舞台監督は笑いすぎて息切れしており、出て行けと手をふるばかり。

「やれやれ」ヴィーラントはなじった。「とんでもないへまをやらかしたんだな。何を言ったんだ?」

「ううん、何でもない」わたしは横柄に答えた。「みんなつまんないことに笑うのよ。それに、べらべらしゃべることじゃないわ。ヴェレナが生まれた頃、みんなが大笑いしたの、覚えてるでしょ。ブルガリアのフェルディナンド王が兄さんに赤ちゃんのことをたずねたら、兄さん、エマが言ってた通り答えたじゃない、『五人目ができたら、あたし出ていくわ』」

仲よく口げんかしながら、二人は平土間のほうへ行った。リハーサルでは、わたしたちは好きなところに座ってよかったが、上演本番中はファミリー・ボックスに集められた。伯母たちは子どもを大変邪魔者あつかいし、実際フェスティバルが進むにつれて、ワーグナー・ボックスは急を要する問題になった。ダニエラとエヴァは、子どもたちがうるさいから入れないようにしろと言ったが、父は、子どもたちが最前列にすわるという自分の決定を頑として守った。最終的には、父の家族用に別のボックスをつくるということで、問題は決着した。わたしの場合は、習い性となって、今日まで幕内にいないと上演を本当に楽しんだためしがない。

コージマにもう一度『指環』の上演を見せたいという父の夢は、実現した。もう弱っていたので、祖母は町の向こうの祝祭劇場まで何回か旅をし、車椅子でボックスまで運ばれた。毎日ドーラがとりわけ慎重に祖母の着付けをして、特別栄誉招待客のレセプションに出たが、そのときは伯母の一人が祖母と二階から客たちのあいさつを受けるのだった。

わたしたち子どもは、上演後のレストランでのパーティがいちばん好きだった。アーティストや友人たちがテーブルからテーブルへ行き来し、しゃべったり、笑ったり、ふざけたりしていた。ロマンスの花がさいた。毎日が休日気分《ホリディ》だった。上演がないときは、アーティストや訪問者は、美しいバロック宮殿エレミタージュや、特別マス料理を出す快適な宿屋など、フランコニア地方のいろんな名所へ遠足にでかけた。

炎天下で開催された最初のシーズンは、華麗にかつ成功裡に終わろうとしていた。父はいつも『指環』の最終連続上演を指揮したが、半ズボンにはきかえ、オーケストラの楽員もそうした。ワルキューレたちはよろいかぶとのなかで気絶しそうだと訴えたが、わたしたち子どもは暑くても元気いっぱいだった。みんな休憩時間に信じられない数のアイスを食べつくし、おしゃれな淑女たちがまゆをぬぐったり、こっそり鼻におしろいをはたいているのを、軽蔑したように見ていた。

最後の上演が終わった翌朝、バイロイトからの大脱出がはじまった。一日中大きな車がびゅんびゅん通り過ぎて、マリエンバードやカールスバード（訳注：どちらも現チェコ西部の地名のドイツ名）、バイエルンアルプスのほうへ走り去り、夕方までにこの小さな町は、おとぎ話の魔法をかけられた街みたいに静まりかえった。聖なる二週間が終わって、ヴァーンフリートはわたしたちの手に戻った。庭の観光客がわたしたちの頭をなでて、何ておじいさまに似てることかしらと言ったり、客間のアーティストたちが父の注意をひこうとしたりしなくなったのだ。父はわたしたちと庭をぶらぶらし、わたしたちの来年のフェスティバル大計画に耳をかたむけたり、犬と遊んだりして、みんなとおなじにくつろいだ。それから、新学期がはじまるのだった。

第4章　コージマは思い出す

学校の第一学年は、新しい経験だった——フェスティバルのあとでは退屈だが、けっこう楽しかった。地方の歴史に興味のある先生は、むかしのバイロイトのすてきなお話をしてくれた。その頃バイロイトはフリードリヒ大王（訳注：フリードリヒ・ヴィルヘルム二世、1744-97、プロイセン王）と妹の滞在地で、妹が大きな宮殿を建てると兄王はそれを「ヤギ小屋」と呼んだそうだ。一五分の朝の休憩時間も楽しんだ。大きな食堂に集まって〈クエイカーのごちそう《シュパイズ》〉という、ライス・プディングやココアなど栄養たっぷりの食べ物をいただくのだ。クエイカーシュパイズということばの意味はだれも知らなかったし、何年ものちに知ったのだが、その食事は、アメリカのクエイカー教徒からドイツの食べ物のない子どものために贈られたものだった。

ヴィーラントとわたしは、非公式な休暇を何回かもらえたという点で幸運だった。二人はドイツのほかの都市で上演されている〈パパのオペラ〉に連れて行ってもらえたのだ。この遠出は、学校当局にはあまり喜ばれなかった——ある教師などはどなったものだ、「とんでもない、父親が作曲家なんて生徒はほかにいないんですからね！」——だがヴィーラントとわたしはこの遠出が大好きだった。上演のときは夜おそくまで起きていてよかったし、上等席からチョコレート・ドロップをたくさんあつめたから。

その年唯一学校で達成した成果は、わたしが自転車を手に入れたことだ。夏のあいだにわたしは自転車に乗ることをおぼえ、自分の自転車がほしくてたまらなくなり、ほとんどそれに憑《と》りつかれてしまった。しかし母は簡単には買ってくれなかった。学校の成績がよかったら、手に入れてもいいと信じていたのである。わたしの考えではこれは脅迫だったが、それしか自転車を手に入れるすべはないので、ほかにどうしようもなかった。

いい成績を取るのはそれほどむずかしくなかった。復活祭に、わたしは裁縫以外は満点の通信簿を提出した——裁縫だけはにがての一つだったのだ。母は軟化した。たぶん父がなだめたのだろうが、わからない。父は母のしつけ方には口を出さなかった。子どもたちと友好関係をたもち、愛してほしいだけだった。

ひと冬かけた努力は、それほど失望する結果には終わらなかったが、うんざりしたのは、母が自転車を、わたしの素行をよくするための道具と考えていたことがわかったからだ。ほかのお仕置きがみな役に立たないとわかると、わたしの大事な自転車がすがたを消し、わたしが行いを改めるまで出てこないのだった。

おそらくわたしは、あきらかにわたしに手を焼いていた母にフェアじゃなかったと思う。だがわたしは、いつも母の熱心さの被害をいちばんこうむっていた。その年も、カッセルに奇跡的な医者をみつけてきて、菜食ダイエットでわたしたちの生活を変えられるというのだ。エマが子どもたち四人とカッセルへ治療にやられた——治療というのは、野菜ばかりの食事と、昼食後、一時間の強制リラクゼーション、それもバルコニーのかたい床板の上でだ。それだけで十分ひどかったが、帰ってきてもそのいやな菜食ダイエットをつづけられ、夕食をはだかで食べなくてはならないのだった。のちにわたしたちは週に一、二回ちょっぴり肉を食べてもいいことになったが、罰として野菜をたくさん飲み込んでからだった。

豆類をわたしはどうしても飲み込めなかった。食卓で何回もしかったのち、母は腹を立ててわたしを部屋から追い出し、階段のところで食べてしまうように言った。あとで、まだ手をふれていないのをみつけると、母はわたしのおしりをたたき、豆をわたしののどに押し込もうとした。たちまちわたしは吐き出した。母はもう一度おしりをぶって、もう一口押し込んだが、わたしはすぐもどしてしまった。またぶって、また押し込む。公開の戦いだったが、母が敗れた——素手でたたいていてくたびれたのだ。指が痛いうえに、わたしが笑うので母は頭にきてしまった。わたしはただ、笑うと、悲鳴をあげるのとおなじで、痛みを忘れるのに効果的だと知っていただけなのだが。だから母が強くたたけばたたくほど、わたしは大声で笑ったのだ。

一年戦ったのちに、母は体罰をあきらめた。「わたしから頑固さをたたき出す」ことはできなかったのだ。つぎに、パンと水だけ与えてわたしをベッドに寝かせる、といういやなお仕置きをこころみ、そして今度は自転車だった。

いちばんいやだったのは、ヴィーラントに次いで、ヴォルフィと赤ん坊のヴェレナまで、わたしの自転車に乗るのをおぼえたことだった。みんな自転車で母から逃げ出し、自分たちのお手伝いは何もしなかった。いつだってそのやり方だ。母はほかの子どもには手を上げたりせず、みんなほしいものを何の苦もなく手に入れたが、わたしはというと、ほしいと思うどんな小さなことにでも、あらゆる努力を払わなくてはならない。するどすぎるわたしの正義感が、自分の身をほろぼすもとだった。自分なり他人に不当なことがあると、わたしはかっとなって反抗するのだが、それはふだんのわたしの公平な気質とは似ても似つかぬものになる。

ときには父もわたしに手を焼いているのかと思ったが、そんなときでも父がせいぜいできるのは、どれくらいわたしを愛していてわたしの意見を尊重しているかを、あとでわたしに示すことぐらいだった。おなじ理由で伯母たちもわたしに味方して、それが母を傷つけ、意地でもわたしを屈服させようとするのだ。

父が家にいると、わたしはしゅんとしていてもすぐ直った。父が長いツアーに出かけないときは、幸せな冬だった。一〇月の末に第一フェスティバル・シーズンの帳簿がしめられ、赤字は一九二五年シーズンの計画を妨げるほど大きくはなかった。父は、二年目もおなじ楽劇でフェスティバルを繰り返す従来のやり方をつづけるつもりで、そのあと新しいシリーズを準備するため一年休むのだった。毎回『指環』四夜と『パルジファル』は上演し、六本目の楽劇を変えるのである。

冬のあいだ有名なテナーやソプラノ、バス、コントラルト歌手たちがヴァーンフリートに来て、自分のパートを勉強した。リハーサルは音楽室で行われ、椅子や長椅子をあっちこっちに動かして舞台の小道具の代わりにした。父がその他の役をやって、歌手にキューを出しているあいだ、わたしは神妙にすわってそれを見守り、プロンプターになったつもりだった。シーズン終了までに、わたしは『指環』をほぼ全部暗記していた。

その冬、父はヴィーラントにピアノのレッスンをはじめさせた。子どもがピアノを早くはじめるのは、手が十分強くなっていないから無意味だと、父は考えていた。八つか九つまで待てば、その前二、三年かけて習得するはずのものを、数週間で学べるというのだ。ヴィーラントがピアノをはじめると、わたしもやりたいと駄々をこねてしつこく頼んだので、結局両親はわたしにも数か月後にレッスンをはじめさせた。がわたしは、ヴィーラントがまったく思いがけず果したようなすばらしいデビューは、ついにできなかった。

クリスマス前に、わたしたちの先生は、生徒の両親や友だちのために毎年発表会をした。習いはじめて一〇日しかたっていないヴィーラントに、先生はルターの美しいクリスマス・キャロル「高いお空から(Vom Himmel Hoch)」を教えた――いちばん単純な編曲で、音符は一つずつ、両手で、アメリカの子どもが指定指づかいでなく人差し指で弾く「お箸弾き《チョップスティックス》」みたいに弾く。演奏にふくらみと重みをつけるために、先生が二弦ベースを弾いた。このリサイタルを地方新聞が報道して、ヴィーラントが「高いお空から」を弾いてピアニストとしてデビューしたと書いたのだ。ベルリンの新聞がこの記事を取り上げ、「ヴィーラント、ピアニストとしてデビュー」を誇張して、彼一人のリサイタルみたいな印象を与えた。フランス、英国、イタリアの新聞が、即席作文の腕によりをかけて、ワーグナーの孫のセンセーショナルなデビューを報道したが、アメリカの新聞がいちばんすさまじかった。ヴィーラントの写真入りのながい記事をのせ、曽祖父リストに挑戦する九歳の天才児のデビューのもようを、めんめんと書いたのである。新聞の切抜きをみつけると、両親はその記事を子どもたちに読んでくれた。みんなそれをよくできた冗談《ジョーク》だと思った。

おなじ年に起こったもう一つの事件は、ユーモラスなところもあるが、わたしが被害者だったので、あまり高く評価するわけにはいかない。ヴィーラントとわたしが学校からシラミをもらってきて、みんなが気づく前に、ヴォルフィとヴェレナにうつしてしまったのだ。非難はわたしに集中した――はしかや百日咳、おたふく風邪など、あらゆる子どもの病気を家に持ち帰るのはいつもわたしだったから。たいてい四人とも同時に病気になり、子ども部屋が何週間も病院になったあと、母がおなじ病気にかかって倒れた。若いうちにかかっていなかったためだ。エマはくたびれはてて、今度伝染病をもらってきたら、きっとおヒマをいただきます、と厳粛に宣言した。シラミの件では、エマはとくにわたしに厳しかった。わたしが友だちを選ぶのに民主的すぎるからシラミなんかもらうのだ、とエマと母は信じていたからだ。わたしのせいかどうか知らないが、いちばん苦しんだのはわたしで、髪がとても長かったから、毎日の治療にある種の殺虫剤をふりかけられ、目の細かい櫛で果てしなく髪を梳《す》かれるのは、拷問だった。

何より恥をかいたのは父の誕生日パーティで、いつもだといちばんきれいな服を着て、髪に花の冠をのせてもらえた。この日わたしたちは庭のパーティには出してもらえた。六月で、バラのつぼみはふくらんでおり、いろんな花はみな咲いていたが、わたしたちの髪に冠はなかった。わたしたちは温室のそばに、シラミ駆除でいじけた頭をして立っており、ゲストはといえば、笑いをこらえながら、子どもたちと安全な距離を保っていた。

父にはいそがしい季節だった。毎朝、朝食がすむと、父と母はその日のしごとや連絡、インタビュー、山のような雑事に猛然と取り組み、ときには何時間か庭で犬や子どもたちと遊ぶのだった。一つのしごとがうまくいって別の予定が入る、父は母の親ナチ活動を心配しなくなった。ヒトラーは出所していたから、母は町に飛び出して党のために募金をつのることもなくなったのだ。

ヴァーンフリートではみんな政治の話をしたが、子どもたちは気にかけなかった。母がわたしたちにナチズムと、ヒトラーの「至高の人格」への敬意を教え込もうとしたのは、もっとあとである。自分が原因で父を傷つけたくないと母は思っていたけれども、その傾倒ぶりは、一九二〇年か二一年に入党したときのままで強かった。創立党員七人の一人ではなかったが、最初の数百人にゆうゆう入っていた。初期のころヒトラーのしごとは、ミュンヘンの居酒屋の裏のむさくるしい党本部で党員カードを完成するだけだったが、そのカードには番号がなかった。ヒトラーの出獄後党が再編成されたとき、母はまた参加したが、その番号は八万の台だった。今度はナチに金があったのできれいな新本部を借り、ほどなく「フェルキッシャー・ベオバハター（民族監視人）」という新聞を買収すると、ヒトラーの新聞として印刷をはじめた。

ヒトラーが刑務所から出た直後、一九二五年二月の党の再結成に母はミュンヘンに行った。集会のあと彼女はヒトラーと側近を車でヴァーンフリートに連れて帰り、一晩かくまった。ヴィーラント以外にはだれも知らず、兄は大変口が固かったので、わたしは一三年後まで真相を聞き出せなかった。

当時ヒトラーはたえず命をねらわれるのをおそれていたので、みんなあらゆる辺ぴなところで彼に会った。母がわたしたちを連れて待ち合わせ《ランデブー》に出かけたのは、バイロイト郊外の小さなレストランとか、道ばたで会うかたちだった。ときにはヒトラーの車が夜中すぎにそっと栗並木の車道を入ってきて、ひそかに家に入るのだった。夜更けだったが、彼はかならず子ども部屋に入ってきて、わたしたちにおそろしい冒険の話をしてくれた。わたしたちは明かりを落としたなかで枕を抱いてすわり、ぞくぞくするような話に耳をかたむけ、彼のピストルを見せてもらった——もちろん違法で、手のひらに隠れるぐらいの小さなピストルだったが、弾は二〇発入った。

ヒトラーは体重がふえていた。刑務所で食べた甘いもののために、こけた頬はすっかりふくらみ、はっきりとふくよかな感じになっていた。目の下のたるみは——毒ガスによるものだと言っていたが——まえより大きく、まつげのないまぶたを強調して、妙にむきだしの感じがした。

母とのいざこざや自転車をかくされて悲しいときがあったとはいえ、とても楽しい春だった。

ヴィーラントと友だちはわたしを遊びの仲間に入れてくれ、七歳になったわたしの野望は、彼らみんなに勝つことだった。あるとき、ごほうびのソーセージめざして、わたしは九フィートの飛び込み台からダイビングした。また水泳のテストでは、あまり長く水中にもぐっていたので、心臓発作をおこして家まで運ばれた。

わたしが庭じゅうを飛びまわり、笑ったりさけんだりするのを見ると、伯母たちはほほえんで言い合ったものだ、「イゾルデそっくりね」。しかしコージマに聞こえるところでは決して言わなかった。祖母のいるところでは、だれも彼女のお気に入りの娘の名前を口にしようとしないのだ。イゾルデの伝説にわたしはいつもうっとりした——伯母たちのきれぎれの話をわたしがつなぎ合わせただけだが。イゾルデはワーグナーとコージマのいちばん上の子だったが、手に負えない女の子で、いつも快活にとびまわっていた。ダニエラとエヴァが母を崇拝し、ほとんど恐れていて、お行儀よくしようと小さな枠のなかで努力していたのに、イゾルデはコージマの堅苦しさをひらりとかわして、うちとけた愛情で母に対するのだった。

「ねママ、おっしゃることはみなナンセンスよ」イゾルデはよくこう言い、すると母親はうれしそうにくすくす笑うのだ。

しかし結局はコージマが勝った。彼女は、イゾルデが愛する男と結婚するのをどうにかやめさせた。娘のほうは七年間忘れようと努力し、それから若い指揮者バイドラーと結婚して逃げ出した。それは不幸な結婚で、まもなく喧嘩がはじまり、家族全体がばらばらになって終わった。コージマにとってイゾルデは死んだものとなったが、実際にはイゾルデはずっとのちまで生きていた。ひどい結核になったとき、ダニエラとエヴァはひそかに彼女を訪ねたが、母に対してはイゾルデの名を絶対口にしなかった。気の毒な、あかるくはげしいイゾルデ――あんなに喜びにみちていたのに。「イゾルデそっくり」と伯母たちがいとしげにつぶやくたびに、わたしは決意したのだ、だれにもわたしの人生を破壊させない、と。

　コージマがうやうやしくダニエラや父や客たちに囲まれているのをみると、まるでみんな聖堂の前に群がっているようだったが、よくわたしは祖母のことを思いめぐらした。だれもわたしに祖母の生涯をそれまで教えてくれなかったが、わたしのまわりに断片がいっぱいあって、それがモザイク模様みたいにつながるのだった。ほぼどの部屋にも曽祖父リストの思い出の品があり――みんなリストがどんな容姿だったか、気性はどうだったか、またとりわけ、このパッセージやあそこをリストがどう解釈したか、をよく知っていた。書斎の高い壁には、コージマの母ダグー伯爵夫人の肖像がかかっていた――わたしたち子どもは「ラグー」と発音した。Dの音が耳になじまなかったからだ。わたしはよくこのロマンティックなフランス婦人の像をみつめた。彼女は、リストが人生に満足しており、彼女の愛にはぐくまれた至福の孤独のうちに曲を作るのだと信じていた。作曲家としては夫は天才ではないと気づいたとき、彼女は幻滅した。リストが、音楽家にとって生命の息吹きである高い評価に飢えて、田園生活をやめ世辞追従の世界にもどったとき、ダグー夫人はパリにサロンを開いてそこで聡明だが苦みのある作家となった。

コージマは、みじめできゅうくつな子ども時代をすごした。一五歳のときはじめてパリでワーグナーに会い、彼が自作の詩「ジークフリートの死」――のちの『神々のたそがれ』――を、リストの友人たちに朗読するのを聞いた。数年後コージマと姉ブランディーヌは、ベルリンのフォン・ビューロー夫人のところに預けられた。夫人はリストの生徒の母親で、ワーグナーの親友ハンス・フォン・ビューローはすぐれたピアニスト、のちに当時もっとも著名な指揮者になった。

ハンスはコージマにレッスンをし、その才能に非常にうごかされたので、公開演奏する同意をリストにもとめようとしたが、父親としては思いもよらぬことだった。コージマの運命はワーグナーをめぐる議論とともに進んでいた。コンサート・ホールは戦場であり、批評家と聴衆が文字通りそこで肉体的暴力に訴える。フォン・ビューローはワーグナーのもっとも熱烈な擁護者で、彼の演奏会は大混乱だった。ハンスが『タンホイザー』序曲を初演した晩、ブーイングと口笛と足を踏み鳴らす音で、ふだんからとても神経質なこの若い指揮者はへとへとになり、指揮台のうえで倒れてしまった。聴衆のなかにいたリストは、ハンスを街に連れ出して何時間も歩いた。家では、マダム・フォン・ビューローとブランディーヌは寝床に入ったが、コージマは明け方近くまで待っていた。つめたい居間で、言いようのない恐怖におそわれながら。

ようやく、窓の外で夜がしらじらと明ける頃、リストが、疲れきってひどく苦しんでいる指揮者を家に連れて帰った。ハンスはコージマに慰めをもとめ、コージマはあわれみと寛大さから、結婚を約束した。ハンスに安らぎをあたえ保護できると信じたのだ。翌年、コージマとハンスは結婚したが、どんな分別ある愛も、ハンスの不安定で不幸な気質とは溶け合わなかった。ずっとあとになってコージマが娘のダニエラに打ち明けたところでは、結婚当初の一年間、彼女は何度も自殺を考えたという。

そのころコージマとフォン・ビューローは、夏の休暇をチューリッヒで過ごし、ワーグナーの近くにいた。ハンスはワーグナーの楽劇をピアノに編曲し、師とあおぐ先輩に大いに役立っていた。のちに、ワーグナーがバイエルン国王ルートヴィヒ二世からミュンヘンに招かれたとき、ワーグナーはフォン・ビューローもオペラの指揮者の地位をもらえるよう手配した。フォン・ビューローは友人としごとをしたくて、二人の娘ダニエラとブランディーヌとともに、コージマをミュンヘンにやり、自分もあとから行った。

反ワーグナーの陰謀でハンスがミュンヘンから追放されたとき、コージマは自分がワーグナーを愛していることに気づいた。ワーグナーとその作品はコージマの至高の尽力、彼女の生涯の使命となった。コージマはワーグナーを追ってルツェルンへ行った。トリープシェンは、二人の田園生活で不滅のものとなった湖畔の四方に張り出した貸別荘だが、そこにコージマはワーグナーと幼い娘二人とともに住んだ。五年間、彼女はワーグナーの客をもてなし、その子どもを育て、昂然とスキャンダルに耐えて、ようやくフォン・ビューローが離婚を承認、一八七〇年にワーグナーと結婚した。

コージマは華麗で堂々たる人だったが、二階で祖母のそばにすわり、かずかずの秘密を内に含んだ威厳のある、盲《めし》いた顔を見ながら、わたしは思い巡らした——彼女を愛し必要とし、つらく当たらぬよう必死につとめたハンス・フォン・ビューローのことを、祖母はどう思っていたのだろう、と。祖母がこの良心への重荷を六〇年以上背負って生きたことを、わたしは知っている。というのは、死の床で、祖母はフォン・ビューローへの最後のことばをのこし、「許して」と言ったのだ。

第5章　家族で行列行進曲

フェスティバル、オペラ、コンサート、それにニュルンベルクやドレスデン、シュトゥットガルトへの旅には、エマがヴィーラントとわたしに付き添ってくれ、顔をきれいにしたり、はしゃぎすぎないようにしてくれた。夢のような子ども時代だった。その最高のときは――八歳の子ども心には耐えがたくばつの悪い誇りという重荷にもなったが――バイロイトでフェスティバルのない夏、一九二六年にワイマールで起こった。アレグザンダー・スプリングはワイマール歌劇の舞台監督で、父の古い友人で生徒だった。軍を除隊後、シュトゥットガルトからバイロイトに来て、舞台監督助手をしていた。ヴァーンフリートでよく見かけたのは背の高い、やせた軍人らしい男で、酔っ払っているときでも片方の目にしっかりとモノクルをはめていた。この夏スプリングは、ワイマールでジークフリート・ワーグナー・フェスティバルを行ったのだ。

母と父は早くから出かけて、ワーグナー信奉者のたむろするホテルに滞在した。わたしたち子どもはあとからエマに連れていってもらい、近くのペンションに泊まることになった。戦前の幸せな時代みたいだ、と父は言った――ホテルはホリデイ気分で、ピーターとマルガレーテ・パスマン夫妻、ヴェリング博士、スタッセンといった人たちがいた。みんな音楽好きで、一九一四年以前ののんびりした頃は、父といっしょに街から街へ旅して、コンサートやオペラの初演に出かけ、昼食やお茶の時間、演奏後のにぎやかな夕食をともにしたり、みんなで遠出したり、父のツアーを心浮き立つ音楽行列行進曲にしていたのである。

一行は昔の習慣を捨ててはいなかったが、メンバーはみな年を取り、貧しくなっていた。旅行のためにこつこつため込まなければならない人もいたけれど、ワイマールの何週かは、いにしえの魅惑を取りもどしたみたいだった。みんなの目つきに、戦前生きていた優雅なるドイツを、わたしはかいま見た。

ピーター・パスマンがわたしは好きだった――ジークフリートそっくりなのに、まったく音痴なのだ。むかしは彼も金持ちだった。ベルリンにイーデン・ホテルを所有し、ほかにもいろんな事業をしていた。いまだに気取らない気品があり、何ごとにもくじけない率直で生き生きしたユーモアの持ち主だった。妻のマルガレーテは対照的に小柄で、美しくとても女性的な人だった。ピーターの脱線を大目に見ていたのは、どんな冒険《アバンチュール》をしても、夫がかならず戻ってくると信じていたからだ。彼女はしょっちゅうヴィーラントとわたしをもてなしてくれ、二人をお茶に招いたり、広場のお菓子屋でごちそうしてくれた。その姉さんも陽気な老婦人で、マルガレーテよりも小さかった。

わたしたちはヴェリング博士も、ごちそうしてくれそうな人と一目おいていたけれど、この禿げあがった、いんぎんで、女と聞いただけで鼻眼鏡のかげで赤くなる老独身男性そのものという人には、なれなれしく近づきがたかった。ヴェリング博士はプラトンを翻訳し、すてきなパーティーを催した。それ以外は謎につつまれていた。だれも彼のしごとを知らなかったが、ある日母と父はハンブルクに博士を訪ねてようやく、書斎の机が不動産開発の地図に埋まっているのを発見した。

フランツ・スタッセンは、戦前ドイツで著名な画家でイラストレーターだったが、父の親友で家族同然の人だった。ワーグナーやゲーテ、ショーペンハウアーを暗記しており、果てしなく駄じゃれをいう人だった。フランツはわたしの名付け親で、わたしはこの大男——巨大な鼻と、ライオンみたいに見える灰色のたてがみの人が好きだった。当時は貧しかったが陽気で、いつもこうした巡業中の父に何とかついてきていた。

それから父の信奉者が三人——マルガレーテ・シュトラウス、ローザ・アイダム、マリアンヌ・ラング。父の行くところはどこでも、女たちが群がった。あたたかい誠実さと魅力のおかげで、父はわたしの知るかぎりいちばん誰にも愛される人物になった。男も女も彼に惹かれ、信奉する仲間や友人になった。マルガレーテ・シュトラウスはマグデブルクの出身だった。背が高く、魅力的でまだ美しく、社交界の女王みたいだったが、実際そうだった。長いあいだドイツのリヒャルト・ワーグナー・クラブの会長をつとめ、クラブはバイロイト・フェスティバルの学生向けチケットの資金補助をしていた。ヴィーラントとわたしは、熱意というより好奇心からマリアンヌ・ラングを尊敬しており、ふしぎだったのは、端正そのもののプロシャ判事である夫がどうして、かつて確たる根拠もなしに、このでぶで赤みブロンドの女、わたしたちの目には美しさからほど遠い女性をめぐって父に決闘を申し込んだのかということだった。ローザ・アイダムは変わった人に思えた。ローザが父と結婚したがったという伝説をわたしたちは面白がり、あんなお母さんだったらと思いめぐらしては笑った。このしわくちゃで赤鼻のみすぼらしい老女は、詩を書き、しぼんだキノコみたいだったが、長年父を追っかけ、安くて小さなペンションに泊まっては、ビスケットとコーヒーで生きていた。むかし、公演後のパーティーがきらびやかで高価だったころ、彼女に早くお休みなさいとやさしく説きふせるのが父のしごとだった。いま父は、ローザが巡礼の旅をする手立てがあるのを、静かに見守っていられた。のちに母がローザの世話を引き継いで、バイロイトのいい老人ホームに居場所をみつけてあげた。

こうした友人たち、舞台監督スプリング、フェスティバルに集まるたくさんの人びと、楽団員、歌手、招待指揮者たちが、昼食パーティーや夕食、遠足《エクスカーション》に参集した。ヴィーラントとわたしは、すごく大人になったつもりで、公演後のパーティーまで起きていた。遠足《エクスカーション》にはかならず参加した。訪ねたのはゲーテの家、曽祖父リストの家、詩人ヴィーラントの家など。ワルトブルクではろばに乗って歩いた。ケーキやボンボンやお茶をつめこんだ。午前中は待ち合わせに便利な美術館に集合し、ときにはピーターとスタッセンのどちらかがお昼前に来たり、たいてい父と母だけが、わたしたちの手を引いたエマに会うのだった。

わたしがにぎやかなワイマール軍団に貢献したのは、まったく思いがけないことだった。総統がはじめてヴァーンフリートを訪れて以来ずっとヒトラーのお気に入りだったヴィーラントのように、わたしはときどきヴォルフ《おおかみ》(ヒトラーが親しい人たちに呼ばれていた名前)あての手紙を書いた。わたしのおしゃべりな手紙の内容が何だったのか、覚えていないが、母がわたしの出す手紙をお茶の席の友人一同に読んでいるのを立ち聞きし、みんな身もだえして笑っているのをみて、わたしは決めた——ヴィーランドだけに通信の独占特権を預けたほうがいい、と。

わたしが子ども時代に体験していちばん興奮したできごとは、歌劇『星の掟』(ジークフリート・ワーグナー作曲)のとくにいい演奏のあと起こった。最終幕が下りると、聴衆のなかの一群の学生がオケボックスにいたわたしの父を引きずり出し、皆の肩にかつぎあげ通路を通って街路に繰り出したのだ。父は気の毒に恥ずかしくて真っ赤になっていた。わたしは後につづいた——学生たちの歓声を喜んで、得意満面だったが、感情を無表情におしかくそうとし、大人みたいに、何よりも無感動にみえたいと願っていた。

フェスティバルは父と仲間たちが赤字を穴埋めせざるをえなかったのに、それでもやはり幸せにおぼえているのは、祝祭劇場の新しい増築を見る興奮だった。

父は祝祭劇場の横手と裏手に四階の増築をしており、そこは都会にあるような事務室、大きなバレエの稽古場、新設の広い楽屋、衣裳部屋と仮縫い室の拡張だった。わたしたちは新しいクロゼットで遊び、ペンキ屋がクロゼットにドラマの名前のラベルを貼るのを見守り、運び込まれた衣装のナフタリンのにおいをかいだものだ。舞台《ステージ》は、もう平土間とおなじくらい深かったが、さらに大きくされた。父は舞台《ステージ》を三部分で使えるように設計し——本舞台、中央奥舞台、そして『マイスタージンガー』最終幕用の全舞台で、数百人のコーラスを出せるようにした。

祝祭劇場で何も指示の必要がないとき、父は自分の新作オペラのしごとをした。台本はもう出来上がっており、毎朝朝食後、独身用住宅に行ってスコアと取り組むのだった。そこだと邪魔されないですむからだが、一〇時にメイドが父に一杯のミルクを持っていくとき、わたしはよくメイドのあとからそっと部屋に入って、一台のピアノの下にかくれた。書斎にある三台のピアノのうち、もっとも近づきがたいためにわたしの気に入っていたのが、リストのピアノだった。そのピアノは、いちばん向こうが手前より何段か上がって二段になっている長い部屋の奥にあり、その下からわたしは父がしごとするのを眺められた。

この建物、とくにこの部屋は、父が家族や子どもたち、ビジネスなどすべてから退避する場所だった。なかには父の好きなくつろげる家具や、机、昼食のあと昼寝をする長椅子、そして身のまわりには自分の好きなもの、父の集めた種々雑多なもの、本、スコアがあった。壁には油絵や鉛筆画、エッチングがかかっていた——父はエッチングがとても好きだったのだ。一すみには父のオペラの初演プログラムが額に入れてあった。エッチングの多くはローマの街路の眺め、寺院のスケッチ、廃墟、古代建築の細部である。父は少年のころ、祖父から建築家になれといわれて、スケッチブックに「ヴァンケル（気まぐれ）」と名づけた夢の街のプランをいっぱい描いた。のちに父は実際建築を勉強したが、それはベルリンとカールスルーエの大学で何学期かだけである。リストのピアノの下にあぐらをかいて、わたしは父がテーマを作り上げていくのに耳をかたむけ、父がどうして考えを変えたのか、また何が突然、東洋を旅行中の父にコージマあての電報を打たせ、建築をあきらめて音楽を勉強したいと言わせたのか、を考えていた。

もし父が、帰国してフランクフルトのフンパーディンクに作曲を習う代わりに、建築家になっていたら、どんな建物を建てただろう、とわたしは思いめぐらした。幼かったのに、わたしはなぜか、父が祖父の偉大さに妨げられたのだとわかった。彼は謙虚すぎて、自分を作曲家として完成させるにはあまりにもワーグナーの作品を深く信奉していたのだが、それでも、自分だけでも偉大だった。父ワーグナーとは全然違う才能をもっていた。その才能は幅広いドラマには表れなかったが、詩人、作詞家としては出ていたし、ずばぬけて澄んだ美しい声をもっていた。

いまにして思えば、父はあの時代のもっとも偉大な舞台監督だった。毎年バイロイトに来た人びとなら、父が長年ワーグナー歌手を育て上げ、その歌い手たちが世界的名声を得ていることを知っているのだ。一九〇六年にコージマからバイロイト・フェスティバルの運営を引き継いだときから――コージマは超人的な努力で二二年間フェスティバルを仕切ってきたのだが――、父はワーグナーの作品に仕えることにしたのである。そのほうが幸せだったなどとだれが言えよう？　ピアノの下に座って父が昼食に来るのを待っている少女には、とてもそうは思えなかった。

庭のバラの茎とさやが赤くなりはじめた。庭師の老ホフマンは手押し車を押してのんびりしごとをし、堆肥を運んだり落ち葉を拾ったりした。学校に行く季節だった。この年わたしの先生は、歴史に興味をもつ感じのいい男だったが、ある新工夫を思いつき、まったく善意から出たものとはいえクラスの調和をぶちこわしてしまうことになった。生徒たちもワーグナーについていくらか知っておいたほうがいい、この小さな町に不滅の名を与えてくれたのだから、と信じた先生は、ダニエラを呼んで、毎回一つの楽劇を語る一連の講義をしてもらうことにした。叔母はこのアイデアが気に入り、苦労して若い聴衆向けに物語を脚色したうえ、おとぎ話みたいに語ったので子どもたちは喜んだ。物語が終わると、先生は子どもたちに楽劇を絵に描くようにと要求した。これらの絵はダニエラに贈られ、有名なアーティストや指揮者の爆笑を誘うことになった。

ダニエラには気の毒なことに、わたしは楽劇をほとんど暗記していた。オリジナルの物語にもどったり、若い聴衆にはむずかしいとワーグナー特有の部分を削除したりすると、わたしは、小さくて叔母の意図がわからず、はげしく抗議した。うっとり聞き入っていた級友は、二人のあいだの熱い論争をさらにおもしろがった。ダニエラは父に訴えて授業中わたしを静かにさせてくれと頼んだが、父はわたしの立場をうれしがり、叔母の肩をもつのはことわった。これにはげまされて、わたしは自分のポイントにこだわり、ワーグナーの台本からはずれるたびに一戦まじえたものだ。やがてわたしには熱心な付和雷同仲間ができた。仲間はわたしの訂正を吸収して、つぎの授業のはじめにストーリーを復習させられると訂正版に固執するのだった。ダニエラは顔をしかめ、片やわたしは知らん顔で得意げな笑みを浮かべてそれを聴くのだった。

ダニエラのいらつきはますます昂じて、家でもわたしに当たるようになった。とうとうクリスマス・プレゼント——今年はハンカチ一ダース——を取りもどす、というところまで行った。わたしがクラスで叔母と議論するたびに、ハンカチを一枚取り上げるのだ。この上品なアクセサリーを叔母のプレゼントに頼っていたとしたら、わたしはハンカチがなくなって、一冬を淑女らしからぬ鼻かぜに悩まされたことだろう。

ダニエラとのごたごたをのぞけば、その冬わたしのほうは順調で、母との深刻な衝突も、災難もなかった。晴れた日には男の子とサッカーをやり、天候が荒れると二階の子ども部屋で劇を上演した。わたしたちのおもちゃにはテーブル大の大きな模型劇場があり、ワーグナーの楽劇の完全な舞台装置と小さな木製彩色の登場人物がそろっていた。人形は操り人形ではなく、腕や足が動かなかったが、指を入れる穴つきのワイヤーがついておりアクションに合わせて動きまわることはできた。午後はよく『ラインの黄金』や『神々のたそがれ』の公演を行い、遊び仲間をよびあつめては観客にした。

それから、コージマの部屋で午後を過ごした。祖母はみた目にはそれほど衰えていなかったが、大きな長椅子で横になって休む時間が長くなり、叔母たちは、わたしたちが祖母を疲れさせないようとても気をつかっていた。命日の話や祖母の苦になる話題は、みんな気をつけて避けていた。ある日わたしは長椅子の祖母のわきに腰かけ、学校でのできごとを話していた。祖母は心ここにあらずというふうで、まもなくわたしをさえぎると、ダニエラを呼ぶように言った。叔母は窓ぎわで本を読んでいたが、それを取り落とすと長椅子のところへ来た。「ダニエラ」娘の手が肩にふれるのを感じて、祖母は言った。「あたし、いくつになった?」

ダニエラはためらい、心配げに老女を見たが、どうしようもなかった。母親が答えを待っているのだ。

「九〇歳ですわ、ママ」

わたしたちは息をのんで、祖母がその情報をどう受け止めるか思いめぐらした。もう何年ものあいだ、年齢にふれるのはご法度だったのだ。コージマは見えない目をわたしたちに向けて、笑った。

「そんなになったの!」祖母は言った。

ヒューストン・スチュアート・チェンバレン(一八五五―一九二七)が死んだあとの冬、ダニエラはエヴァを訪れはじめ、ようやく妹と食事をともにした。亡くなる前、年老いた著作家は長いこと寝たきりだった。彼は「第三帝国を予言した人」として不滅の名をのこした。ヒトラーはごく若いころ『一九世紀の基礎』(一八九九年)を読み、チェンバレンが民族という意味に限定して「アーリア人」ということばを用いたのに非常に感動して、それをもとに、民族の純粋性という非常識な概念を作り上げたのである。ヴァーンフリートの敷地にはじめてわが家を訪れた日、ヒトラーは道路の向こう側のチェンバレンの家に巡礼をしてきたあとだった。その出会いを見たかった、とわたしはよく思った――若くてぎこちない、おずおずしているが悪魔に取りつかれた第三帝国の支配者と、自分のことばが何を生み出したか想像もつかない病身の老予言者との出会いを。

季節はめぐり、ふたたび一九二七年フェスティバルの時期になった。丘の上でわれわれ子どもたちは駆けまわり、祝祭劇場観客席の横手に〈出演者専用〉と書いてあるベンチから気に入らない人たちを撃ち殺した。わたしたちは合唱監督のヒューゴ・ルーデルを、合唱稽古場の裏のアパート、「ルーデルの家《ハイム》」と呼ばれる部屋に訪ねた。居間から出るとそのまま朝のリハーサルの入り口だった。ルーデルは親切な老フクロウだった。ドイツでいちばん有名な合唱監督で、ベルリン国立オペラとバイロイト両方の監督をつとめていた。

一週間の舞台稽古《ゲネプロ》ののち、バイロイトはふたたび息を吹きかえした。通りや教会、宮殿、わたしたちの家の前庭は、休暇中の外国人でごった返した。通りのあちこちの開いた窓から、その日上演される予定のドラマの動機《ライトモチーフ》が流れていた。音楽好きは自分のスコアを読んでいた。バイロイト中のピアノがこの季節のために貸し出された。

お客様やご一行様、有名訪問者がぞろぞろやってきて、わたしたちの頭をなで、みんながだれ彼に似ているとコメントする——わたしたちはこの興奮状態が好きだった。だが家族の年長メンバーや召使たちには、これはストレスの季節でもあり、神経がはりつめて短気になる。わたしたちはできるだけエマから離れるようにし、叔母たちも避けてすごした。通常ダニエラとエヴァは、フェスティバルの真ん中を祝して感情的爆発をおこすと、何か一二のことで母と父にけんかを吹っかけては非難し返すのだ。わたしの記憶では、この年は嵐の襲来が早くて、七月の終わりに来た。雷は父の無防備な頭上でやかましい音をたてたが、彼のすぐれたユーモア精神をかき乱せなかった。「君たちも季節はずれだな」と父はやんわり抗議したのだ。「まだ八月になってないんだよ」

もう一人わいわいがやがやがきらいな家族のメンバーは、わが家の新しいシュナウツァー犬、ストロウベルで、母が父の誕生日に贈った犬だった。この犬はわたしたちになついていた。手荒くあつかったり追いかけっこができたが、見知らぬ人がきらいで、ヴァーンフリートがお客様でいっぱいのあいだ気をつけていなくてはならなかった。

見知らぬ人でストロウベルがすぐなついたのは、ヒトラーだった。ストロウベルが来てからはじめてヴォルフが訪ねてきたとき、この犬はすぐ歩み寄り彼の手に鼻をすり寄せた。総統がいるあいだ、ヒトラーのそばをはなれようとしなかった。この点、ストロウベルは彼にしたがったすべての人びと、家族以外にはだれにも近づいたことのない大ぜいの野蛮な連中とおなじだ。みんなたちまちヒトラーと親しくなり、子どもたちもおなじだった。ヒトラーはその催眠力で、やすやすとみんなを惹きつけたのである。

当時ヒトラーは、バイエルン式服装を黒っぽい安物風紺のスーツとあの有名なトレンチコートにとりかえており、外見を変えるためしょっちゅう帽子をとりかえては旅行中も目立たないようにしていた。手袋ははめたことがなかったが、手に犬用の鞭をもっていた。鞭、トレンチコート、メルセデスベンツ——これが〈小暴動《プッチ》〉から一九三三年までのあいだ、彼のトレードマークだった。鞭だけが持っている武器だと話してくれたが、わたしたち子どもはあの小さな拳銃を忘れていなかった。実際、いつも写真に写るその鞭は、感傷的なドイツの人びととの心をほぐす意味をもっており、恐れを知らぬ小男が、重装備した共産主義者《コミュニスト》に命がけで立ち向かうのに犬の鞭以外に武装していない、とみんなをほろりとさせるのだった。

ストロウベルも、ヴィーラント、ヴォルフィ、ヴェレーナやわたしも、みんなヴォルフが好きだった。ドイツ旅行中の彼の冒険物語を聴くのが好きだったからだ——とくに、モーリスが車を危険な溝に突っ込んで、溝から車を出すのにそのあとどれほど苦労したか、といった話。彼の生活はわたしたちには魅惑的だった。わたしたちの生活とは徹底的にちがっていて、何もかも本の世界みたいだったから——夜中にわたしたちの部屋に来るのも、たえずだれかに命をねらわれているのも。

第6章　父にはわたしが必要

学校のはじめの三年間は楽しかった。共感できる先生がいたし、ダニエラとの論戦にも活気づいた。しかし四年になると、わたしのツキが変わった。用心深いやり方でサディストの担任教師に当たったのだ。その先生は裕福な家庭の子どもたちや、両親が「有力者」の生徒には思いやりがあったが、いちばん貧しくて無防備な生徒で、多分平均以下の知能だが必死についていこうとする者たちをいじめるのが楽しくてたまらないのである。毎日わたしは、彼がこういう気の毒な子どもを駆り立てて、むずかしい質問に答えられないと罰を与えるのを見守った。がまんできなくなって、わたしは異議申し立てをした。

「先生の恨みを、自分の身を守れないこの子たちに向けるのは、ひどいと思います。恥ずかしいことだし不公平です。どうしてわたしには当たらないんですか？　ワーグナー家の人間には手を出せないんですね」

わたしの怒りは男性教師の態度をやわらげたが、わたしには困ったことになった。繰り返すうちにねじまげられ、そのことばは「だれもワーグナー家を打ち負かせない」となって、家族のだれでもとくに異議申し立てしたいとか、わたしの救いがたい尊大さを思い出させたいときにはいつも、そのことばがわたしに返ってくるのだった。

さらに悪いことに、四年生でいい成績だと、飛び級して上の学校にすぐ行けるということがわかったのだ。教師たちはわたしが入学試験に問題なく受かるだろうと信じていたが、何か月か遅れてしまうまで、だれも私の両親に話そうとしなかった。おそらく学校側はヴィーラントのプライドを考えて、妹がおなじクラスに来るのを避けたのかもしれないし、あるいは単純に忘れていたのかもしれない。いずれにせよこの手落ちは、わたしの小学校に惨憺たる結果をもたらした。それまで小学校は家族の誇りだったが——わたしはクラスで一番だったし——その年の残り期間は、わたし自身と運の悪い遊び仲間両方の不公平で心が痛み、わたしはあまり勉強にはげまないで先生を悩ませるほうに精を出した。

家での生活もそれに比例してむずかしくなった。学校当局は母と話し、母はわたしの態度に困り果てて、家でわたしを罰した。あらゆる手が用いられた——パンと水だけの夕食で寝に行かされる、わたしの宝物を取り上げる、だが母の得たものは、二人でおたがい口もきかない敵対状態であった。

一九二八年の春に上の学校に入ったときには、わたしは一〇歳になっており、母の問題児だった。叔母たちは反射的に母に反対してわたしを擁護したし、いとこや、保守派で母をアウトサイダーと考えていた家族の友人たちは、わたしのことにはっきりと同情的な関心をしめしたが、そのことが逆に母を傷つけ、母は、みんながほかの子どもに関心を示さないといきどおった。情況が与えてくれた利点を無視したのは、わたしも至らなかったのかもしれない。まもなくわたしは手に負えないおてんば娘になった。男の子とサッカーをやり、木にのぼり、ヴェレーナ（みんなニッケルと呼んでいた）を自転車のハンドルのところに、ヴォルフィを後部荷台に乗せて走りまわり、何にでも首をつっこんだが宿題だけはやらなかった。

気の毒に父は、まわりの人間が反目しあうのに心を痛めていたにちがいない。わたしを仲間として選び出し、できるだけ自分のふところにおいてくれたが、一度ももめごとに口を出したり、明るいユーモアを失うことはなかった。表面上、家族の生活は順調に流れていた。一家の父と不仲では生活できないからだ。家族のお祝いやクリスマス、誕生日などは毎回しきたりどおり楽しく行われ、プレゼントや儀式、ちょっとしたゆかいなお楽しみなどもあった。

クリスマスと母の誕生日には、父はいつも母への凝った冗談《ジョーク》を準備し、通常ナチ党のばかばかしい面を調べ出して、それをそのナンセンスを盛り込んだすてきな贈りものに仕立て上げるのだった。あるときは詩とか絵であったり、きわめて微細な部分まで作りこんだ舞台装置全景だったりした。あるクリスマスに、父は薬箱を作っていろんな瓶をつめ、その瓶にバイロイトのナチ党員のおかしな名前のラベルをつけた（たまたま大半が奇妙でおかしな名前だった）。薬箱には詩が添えられ、一つ一つの瓶が何に効くのかを解説してあった。このジョークは、母といっしょにダニエラをからかったものだった。叔母は熱狂的な薬マニアで、いつも百種以上の錠剤の瓶でいっぱいの箱を持ち歩いていたのである。

またあるとき、父はオオカミとアナグマの入った洞窟をつくり、「アナグマ穴のオオカミ《ヴォルフ》」と名づけた。これはヒトラーとミュンヘンの下宿の女主人を皮肉ったもので、彼女はダックス(Dachs)夫人、つまりアナグマという名だった。もう少しあとならもっと皮肉が効いただろう——ダックス夫人が精神不安定になり、狂信的なふるまいをしたのだ。ながいあいだ夫人をなだめられるのはヒトラーだけだった。彼がいると夫人は何とか正常だったが、ある日彼女は斧を手にヒトラーを襲ったのだ。ヴォルフィは命からがら逃げ出し、あわてて下宿先を変えた。

わたしたちを楽しませることなら、父には何一つ苦にならなかった。彼は子どもたちに楽しい思い出を与える防波堤になろうとし、それに成功した。父の誕生日には、わたしたちは何週間も前から計画をねった。父もときどきわたしたちがびっくりするようなお祝いをした。一九二九年の春、六〇歳の誕生日に誕生日夕食《バースディディナー》の席についたわたしたちとゲストが見ると、めいめいの皿に父の新作オペラ『みんながこうむったささやかな呪い』の歌詞が印刷されていた。誇りと喜びがこみあげてきたのは、わたしが父の小さな呪いではないかという思いだった。いい子になろうと決めて、わたしは両腕を父の首に投げかけ、力いっぱい抱きしめた。父はわたしの髪をなおして微笑み、わたしには彼に伝わったことがわかった。

だが、わたしの正しい決意にもかかわらず、中学の二年目は一年のときよりひどかった。ゲルマン民族熱とともに復讐主義が、日に日にたたきこまれるようになったのだ。先生はみな、教科に関係なくわたしたちを攻め立てた――ヴェルサイユの「真実」だの、「戦争犯罪というウソ」の非道さや、ドイツは決して敗れないという「事実」など。これらは議論の余地のないこととしてしつこく繰り返され、質問もなければ説明もなかった。クレマンソーは大いなる犯罪者として紹介され、世界にかつてなかった極悪人とされた。

先生たちが「クレマンソー」の発音のしかたを知っていたら、多分わたしはもっと簡単に信じ込んだかもしれないが、わたしと正反対だったので、発音がまちがっているとしたら事実もまちがえているかもしれないと考えるようになった。で、わたしは新しい種をみつけた。戦争犯罪は両方で行われたことを知りたくて、わたしはやっかいな質問を発しつづけた。そのあげくわたしが得たのは、先生たちを悩ませて満足しただけだった。先生はみないらだたしげに「きみは信じなければならない」とか「わたしの言うことに疑問を持っちゃいかん」と答えるばかりだったが、実際わたしは疑い、そう口に出した。

またしてもわたしは公然と反抗しだした。学校での授業はながい戦いだった。緊張が高まった。ドイツではあたり前なのだが、わたしは、両端から締め上げるロープに自分が窒息しそうな感じにひどく苦しめられていた。先生たちは苦情を言った。母は困り果てた。その夏は罰としてわたしを学校から連れ出し、キャンプに送り込んだが、わたしはひどく落ちこみ、母と父に家に帰りたいと頼みこんだ。

母と父は、わたしを連れて三人だけで、バイエルンとチロル・アルプスの旅行にでかけた。ほかの子どもたちは友達とコンスタンツ湖にいた。わたしは知らなかったが、これは父のアイデアだったらしく、一一年間の休暇ではいちばん幸せだった。母はわたしをしつけようとはせず、わたしは長い至福の日々を、高山用のつえを握りしめ父について山歩きをしてまわった。父は山登り競争をしようとはしなかった――ゆっくりと歩きまわり、立ち止まって苔やアルプスの花の群生を愛《め》で、途中で出会った人たちとことばを交わした。午後にはホテルに戻るかどこかの山小屋に着いて、峡谷に張り出したベランダでお茶を飲むか、遠くの山の稜線までつづくアルプスの谷間をながめた。わたしは幸せいっぱいで父のそばにすわり、ジャムつきのパンをかじりながら会話に聞き入っていた――父はどこにいても人びとに囲まれた――そして、この夏がずっと終わらなければいいと願っていた。

だが、夏は終わった。まもなくわたしは学校にもどり、あいかわらずの小競り合いを戦っていた。この年わたしは新しい試練に直面した――ラテン語だ。毎日二、三ページの不規則動詞を暗記するよう命じられると、わたしはストライキに入って、先生を悩ます計画ばかり考え出すのだった。やがて全生徒は二派に分かれ、男生徒はわたしを支持し、女生徒はわたしを裏切った。学校当局は除籍するとわたしを脅かした。母は何とかせざるをえなくなった。わたしをラテン学校から連れ出して、女子高等中学《リセ》に入れようとしたが、この学校ではラテン語の代わりに英語が必要なので、母だか父だったか、クラスに追いつくため一学期間英国の学校に行くようすすめた。

英国の学校とはわくわくするアイデアだった。行きたがらない女の子などいないだろうが、わたしはひそかに行く前から父を思ってホームシックになりだした。わたしはまるで影みたいに父につきまとった。夜、母が本を読んでやるとき(父はコージマの目を受けついで光に弱く、電灯の下で読んだりしごとしたりできなかった)、わたしはそっと父のそばに座り、その顔をながめて満足した。ときどき父はわたしを独身棟の仕事場に入れて、しごとをしたり手紙を書くあいだおいてくれた。ある朝、父はトスカニーニあてに書いていた手紙の追記のところを、わたしに翻訳してくれた。「私のイタリア語をお許しください。料理人と女中から教わったものですから」トスカニーニは父の古い友人で、来年夏のフェスティバルで指揮をしにバイロイトへ来る予定だった。

「彼へのあいさつを教えてやらんとな」と父は言った。「私のあとについて言ってごらん、Caro Maestro, siamo felici di salutarla a Bayreuth.(親愛なマエストロ、バイロイトへお迎えできて幸せです)」

「Caro Maestro, siamo felici di salutarla……」わたしは、アクセントがぴったりになるまで何回か繰り返した。父はわたしの耳が自慢だった。母もヴィーラントも、イタリア語を話そうとしなかった。母はイタリア語が読めたが、使うのはののしるときのおもしろいことばにかぎられていた。

突然わたしは声をつまらせた。「お父さんのいないところへ行くと淋しいわ」と口ごもりながら言う。

「フェスティバルには帰ってくるさ。おまえがいないとやっていけないからな」

クリスマスが来て、過ぎた。兄弟とニッケルはわたしのことを何か重要人物みたいにあつかい、子どもどうしの秘密の事業に入れてくれた。ヴォルフィはわたしに手伝わせて、新しい電気じかけを地下室の作業場で製作中だった。当時はいきなり家中の明かりが消えるのはめずらしくなかった——ヴォルフィがヒューズを飛ばすからだ。ニッケルはわたしにつきまとい、わたしはおもちゃの新聞印刷セットをやる約束をした。

（一九三〇年）一月末に、わたしたちはとうとう出発した。わたしは二階のコージマの部屋へ行って、祖母にお別れのキスをした。祖母は、わたしをおぼえておきたいというように指でわたしの顔を軽くなぞったので、わたしは突然、これが最後のお別れなんだとさとった——二度とおばあさまには会えないのだ。

いっしょにいたエヴァは顔をそむけて、目にいっぱい涙をうかべていた。だがコージマは何も言わず、わたしに微笑みかけた。その微笑は明かりがともったように、羊皮紙みたいに白い祖母の顔をかがやかせた。

三日間、父と母とわたしは、ロンドンのメイフェア・ホテルでおとぎ話みたいなスイート・ルームに滞在した。わたしたちはコロンビア・レコード会社のゲストで、父はコロンビアのために数年前からバイロイト公演の一部を録音しはじめていたのだ。午前中父はわたしにロンドンを案内してくれた。彼はバイロイトとおなじくらいロンドンをよく知っていた——おもしろい建物や、公園の散歩道や、歴史のある落ち着いた古い広場など。母はわたしを昼食会や、お茶の会、夕食会など、父のしごとを邪魔しない社交の場に全部連れていった。わたしは、わくわくしたりうれしいことばかりで、頭がくらくらしていた。

それから、父が南部でコンサートのしごとをする時期になった。二月はじめのある日の正午、わたしはメイフェア・ホテルの前で父にお別れのキスをした。タクシーが走り出す。わたしは手をふり、父も応えた。二人とも笑っていたが、わたしの心はあのむかしの子どもっぽい胸騒ぎ、父がコンサート・ツアーに出かけるたびにいつもわたしをとらえた不安にしめつけられていた。父は二度ともどらないかもしれない。今回はその不安におしひしがれ、ほとんど肉体的痛みがはしった。

母とわたしはヨークシャーのブリッグハウスに向けて発った。そこで母の古い友だちが運営する女学校に入ることになっており、友だちはベルリンの近くの女学校で英語の先生をしていたのだった。そのスコット夫人はアイルランド人で、母よりちょっと年上なだけ、母のおてんば面をひっぱたいて友情を結んだ若いころはさぞ人目につく少女だったろう――彼女はわたしにとても親切だった。わたしを学校から歩いて一分の自宅に連れて行ってくれ、したいようにさせてくれた。たちまちわたしは英語をおぼえて話していた。先生や生徒が気に入ったし、向こうもわたしを好きになり、何の問題もなかった。わたしは突然あたりまえの、幸せな子どもになったのだ。唯一かげりをもたらしたのは、ときどき見る不安な夢で、何かの災難がわたしを家に呼び戻すのでは、という心配だった。

四月に、コージマが亡くなった。祖母の死にはそれほど落ちこまなかった。祖母はある種永遠にわたしのなかで生きていたし、わたしの子どものころの確固たる記憶の大部分だったから、彼女は現在からごく自然に抜け落ちて、あざやかな不朽の過去になったのである。しかし祖母の死は、何かおそろしいことが起きてわたしをドイツに呼び戻すのではないか、という不安をかきたてた。

わたしはブリッグハウスでとても幸せで、それが続かない場合をおそれるあまり手紙で両親をはげしく攻めたてて、英国にとどまりたいし、べつのドイツの学校にわたしを無理やり入れないでこの学校を終えさせてほしい、と頼み込んだ。返信にわたしは長い手紙を受け取ったが、それは父の口述だが母がタイプしたものだった。ことばづかいと、父が手書きで訂正した部分でわかった。手紙にはこうあった。自分は六一になろうとしており、わたしがいなくてひどく淋しい。二人がどれくらい別れていられるかは、神のみぞ知る。それに兄弟や妹もいる――兄弟と仲たがいしてはいけない。何よりも父はわたしに家にいてほしい、そうすれば近々バイロイトの父を助け、ツアーに同行もできるだろう。これでは選択の余地はない――わたしは家に帰らなくては。お前がいなくてみじめで孤独だった、とも父は書いていた。

愛する家族への思いにひたれたはずのこの手紙は、わたしの不安をかきたてただけだった。帰郷の日付は決まっていなかったが、わたしは毎日おびえながら過ごした。春が長びいて夏に入っても、わたしの胸騒ぎはおさまらなかった。とうとう七月後半のある夕方、学校で職員会議中のスコット夫人あてに一通の電報がきた。わたしはそれを夫人に届けたが、小さな黄色い封筒にはわたしの運命が書かれていることがわかっていた。

その夜、スコット夫人は何も言わなかったけれども、わたしに特別やさしかった。朝、土曜日になって、父がおもい病気だと教えてくれた。つぎの日、わたしをロンドンに連れて行って、エディー伯母さんにわたしを託した。伯母さんは母の遠い親戚の、ややにぶい小柄な老女で、フェスティバルにバイロイトへ以前二度来たのでおぼえていた。

わたしたちは正午にバイロイトに着いた。母は駅には出迎えておらず、わたしのイタリア人のいとこマンフレディの妻マリア・ソフィアが来ていた。彼女はわたしの手を取り、母は病院なのだと静かに言った。親切なマリア・ソフィア、わたしはずっとこの人が好きだった。ヴァーンフリートは家族と、フェスティバルに集まったゲストでいっぱいの大騒ぎだった。メイドの一人がわたしを二階のコージマの部屋に案内した——そこはニッケルとわたしの部屋になっていた。兄と弟は子ども部屋に移り、母と父はもと子どもたちの大きな共同寝室に入っていた。わたしはメイドに、ヴィーラントとヴォルフィ、ニッケルはどこだとたずねた。「ことばがわかりません。どうぞドイツ語で話してください」とメイドは言いつづけたが、ようやく聞き出したのは、兄弟が休暇先から呼び戻されていないということだった。

何もかもちぐはぐだった。怯えたうえ混乱してわたしが階下の音楽室に行くと、フランス人のいとこブランディーヌが、友人たちとおしゃべりしていた。みんな昼食の席についた。おかしな具合だった。エディー伯母さんは英語しか話さず、イタリア人のいとことブランディーヌは家では四か国語で、ある国語から別のことばへと使い分けた。ドイツ語しか話さない何人かの友だちは困っていた。それにマンフレディは、耳が少し悪かったので、話についていくのに苦労していた。

わたしはホステスとして最善をつくしたが、心臓はどきどき高鳴り、その場のみんなに聞こえそうなくらいだった。昼食後、わたしは大急ぎで病院へ行った。母はわたしを抱きしめた。

「よく来てくれたわね、マウジ」母はわたしの肩にもたれて、わっと泣き出した。おたがいあれほど親密になれたことは一度もなかった。少し落ち着くと、母は何が起こったか話してくれた。父は心臓に塞栓症があったのだ。フェスティバルはきびしい情況にあり——ある指揮者と主席演奏者たちのあいだでかつてない紛争があった。『神々のたそがれ』の舞台稽古《ゲネプロ》のあとで、父は倒れたのだった。母がわたしを呼びもどし、父がのぞめばわたしにいてほしがった。気の毒に母は、わたしに会えたというれしいショックで父が快方に向かうのではという一縷《いちる》ののぞみを抱いていたのだ。

しかし医者はゆずらなかった。いきなりショックを与えると父の病状が悪化するという。来る日も来る日も、わたしはそっと病室を通りすぎて、待った、父が回復してわたしを呼び、とりあえず会わせてもらえるのではと願って。だが会わせてもらえなかった。医師たちは手の施しようがないことを知っていたのに、わたしが帰国していることを父に教えず、わたしが父のそばにいると知る幸せを与えなかったのだ。母もわたしも、このことは許せない。

毎日が果てしなく、宙ぶらりんで、こま切れにされ、不安でおぼろげな闇がつづいた。わたしは服を着、食事をし、病院に行き、公演に行き、待った。毎時間これが最後だと疲れ果て、例のおそろしい予感でいっぱいになりながら、いつも待った。母とは病院でしか会わなかった——四六時中病院で父につきそっていたから。とうとうおそれていたことが起こり、わたしはその場にいなかった。八月四日、六時ごろヴァーンフリートに戻ると、メイドが玄関のドアを開け、家の中に人けがないのがわかった。メイドの目は赤く、エプロンのはじは目をこすった涙でくしゃくしゃだった。

「お父様がお亡くなりになって――」メイドは言った。「お嬢さまはエヴァ叔母さんのところへいらしてください」

わたしはそっとドアを閉め、私道を歩き出した。ストロウベルと新しい仲間のストリッチが裏庭から、しっぽを後ろ足にまきこんで陰気にやって来ると、わたしのひざにからだをすりつけた。

「お戻り」わたしは犬たちに言い、二匹が庭師の家のほうへ、慰めてほしそうに歩み去るのをみつめた。

つかのま、わたしも犬のように自分への命令を待ってから、通りを横切ってエヴァの家に入った。叔母はそこに一人だったので、わたしは近づいてそっと腕を投げかけた。その直後、ドアが開いた。深い、やさしい目をして繊細な顔だちのやせた男が、エヴァをその腕に抱きしめ、そしてだれの子か知らないわたしを、抱いた。

こうしてわたしははじめて出会ったのだ――その後だれよりも親しくわたしの父代わりになった人、トスカニーニと。

第7章　指揮台をめぐる戦い

父の死んだ翌日朝八時までに、母は祝祭劇場の父のオフィスに行き、その机にすわってしごとを引き継いだ。母にはほかに、軽い社交的なものとはいえやはり義務的しごとがあり、それは無視されるか、可能な場合わたしたちのだれかに下りてきた。もうカール・ムックを甘やかしている時間はなかった。彼は母がヴァーンフリートに来て以来ずっと特別世話人だった。ムックは祝祭劇場の伝統そのものだったのだ。コージマが一九〇〇年に彼を雇って以来三〇年間、フェスティバルでもっとも有名な指揮者の一人だった。だが特別愛されていたわけではない——みな彼の辛らつさや、機知にとんだ毒舌をおそれていたが、それは引き合いに出しやすくいたるところで繰り返された。

ドクトル・ムックは父が自分を母のやさしい策略にまかせたのが気に入らなかった。フェスティバル・シーズン中、母は毎朝八時に父をオフィスに送りとどけ、それからキューフナー・ヴィラへ行ってマックに朝食をふるまうのだった。彼が指揮する公演中は、母はかならず休憩時間に訪ねて、マックにキャビアを一ポンド食べさせる——そのキャビアは一ポンド七〇マルクもした。舞台稽古《ゲネプロ》のあいだムックはとりわけむずかしくなり、たえず葉巻みたいに強い特別なたばこをふかしては、ブラックのモカ・コーヒーをやたらと飲み、ひどく不機嫌な状態でしごとをしていた——トスカニーニが『トリスタン』と『タンホイザー』を揮《ふ》っていたからだ。ムックはずっと父にトスカニーニを雇わせないようにしてきた。母の話では、この確執がまちがいなく父の心臓の状態を悪化させたのだという。

祝祭劇場の父のオフィスに母が現れたことは、母としては自然で逃げられない仕事にみえたが、じつは、長年にわたりフェスティバルのパトロンで、一部はコージマの時代からつづく旧信奉者派閥に対する宣戦布告だった。ダニエラと、参加度は少ないがエヴァを指導者に、フェスティバルを支配し「ワーグナーの伝統を維持する」ため、ほとんど一晩で旧派閥が組織化された。父が埋葬される前に、バイロイト市長と市の長老たちは、ヴァーンフリートをワーグナー博物館として市に寄贈するよう母にせまった。市は、母に代わりの住宅まで用意していたのである。一夜にして母は、自分がジークフリート・ワーグナーのペットみたいな愛すべき若妻から、アウトサイダーへ——自分たちこそフェスティバルの真の精神を知っているのだとする旧守護者たちにうとまれる存在へと変えられたことがわかった。

そのときはじめて、母はコージマとおなじことを感じ、ワーグナーの死後コージマがフェスティバルの運営を引き継いだときに、耐えなければならなかったことが理解できた。当時コージマは外国人で、「ドイツ歌手を雇ったこともないあのフランス女」が、今度は母だった。「ワーグナーの伝統の継承方法も知らないあのイギリス女」というわけだ。

市が、父の葬儀を取り仕切る予定だった。すべてのワーグナー家の人びととおなじく父も〈エーレンビュルガー〉つまり名誉市民だったから——立派な羊皮紙の巻き物に認証されて、その所持者は葬儀を市の経費で執り行う資格を与えられていた。ところが、この期《ご》に及んで（母がヴァーンフリート明け渡しを拒否したために、市の長老たちが嫌がらせをしたのか？）、請求書が母のもとに届き、母は何も言わずに全額支払った。

わたしたちは墓地まで行かなかった。前の晩帰って来たヴィーラントとヴォルフィとヴェレーナ、それに母とわたしは、教会の葬儀からヴァーンフリートへ直接帰宅した。家には鍵がかかっていた。使用人は全員墓地まで行っていたので、わたしたちは独身棟の屋根付玄関《ポルチコ》で待つことにした。ストリッツィとストロウベルがみんなのところへ飛んでくると、父を探したが、全員沈み込んでいるのがわかり静かに足もとに横たわった。ぼんやりとわたしはストリッツィの耳をなでた。見えない壁のように全員を閉じ込めた悲しみの中に、わたしはひとりみじめで孤独で、家族から切り離されていた。ほかの子どもたちが帰宅してから、母は彼らをまわりにおいて慰めにし、わたしはもうどうでもよかった。母にとってわたしは、まわりの空気のような現実にもどったのだ。あのとき母はわたしを頼りにし、わたしを愛して感じてくれたのに——母を支持して、父に最後の幸せのときを与えなかった医師たちや周囲のみんなと敵対したわたしのことを。そんなことはもともとなかったみたいに消え去っていた。

水面下の嵐や策略にもかかわらず、フェスティバルはとりわけ高揚した雰囲気で進んでいた。父がはじめてバイロイトで歌うよう契約したヘルベルト・ヤンセンは、期待以上の出来だった。ヤンセンが完璧だったので、父もトスカニーニもダメ出しのしようがなかった。トスカニーニは彼と一度総譜《スコア》で通し稽古《ランスルー》をして、言った、「あとは舞台稽古まで会わなくてもいいよ」。ヤンセンが急きょ急病のアムフォルタス（『パルジファル』の主人公）役の代役をやったとき、ムックがオーケストラから大声で言った、「ライヒマン以来最高のアムフォルタスだ」。

ムック自身は父の死により追い払われて、何のもめごともなかった。若いカール・エレメンドルフは、父の弟子の一人だったが、いい演奏をした。トスカニーニはみごとな指揮ぶりだった。芸術的にも興行的にみても、第一次大戦後のフェスティバル中でもっとも成功をおさめ、トスカニーニの指揮した『タンホイザー』は、父の業績のなかで最高の上演作品と考えられた。

その夏は、昼食に夕食、休憩時間中レストランでと、わたしはしょっちゅうトスカニーニと会っていた。ことば少なに、マエストロは何とかわたしを元気づけ、同情と共感でわたしを支えようとしてくれていたのだ。

祝祭劇場にいないときは、わたしはヴァーンフリートでゲストの応対に忙しかった。みんな列をなして来ては去った数多くの有名人たちで、国籍も多種多様だったため、わたしにはほとんど識別できず、執事が入り口で集めた名刺《カード》から作成した訪問客リストをみてはじめて気がつくのだった。

彼はフェスティバルのために雇われた特別な執事だった。毎日公演がはじまるまで、その執事は銀のカード受け盆をもってドアのところに立ち、ゲストたちを招じ入れる。そして午後おそく、執事は自転車に乗って街を走り、母のオフィスにカードを届けるのだ。わたしが覚えているのはヴェニゼロスという陽気な老紳士で、庭を歩くのが好きだったし、あとでわかったのだが、アンドレ・モーロワ夫人はブランディーネの友人で、わたしが帰宅したとき音楽室にいた人だった。

ようやくフェスティバルが終わり、バイロイトはまた眠ったような街にもどった。だがヴァーンフリートは眠らなかった。旧守護者委員会がおおやけの場に出てきて、母が父の遺言に手を加えたと糾弾したのだ――遺言は、祝祭劇場とヴァーンフリートを子どもたちに平等にゆずり、わたしたちが成人するまで母が完全な管理権をもつ、というものだった。旧守護者たちはまちがっていたが、一点だけ母が遺言を変えようとしたことがある。母はずっとその愛情をもっぱらヴィーラントにそそぎ、彼が唯一の相続人になってほしかった。叔母たちとの仲はこれまでになく緊張した。ダニエラは、チェンバレンの死後妹のエヴァと食事をしていたが、エヴァを完全に支配してできるかぎりヴァーンフリートから遠ざけるようにした――二人はまったく口を出さないつもりだったが、起こっていることは知りたがった。週一回の昼食にわたしたち子どもを招くことすらやめた。チェンバレンの死後ずっと習慣になっていたのに。

秋になると、母はわたしを女子中学《リセ》に入れた。母は落ち着くことなく、家を空けることが多かった。毎週のように銀行のあるチューリッヒに旅したり、ベルリンへ行ってつぎのシーズンの歌手や楽団員と契約したりしていた。母が帰宅するたびに、ストリッツィとストロウベルは、父がいつも旅の汚れを落としていた二階の着替え室に飛んで行き、毎回悲しそうにすごすごと階段を下りてくるのだった。何か月かたってようやく、犬たちは父を探さなくなった。

その秋、わたしには犬がいちばん近しい友だちだった。とくにストリッツィは、その種類のほかの犬よりずぬけて頭がよかった。この犬《こ》は椅子にすわるのが好きで——二匹ともそうだった——まちがいなく居間でいちばんいい椅子を選び、おそるおそるだが勝ち誇ったように、前脚を空中に出して横たわっていると、エマの足音が聞こえてくる。エマがドアにたどりつくまでに、二匹はひげを生やした天使みたいに何食わぬ顔をして床の敷物のうえにすわっているのだ。ストリッツィはとくに昼食のときわたしたちといるのが好きだった——そのあいだ壁ぎわの椅子にすわって、いかにもわかったように会話に耳をかたむけている。

一一月の休暇中に、母はわたしたちをコンスタンツ湖へ連れて行ってくれた——バーデン側のヌスドルフに快適な家を最近買ったばかりだったのだ。家は、ドアを開けるとすぐ港という小さな岬の突端に建っていた。数年前から、母と父はサマーハウスを探していた。父はドイツの田舎よりイタリアやスイスのほうをよく知っていたが、結局母が父を車に乗せて美しいドイツの田園地方をまわりだした。父と母で探しまわった最後の数年間に、母は湖畔の家と残らず知り合いになり、寝室とバスルームがいくつある家かまでおぼえてしまった。

最終的に母が買った家は、持ち主が中国美術を蒐集しているユダヤ人で、ドイツにある財産をのこらず売り払い国を離れようとしていた。壁が中国風に塗られていたり、東洋プリントの壁紙が貼ってあったりしたので、母はせっせと労力をかけてその家を改装し、飾りなおした。

その週末の一日、わたしたちはルツェルンへ行き、わたしははじめて父の生まれた家、トリープシェンを見た。ルツェルン市がその家を買い上げ、修復会社の手で荒廃から守って、できるかぎりワーグナー時代に近いかたちで保存する計画だった。二階はワーグナー家のために確保されており、市の担当者が母を招いて家具などの打ち合わせをする必要があったのだ。牧歌的なところで、この大きな、あちこちに張り出した古風なスイス風別荘《ヴィラ》は、ポプラの木立ごしに湖を見下ろしていた。そこには平和な空気が満ちており、コージマの深い、寡黙な愛情がわたしにはわかった。母は市の親切な姿勢に謝意を表したが、トリープシェンに住むことはなかった。翌年の早春、ダニエラとエヴァがそこに移り、幾夏かをそこで過ごした。それでかまわなかった。わたしたちの家がコンスタンツ湖にあったからだ。

湖での休暇は、そのシーズンで終わる最後の静かな期間だった。スイスでのクリスマス休暇――わたしたちはエマとスキーをしに行っていた――からもどるとすぐ、リーズロッテ・シュミットがわが家の生活に登場した。リーズロッテは、シュトゥットガルトでたばこ卸売業をしていた熱心なワーグナー崇拝者夫妻の娘だった。一月、母が出張中でいないあいだに短期滞在で訪れ、そのまま生涯住みつくことになる。はじめわたしたちはそれほどリーズロッテがきらいではなかった。彼女は小柄な、黒髪の、魅力的な少女で、すぐれたピアニストだった。宿題を手伝ってくれたり、おけいこのあいだそばにいてもらうのが楽しかったのだ。

それにリーズロッテは、家庭教師のことでわたしたちの側に立ってくれた。クリスマスから少しあとに、母は子どもたちには強力な男性の影響が必要だと感じはじめ、そういう人を探しだした。最初いちばんいいのは零落したプロシャ貴族で、どんな種類のしごとにも向いていない人だった。最初の候補者はお茶に訪れ、自分向きの地位ではないと判断してやめた。二番目は滞在したが、長いみじめな一か月だった。背の高い四〇がらみの男で、乗馬靴を好み、かなりかっこいいがどこか高慢なところがあって、しかも家庭教師としては完全に失格だった。子どもの教科について、わたしたち以上に知らなかったのだ。はじめのうち母は、男がまちがっていても正しいのだと主張して、彼の権威を強化しようとしたが、その結果は、みんなとの全面戦争だった。

そのプロシャ貴族がいなくなってわたしたちはほっとしたが、リーズロッテが子どもたちにとって次第に微妙な問題になりだした。たしかに彼女は家庭教師には防戦してくれたが、それは自分のほうに家庭教師というお下がりがほしかったからだ。その頃までに、リーズロッテは流行のタイプを習得しており、母の秘書と自称していた。人に取り入るのがうまい女で、たくみに母の生活にくい込んで、母を子どもたちから切り離そうとした。母の留守中、リーズロッテは母代りをきめこみ、わたしが追い払うまでテーブルの母の位置にすわろうとしたし、母のデスクでしごとをした。そのうえ母が電話してくると、リーズロッテはいつも飛んでいって電話に出るのだった。

「お母さんから電話があったわ」としか彼女は言わず、母のいいつけをわたしたちに話すのを拒否して、支配をつづけようとした。

母の留守中リーズロッテがいいつかっていたのは、食事のメニューをつくることだったが、料理を七つ以上考え出すことができないようで、わたしたちは土、日、月曜と曜日ごとにおなじものを食べるのはごめんだと拒否した。反抗するとエマがそのつどなだめて、わたしたちの代わりに言ってくれた。エマはほかの使用人と同様リーズロッテが大きらいで、いつもやめたいとおどかしていた。二人のあいだでひどいいさかいがあった。何度かわたしは母に切り出そうとした、「それならリーズロッテを追い出さなくちゃ」。だがいつも際どいところで、彼女は勉強の面倒をみるのがうまいからと、兄弟や妹にとめられた。

こうしてその冬はガタガタ過ぎていき、母がいないときは、けんかや悪だくみや孤独がひろがった。以前はいつも、二階の日当たりのいい部屋にコージマがおり、わたしたちを愛してたわいない愚痴を聴いてくれたが――祖母は世を去り、叔母たちもめったにヴァーンフリートを訪れることはなかった。

家にいるとき、母はあまりしごとのことを話さなかったが、面倒を抱えこんでいることはわかっていた。ドクトル・ムックが母を見すてたのだ。トスカニーニが戻ってくる約束だったので一九三一年フェスティバルの指揮を断った。母はもう一人名のある指揮者を探していたが、ムックはあらゆることをして母を妨害していた。

あるときベルリンから戻って、母は新しい指揮者と契約したと言った、がその名前はみんなに教えてくれなかった。指揮者はミステリアスなミスターXのままで、彼がヴァーンフリートに来て独身棟に一晩泊まったときでさえそうだった。わたしたち子どもは夕食後彼に会うのを許され、いろいろ推測した。しかし新しいフェスティバルの開幕直前になるまでわからなかった――この背の高い、やせ細った、細長い首のうえに長い頭部をのせた中年男が、今日ドイツのもっとも有名な指揮者になっているヴィルヘルム・フルトヴェングラーであることを。女たちは彼が指揮すると夢中になり、その腕にわが身を投げ出すというので、行く先々でゴシップのたねになる熱狂ぶりだった。

けれどもわたしには、その春いちばん記念すべきできごとというと、ストリッツィが最初のお産で生んだ八匹の子犬のことだった。ヴィーラント、ヴォルフィ、ニッケルとわたしはそれぞれ一匹ずつ自分の犬を選んだ。大人たちの助言でみんないちばん強そうで健康そうに見える子犬を選んだが、わたしはもっとも小さなのにほれこみ、それを育てることにした。わたしはストリッツィの世話も引き受けることにし、獣医の忠告どおりほんものの調合乳を三匹の子犬に哺乳瓶でやり、みんな大きくなっていった。だが十分気をつけたのに、わたしの小さな子犬はついにほかのに追いつかず、数か月後ジステンパーで死んでしまった。その死にわたしは絶望した――皮肉屋が「言わないこっちゃない」といったのでなおさら落ちこんだ。まあ、皮肉には皮肉で応えるしかない。わたしは感情をおしころした。

六月はじめ、出演者たちが稽古に到着した。トスカニーニは、今回は家族を連れておらず、独身棟のゲストになった。毎朝彼は、ガラスで囲った小さなバルコニーで朝食をとり、日差しをあびて暑いためヴィーラントが「トスカニーニのトルコ風呂」と名づけた。しかしマエストロは太陽が好きだった。彼はこれまで滞在したどのゲストより陽気な人で、食事が気に入って何の問題も起こさないので、メイドたちは彼を深く敬愛した。トスカニーニは自分の車と運転手を雇っており、しごと上の急用でわが家の慣習《ルーティン》をくつがえすようなことはなかった。

トスカニーニはわたしの単刀直入な意見をおもしろがった。

「きみはほんとにおかしな娘《こ》だ」とよく言ってくすくす笑った。稽古や公演のない日は、わたしたちはときどき山の旅館にお茶を飲みに行き、フランコニアの景勝の地をたずねたり、あるいはただドライブして楽しい夏の午後をすごしたりした。

フルトヴェングラーは、母の主たる問題の一つだった。彼には乗用馬と厩《うまや》、馬屋番、運転手つきの車を用意する契約になっており、母は彼とトスカニーニとの関係に若干神経質になっていた。それに、母はよく知らなかったのだ——フルトヴェングラーの有名な女秘書で、彼の広報にその身をささげてきたドクトル(・ベルタ)・ガイスマールを、ほかのアーティストたちがどう思うかを。たしかに、ドクトル・ガイスマールは彼をドイツ一級のアーティストとして毎週記者会見をひらくまでにし、自分のまぎれもない才能を彼の名声を高めるために費やしてきた。しかし彼の演奏を聞くと、わたしにはフルトヴェングラーが偉大な芸術家で、熱心な追随者や新聞の評判を得ることもあれば、得ないこともあるとわかった。ところが、ガイスマールは彼にとってかけがえのない人で、彼女みたいな秘書をもちたがらない指揮者はヨーロッパにはいないのだった。

実際この白髪まじりのユダヤ人女性は、フルトヴェングラーに雇われているのではなく、ベルリン・フィルハーモニー管弦楽団と契約しており、フルトヴェングラーについてから一六年間、彼からは一セントももらっていなかったうえに、彼女は裕福な出であった。

こうしたアーティストたちのおかげで、わたしのなかでもがいていた漠たる目的が強化されて表面に出たがり、その当時だけでなく将来に向かってのわたしの責任感をかきたてたのだった。口には出さなかったがわたしの母への不満の一つは、母がわたしの兄弟、妹に責任をもたせなかったことだ。だからニッケルがその年になり次第、わたしは妹にそれを理解させることに決めた。

フルトヴェングラーとトスカニーニはおたがい我慢できず、二人の不仲は第三者にあおり立てられて、一九三一年シーズンを完全に狂乱状態におとしいれた。稽古がはじまってすぐ、母がつぎのシーズン、一九三三年の芸術監督に契約したハインツ・ティーツェンがバイロイトに到着し、視察をした。

この小柄な、分厚いめがねをかけた黒髪の男は、生きとし生けるもののなかでもっとも不気味な、おどろくべき人間の見本で、第三帝国初期の混乱した時代に権力をにぎってはびこりだした人種だった。彼は決しておおやけの場に姿をみせなかった。実際姿をみせていたら、あまりにも影がうすいので気づかれもしなかっただろう。仲間のアーティストは当時ドイツで評判だった本のタイトル『キリストは実在したのか?』をもじって、おたがいこうたずねた、「ティーツェンは実在したのか?」。わたしの意見では、彼のビジネス能力は指揮力をはるかに上まわっていた。当時ティーツェンはプロシャの国立劇場すべてで芸術・ビジネス監督を兼任しており、そのうち非常に重要なクロール劇場とベルリン国立オペラにオフィスをもって、これらの劇場に大きな権力をふるっていた。

ティーツェンは英国人とドイツ人のハーフだった。タンジールに生まれてコンスタンチノープル、英国、アフリカ、インド、南アメリカで育った。第一次大戦中は、トルコに派遣された三五名のドイツ情報将校の一人だった。たしかに彼は生まれつき外交官で、その地位を脅かす政府の変化の一つ一つを生きのびることで、みずからの才能をみがいてきたのである。

またたく間にティーツェンは母を意のままにあやつり、フェスティバルの全スタッフを牛耳《ぎゅうじ》りはじめた。フルトヴェングラーが簡単にその餌食《えじき》になった――この指揮者は軟弱で、優柔不断だったから。彼はだれの助言でも聞いたし、自分を含めてだれも信じておらず、あらゆる悪だくみの餌食にされた。気性としては母にいらいらしていた。母は言いたいことをずばりと言う人だったし、まわりくどいタイプの人間が理解できなかったのだ。

「あの人スポンジみたい」とあるとき母は言った。「しっかりつかまえておこうとするたびに、八方へ変形してすり抜けてしまうんだもの」

ティーツェンはこの反感をあおってゲリラ戦をしかけ、フルトヴェングラーが母のことをこう言ったと母に教えては、母のコメントをフルトヴェングラーに伝えた。どちらもティーツェンをまったく信頼しており、彼を真の友人であり助言者だと思っていた。フルトヴェングラーは、いつもむっつりして、ためらいがいちでむずかしい人だから、母を疑うようになり、母が自分をひどく嫌っていると思いこんだ。その結果、二人のあいだはまさに犬猿の仲となった。

同様にして、ティーツェンはトスカニーニとフルトヴェングラーの不仲をもたきつけたが、この時点ではあまりうまくいかなかった。トスカニーニが全面的にティーツェンをきらっていたからだ。けれども、長期的な結果はおなじことで、三人の関係は険悪どころではなくなってしまったのである。

第8章　父の一周忌

一触即発の状態で舞台稽古《ゲネプロ》が進行し、フェスティバル開幕が平穏無事にすぎて、わたしたちは一九三一年八月四日、父の一周忌を迎えようとしていた。メモリアル・コンサートが二つ予定されていた。一つは祝祭劇場で、フェスティバルのアーティストとオーケストラがやるもの、もう一つは市のコンサート・ホールでやる朝の小さな行事だった。夜の大きな演奏会には、どちらの指揮者も参加することになっていた。

トスカニーニは、『ファウスト』序曲を選んだが、右腕の神経痛が痛くて頭にきており、もう一方の腕でささえて指揮していたものの、とうとう右手をあきらめて左手だけでふった。朝のリハーサルには聴衆を入れないでくれ、と彼は要求した。

わたしはその朝祝祭劇場には行けなかった。劇場の歌唱指導者の一人、カール・キッテルと朝のコンサートで『ジークフリート牧歌』の二台のピアノ用編曲を弾くことになっていたのだ。もう一人イタリア人のいとこで、父のフルート協奏曲を演奏する予定のジルベルトと、車でホールに向かう途中、ひどくむし暑い空気が、二人の両肩にのしかかってきた。いやな日で、変に胸騒ぎがし、わたしは早く終わってほしかった。

　出かけるまえ、わたしはわが家のビジネス・マネジャー、アルベルト・ニッテルが母と打ち合わせに来たのに会い、冷ややかな朝のあいさつを交わした。その男の肉づきのよいピンクの顔と人当たりのよさには、四年前父が祝祭劇場に彼をつれてきたときから、何かうさんくさいものがあった。ニッテルは金持ちで、カールスルーエ日刊新聞《ターゲブラット》の持ち主であり、同市に大きな美術印刷会社をもっていたが、時間があるとわが家の面倒をいろいろみたり、とくにコンスタンツ湖の彼のサマーハウスで、いつも子どもたちをもてなしてくれた。

　父の六〇歳の誕生日が近づくと、ニッテルはひんぱんにヴァーンフリートを訪れた。〈タンホイザー基金〉を管理する委員会のメンバーだったからだ。この基金は、母と何人かの友人たちが父の誕生日のプレゼントとして新しい『タンホイザー』制作ができるよう集めたものだった。その後何年も、ニッテルは自分一人で基金を管理し、委員会のほかのメンバー二人に経理を公開するのを拒んだ。母に話したところでは、彼は一二万マルクの元金を投機にまわして、七〇万マルクにふやしたというのだ。母はニッテルの財務手腕に感激し、父の死後彼をビジネス・マネジャーにした。みんなが感激したのは、ニッテルが給料はいらない、自分のしごとがバイロイトに貢献できるだけで大変な名誉だ、と言ったときである。

父の存命中、ニッテルはわたしに愛想よかったが、死後はわたしを好きだというふりをかなぐりすてた。実際、それをもろにわたしに向けた。クリスマスや誕生日に家族にぜいたくなギフトを送ってくるとき、わたしには心のこもったものは送ってこなかった。こうして二人は公然の敵となり、わたしはそれを誇りにしたのだ。その夏のごたごたで唯一わたしになぐさめとなったのは、ニッテルがティーツェンをおそれ嫌っているという話だった。ティーツェンはもう、ニッテルの母への影響力を弱めようとしていたのである。

コンサート・ホールに向かってけだるく車に揺られながら、ニッテルだけがわたしの気をめいらせるテーマだった。客席はフェスティバルへのお客で埋まっており、プログラムは順調に進行した。ジルベルトが最初に演奏した。彼はピアノのすぐそばに立っていたので、わたしがキッテルとのデュエットを弾こうとピアノの前にすわると、高音域のキイはつばだらけだった。一三歳の潔癖さに駆られて、わたしはぬれたキイすれすれに指を走らせ、自分のハンカチでそれをぬぐうこともしなかった。

家に帰るとわたしは、トスカニーニが祝祭劇場のリハーサルから戻ったかどうかを見に、独身棟に駆けつけた。ヴァーンフリートはゲストでごった返しており、庭まで人がはみ出していたが、わたしはその人ごみをかきわけ、母とトスカニーニは父の書斎にいるかもしれないと思った。やはりそのとおりで、ティーツェンも一緒だった。マエストロは顔を壁に向けてすわり、ひと言も口をきこうとしなかった。母は熱心に頼んでおり、ティーツェンも懇願していたが、彼は首をふろうとさえしなかった。リハーサルに客が入ってしまい、彼は指揮を拒んで立ち去ったのだ、とわたしは推測した。マエストロの太いまゆはゆがみ、目は怒りに燃えていた。ティーツェンはそのまわりを歩きながら、そっとやさしくなだめるように話し、厚いめがねごしに希望をこめてのぞいていたが、この小男が何かひと言いうたびに、トスカニーニをますます怒らせるのだった。とうとう母とティーツェンはくたびれ果てて部屋を去り、壁をにらんでいるマエストロだけがのこった。母はアレグザンダー・スプリングに、トスカニーニは病気だと発表し、観客には思いたいように思わせておけと命じた。

トスカニーニが欠けたにもかかわらず、コンサートは忘れられないものになった。フルトヴェングラーはいつになくいいしごとをし、女性の観客には恍惚となって卒倒するものが続出した。ダニエラでさえ、その指揮の熱気と色彩に圧倒されて、フルトヴェングラーを祝福するため指揮台に押し寄せようとした。のちに夕食の席で、バルコニーから彼が下りて来て、ながい首の上の頭部がこっちを向いたりあっちを向いたりすると、いっせいにためいきが聞こえ、巣にむらがるミツバチのようにびっしりと女たちが彼を取り囲む衣ずれの音が起こるのだった。

けれどもわたしには、その騒然とした日のいちばん印象的なエピソードは、その朝起こった。朝食のあと母はわれわれ子どもたちに書斎で待つように言い、みんな玄関ホールをぬけてのろのろ歩きながら、母が何を言いたいのか考えていた。何かわたしたちに不愉快なことを急に持ち出すつもりだ、とわたしは不安な予感がした。

わたしの目は、優雅で女性的な、小さな書斎を見まわしていた。黒檀のはめこみ細工をほどこした桜材の机に見とれ、母のひじかけ椅子ときゃしゃな裁縫テーブル、円形競技場《コロシアム》とアッピア街道のエッチング、それに時計、六つもある――友人が自分のコレクションの一部を置いていったのだ。みんな見慣れた、安心できるものばかり。ヴォルフィの時計はばかげたまるいババリアの農夫の顔で、いつもとおなじようにチクタク時を刻んでおり、その目が振り子の揺れにあわせて右へ、左へと動いている。ヴォルフィは窓ぎわにすわってそれを見ており、すぐ外はバラ園で、彼の黄色のカールが明るい外光に輝いている。みんな昨日とおなじ、一年前の日とおなじだ。何もおそれることはない……が不安は消えなかった、あの心をみだす、なかなか消えない感覚が。

　やがて母が入ってきた。ホールのゲストの一人と話している声がしたのだ。母は裁縫テーブルのそばのひじかけ椅子にすわり、ほんの少ししか時間がないかのように、そっけなく話し出した。ティーツェンを、自分が死んだ場合の子どもたちの法的後見人に決めたという。みんなことばもなく母を見た。何といっていいかわからなかったのである。わたしは衝撃を受け、憤慨していた。どうしてあの人が後見人なの。わたしたちにとって何者でもないのに。気がつくとわたしは声に出して反対していた。が、ほかの三人は母を困らせたくなくて、多数でわたしを否決した。それでもわたしは母に反対し、手におえない子どもだとレッテルを貼られた二人の仲をさらけ出した。またしても小ぜり合いで、母子のうんざりするたたかいが始まったのだ。

　ようやくフェスティバルが終わった。閉幕したその日に、エマは子どもたち全員に荷造りさせ、コンスタンツ湖へ逃げ出す準備をした。エマは料理がうまく、みんなの好きな料理をつくってきげんをとるのが好きだったから、わたしたちはほかの使用人から解放されて楽しんだ。母は大部分出かけていたので、子どもたちは幸せな、制約のない二週間を、湖畔で泳いだりボートをこいだり、自然にふれて過ごした。

また学校がはじまり——わたしは中学《リセ》にもどって何事もなく一、二か月過ごした。単調な生活をやぶった唯一のエピソードは、ヴェレーナとわたしがリストのオラトリオ『聖エリザベトの物語』で歌手としてデビューしたことで、これはバイロイト合唱協会の制作だった。ニッケルは幼児エリザベトの一行パートを完ぺきに落ち着いて歌ったが、わたしは若いルートヴィヒのおなじく短い役をうまく歌えず、途中でしゃっくりが出たため、オーケストラはそのあいだ待たなくてはならなかった。

一〇月休みのあとまもなく、母はわたしを学校から連れ出して、イエーナの有名な小児科医イブラーヒム教授に見せた。母が先天性と考えているわたしの太りすぎを、何とかできるかもしれないと願ったのだ。わたしはイブラーヒム教授の診療所で三日間すごしたが、そこには新陳代謝測定機械がなかったので、ヴェイル教授のところに送られた。教授は、イエーナ中心部の病院医療街にある大学病院の〈医薬クリニック〉所長だった。

ヴェイル博士と目が合ったとたん、わたしは彼に強い嫌悪感をおぼえた。この太って背の低い、がっしりした人物は、ぞっとするような赤毛で、緑色の目が人にみつめられるとぴくぴく震え、わたしはダンテの『神曲・地獄篇』の登場人物を思い出した。博士も心底わたしをいやがったが、親切にしてくれ、わたしをガルミッシュ・パルテンキルヘンにあるヴィガーズ保養所へ送った。そこでわたしは、想像もつかない楽しい二か月を過ごした。

ヴィガーズには、だれも深刻な病人はいなかった。みんな温泉に入って、まるで特別のんきな休暇をすごしているとしか考えていないようだった。わたしは一人で、唯一の未成年だったが、じつに愉快で幸せで、四六時中楽しみがいっぱいつまっていた。午前中は忠実に治療をうけ、塩浴やマッサージ、ハンサムな若い医師が指導するごく厳密なダイエットをした。その医師はそこのきれいな女性患者を全部受け持っていた。午後になるとスキー、山登り、ケーブルカーでヴァンクやクロイチェックへの遠足、ズグスピッツェのふもとにあるアイブシー湖で競走などがある。年に一度、飛行機やモーターカーが湖でレースをした。そこでスタント飛行をしていたユデットは、飛行機の翼でハンカチを拾うというすばらしい曲芸をやってみせ——氷の上では不可能——、湖面に急降下しながら翼でハンカチをすくい取るのだった。ルドルフ・ヘスもそのなかにいて、鉤十字をつけた小さなスポーツ飛行機でスタントをやって見せた。いつもサーカスや何かがいて、わたしをぞくぞくさせてくれた。

ほかの患者たちはわたしに親切で、山腹の小さな旅館でやるそりパーティにわたしを呼んでくれ、そこの張り出しバルコニーでお茶を飲んだり、スキー競技を見たりした。みんな自分の恋愛経験を話してくれた。たぶんわたしが若くて何の話をしているのかほとんどわからなかったからなのか、女たちはわたしを信用して、バイエルン山岳地方人に対する情熱を打ち明けてくれた——山男は、『夜這い《フェンステールン》』で有名な音楽劇の衣装をつけた血気盛んで、ハンサムな人たちだった。彼らはどんな高い窓でもよじのぼって女を征服してみせると豪語していた。知らない人までわたしに私事を話した。ガルミッシュへ行く途中会ったあるアメリカ人女性は、歩きながら、情事の相手の山男がほかの人の窓ですぐれた腕前をみせていたのでこわかった、と打ち明けてくれた。

このじつに楽しい休暇も終わり、わたしはヴァーンフリートにもどった。秋になると、母はわたしに、三月にヴィーラントといっしょに堅信礼を受けてほしいと言った。堅信礼は受けたくなかった。教会の教義はわたしに何の意味もなかったし、わたしは宗教に対する敬意が大きすぎて、母を満足させるために内容のない偽善的な儀式を通して近づきたくなかったのだ。しかし母は強硬で、牧たしにヴィーラントと一緒に堅信礼クラスに通うよう命じた。パルテンキルヒェンへ行くと、牧師がアルプスの村の牧師あての手紙をくれたが、わたしは一、二回しかクラスに通わなかった。わたしのした唯一の準備は、堅信礼のドレスの絵を描くことで、バイロイト一の衣装店ツム・トーベルがわたしのデザインから仕立てることになった。

ヴァーンフリートに帰ると、逃げ道がなかった。わたしが課程を終えていないので、牧師は堅信礼を行うのを拒み、パルテンキルヒェンの牧師もおなじだった。どちらでもわたしは試験を受けていなかったのだ。だが母は圧力をかけた。わたしをも牧師をもくつがえしたのである。堅信礼の朝、三月一三日――選挙の日だったのでおぼえている（一九三二年）――ヴィーラントやクラスのほかの子たちと並んだが、わたしは返事するのを拒否した。

母と大人たちは、教会から直接投票所に行き、ヒトラーに投票した。ヒトラーははじめて大統領に立候補していた。ドイツ国内の感情はたかまっており――何週にもわたって母は反対派から脅迫状を受け取っていた。バイロイトの反ナチ新聞は、ヴィーラントとわたしのためにヴァーンフリートに贈られた花にすぎないのに、ヒトラーと結婚する母に贈られたのだと書いた。これがうわさのもとになって、反対派の新聞はことあるごとにそれを繰り返した。それは何年かわたしたちを面白がらせたが、苦しめもした。

堅信礼の一件がわたしをひどい挫折感と苦痛におとしいれたので、わたしは家にとどまるという考えに直面できず、学校に行かせてほしいと母に頼んだ。ところが母は、わたしに見向きもしなかった。母はほとんど家におらず、ヴァーンフリートで何日か過ごしても、自分のしごとに忙殺されていた。一九三三年にトスカニーニを呼び戻すよう説得するというむずかしいしごとや、敵意のある新聞キャンペーンが展開され、ドクトル・ムックにけしかけられたフルトヴェングラーが、左翼系新聞で論陣を張り、バイロイトの経営失敗で母を非難していたこと、だ。

ティーツェンがしょっちゅう顔を出し、例のしずかなやり方でこうした敵愾心をあおりたてた。ダニエラがフルトヴェングラーと悪だくみをしているという彼の話が、ついに母と叔母たちとの緊張を爆発させてしまった。とりわけ、ダニエラが、メモリアル・コンサートのフルトヴェングラーの演奏に感動のあまり、指揮台に駆け寄って彼にキスした、とティーツェンは言った。

衝突が起きたのは四月はじめの日曜日、ヴァーンフリートの昼食後だった。母はその午後パリに飛んで、まだぶつぶつ言っているトスカニーニに会うことになっていた。昼食後、母とダニエラ、エヴァは、音楽室にこもった。子どもたちは入って行けなかったが、あたたかい春の日でドアが開いていたので、わたしたちには全部聞こえた。

はじめわたしたちは怒った低い声がしても気にしなかった——また例の母と叔母たちとの口論だ——だが、ダニエラの金切り声が聞こえた、「キスなんかしてないわ！ ウソよ！ キスなんかしなかった！」わたしたちは少し近づいて、耳をそばだてた。

「いいえ、彼にキスしたのよ」母はどなった。非難と、やり返す声、否定する声が飛び交った。謎のキス問題から、ダニエラと母は、たがいに鬱積《うっせき》した不平不満をのこらず吐き出したのだ。その日以降、ダニエラはヴァーンフリートに足を踏み入れなくなった。

何とも信じがたい、皮肉なことだが、いずれは起こるだろう——避けようのない状態の——衝突が、キス問題でいきなり爆発してしまったのである。気の毒に、取り乱して憤然とした、しかつめらしい七一歳のダニエラには、二八年も結婚生活を送りながらまだキスされたことがないという伝説がつきまとっていたのだ。

わたし自身の問題も、コンスタンツ湖へ発つ前の日に山場を迎えた。ティーツェンがつぎのフェスティバルのしごとのことでベルリンから来ており、あきらかに彼と母は、フリーデリントのことを考える時間ができたのだ。その夜二人はわたしを客間に呼んで、わたしの非行についてお説教をした。遠くの学校に入れてほしいとわたしが母に頼んでいたことは無視して、二人はまるで罰を与えるかのように、わたしをドイツでいちばんきびしい学校にやることに決めたと言った。この頃には、わたしはティーツェンを怒らせる方法を学んでいた。上機嫌でお礼を述べたわたしは、おやすみなさいを言い、ホールにあるアコーディオンを持って二階に行くと、考えられるかぎりいちばん陽気な曲を弾いた。

コンスタンツ湖ではそれ以上のことは知らされなかったが、夏の中ごろになって、母とアルベルト・ニッテルが車で出張し、彼とその友人が母にすすめた学校がわたし向きの場所かどうか調べに行った。ニッテルが実権をにぎっていたので、その学校はわたしの精神をたたきなおす目的で選ばれたのだろう、とわたしは思った。彼はいつも母にわたしの扱い方を助言しており、母とわたしのことを話しあうときもとりわけ嫌らしい方法を発明していて、わたしのいるところで、わたしをまるで家具みたいに無視して話すのだった。もちろんわたしは、傷ついたそぶりなど一度も見せなかった。

出張からもどると、母は学校のことには何もふれず、女の子たちがブリキの皿で食事しているのがとてもかわいかったと言っただけだった。このスパルタ式感化院について唯一ほんとうの情報は、ヴィーラントが教えてくれた――彼が母のデスクでみつけた紹介パンフレットから、こっそり集めてきたものだ。生徒は黒い靴下とブルーのペティコートをつけ、どんな場合でも絹の下着は禁止。

濃紺の上着、ウールのカーディガン、冬は濃紺ウールのズボン！　いいわ、わたしは自分に言いきかせた、家にいるほど不幸というわけじゃなし——こうして休暇の大半はすぎていった。

わたしたちは泳いだり、ボートをこいだり、湖をハイキングした。車で、湖の向こうのラードルフツェルへヒトラーの政治集会を聞きに行ったこともある。帝国議会選挙の選挙運動中で、一日に四、五回演説をし、東奔西走していた。ヒトラーが公衆相手にしゃべるのをわたしが聞いた数少ない一つだ。わたしたちはひな壇に案内され、そこでねむい目をこすりながら、地位は高いが迷惑そうな当地の党指導者が、総統の飛行機が着くまで時間をもたせているのを聞いた。飛行機は二時間半おくれた。ようやっと車のエンジン音が聞こえた。数分後、ヒトラーは演壇に駆け上がり、上気した顔で、演説をはじめた。しゃべり過ぎで声はしわがれており、きしむような耳ざわりな声が、感情をこめてあらしのように聴衆の頭上にひびきわたり、みな息をのんで茫然となるのみだが興奮していた。総統が壇上の水差しから最後の一口水を飲み、もう一度飛行機に飛び乗るべく会場を去ると、群衆はざわめいた。

「すばらしい」みなあえぐように言ったが、だれもヒトラーの言った内容にはふれなかった。一四歳のわたしの意見をいえば、演説にはすぐれたところなどぜんぜんなかった。

何度もこっそり相談しては、母とエマはわたしを学校にやる準備を整え、道具一式をベルリンに注文したが、わたしには何の話もなかった。ハイリゲングラーベ——というのが感化院の名前だ——でトランクを開けてはじめて、自分の冬衣装がたった一つなのを見、わたしはもう自分がフリーデリント・ワーグナーではなくて二七番なのだと気づいたのである。〈運命の日〉が近づく八月末にかけて、わたしは夜ひどくこわい夢にうなされて目が覚め、胃がしめつけられるように痛み心臓がどきどき高鳴ったが、プライドがあるのでだれにも体調不良を訴えなかった。

たまたまわたしは、手紙がぜんぶ女校長に検閲されるということを知っていた。学校の友だちがそういう情況にあって、化学者の父親に相談したのだ。彼はわたしたちを研究室に連れて行き、必要なときいつでも使いなさいとわたしに透明なインクを調合してくれた。それで行間に書くときは、手紙の左上すみの日付に下線を引いておくのだった。これで大いに安心した。親切な化学者の父親はまた、学校があまりにひどくて耐えられなくなったときのために、手元に現金をかくしもっておくようにと助言してくれた。ガードルが安全なかくし場所だと考え、わたしは五〇マルク札をその片方に縫いこんで、六か月以上そのままにしておいたが、結局気がついたら、いつも考えていたように英国まで逃げたところで事態の解決にはならないだろう、ということだった。わたしは未成年だし、英国の友人のところまでたどりついたとしても、みんなわたしを母に引き渡すしかないだろうから。

八月末、母とティーツェンとわたしは、車で北に向けて出発した。その夜はベルリンに泊まり、翌日クアフュルステンダムのカフェ・ケンピンスキーで昼食をとった。母はそこで何人か友人と会い、わたしを連れて行く学校の話などをして楽しいひとときをすごした。みんな陽気で、わたしとハイリゲングラーベ校のことを冗談めかして言ったりした。わたしはすわったままお皿を見つめ、むりやり大量の昼食をたいらげて、気にしていないことを母に示そうとした。

そのあと母とわたしはハンブルクへの高速道路を走り、まもなくブランデンブルク間道に入った。荒涼とした砂地の広がる平らな道で、小さな湖ややせた松があった。ティータイムのあと、古びた赤レンガの修道院の壁がつづく車道に乗り入れた。これがハイリゲングラーベだった。尼僧院長さん《フラウアーブティシン》――プロテスタントの学校だったが旧式の肩書きを使っていた――が出迎えてくれた。ここでわたしはまず致命的〈しくじり《フォーパ》〉をやらかした。ひざを曲げたおじぎもしなければ、手にキスもしなかったのだ。なおいけないことに、わたしは校長にふつうの二人称で話しかけ、尊称の三人称を用いなかった。「尼僧院長さん《フラウアーブティシン》はこうなさいますか、ああですか？」と言うべきなのに。

尼僧院長の客間に向かう途中の廊下が、非常に暗くてせまいため、わたしは背筋がぞっとした。母は回廊に面した窓から外を見て、ほんものの一三世紀修道院で生活できるなんてじつにロマンティックですわ、とつぶやいていた。回廊の中庭にある長い緑のテーブル前にすわった不恰好な濃紺の生徒たちにちらと目をやった。

「みんなチャーミングだこと」母は言った。

わたしにとってはこの世の終わりだったが、身ぶるいするのを母にみつからないようつとめた。

第9章　ラズベリー・シロップで忠誠乾杯

二階には若い女の子用の寄宿舎に仕切った屋根裏部屋と、上級生用の小寝室群があり、わたしは自分がとくにめぐまれていて、いろんな特権をもつ級長の上級生と相部屋になっていることがわかった。みんなこの小部屋のことを「小人の国《リリパット》」と呼んだ。鉄のベッドが二つ、原始的な洗面台が二つ、そのあいだに戸棚一つ、窓枠の下に押しこんだ小さなテーブル一つでいっぱいの広さだったからだ。

制服に関しては、わたしは運がよかった。制服は学校のもので、ある生徒から別の生徒へと、ぼろぼろになるまで引き継がれる。大半はつぎが当てられ、製造元に追加注文された素材の色やかたちがもとのとは違っているので、その効果は、わたしたちがどんな自慢の種をもっていてもそれを十分消し去るよう計算されていた。わたしのサイズとふとり具合から、わたしは新しい制服を与えられ、まずほっとした。この紺の上着のうえに、昼食と夕食時をのぞいて、みんな黒いエプロンをつけた。ちょっとでもそれをつけていないところを見つかると、みんなバッテンを一つもらう。ところが、みんなそれをつけているのが好きだった。腰のところにしっかりしばっておけば、自分たちが人間らしいかっこうをしていると見せられるからだ。日曜日には、わたしたちはゴム製ベルトのついたうんと幅広の紺のスカートをはき、上半身はおそろしく大きな白黒じまのブラウスを着たが、あまり幅広いので二人入ってもぜんぜん平気というくらいだった。

最初の一晩でわたしにわかったのは、生徒たちと大半の先生がプロシャの貴族階級に属しているということだった。事実わたしは、しかるべき貴族の生まれでないごくわずかな生徒の一人だった。ハイリゲングラーベ校の当時一番のご自慢は、ドイツ皇帝《カイゼル》の孫娘、ヴィルヘルム皇太子とセシリー皇太子妃の子どもだった。この孫娘とおさない皇女《おうじょ》たちは、家庭教師や王族集団とどこかうらぶれた田舎の宮殿に閉じ込められて、言いようもなく退屈な日々を送っており、この学校の女の子と遊ぶ機会があるだけでも極楽といっていいくらいだったらしい。

ハイリゲングラーベの日常生活の手順は、すぐにわかったのだが、できるかぎり古い宮廷礼式をまねたものだった。院長は以前カイゼルの娘ヴィクトリア・ルイーズの女性家庭教師をしており、二五年間侍女だったから、おじぎこそきちんと育てられた若い女の子にいちばん大切なしつけだという信念で、ハイリゲングラーベを指導していた。一日中わたしたちはひざを曲げておじぎしていた。七時五分前の朝食（麦芽コーヒーにひたした黒パン一切れ）のあと、みんな小部屋か寮の共同寝室に駆けもどり、整列して点検をうけた。寮の女性教師が現れ、わたしたちはおじぎをすると、彼女の前で百八十度まわって、ズボン下をはいていること、靴がきれいなことを見せる。それから大急ぎでベッドをつくり、バケツの水を捨てて、部屋を片づけると、七時四五分に学校がはじまる。でみんな階段を駆け下り、食堂を抜けて、カイゼル塔のらせん階段を下り、回廊を横切り庭をすぎて、修道院の初期ゴシック様式とは対照的に全盛期ゴシックの名門礼拝堂の向こうの、教室にたどりつくのだ。休み時間には回廊でサンドイッチとココアが支給された。学期のはじめに各生徒は食べる予定のパンの数を予約しておき、それに応じて食糧が支給される。サンドイッチには三種類あり——ソーセージ、バター、ラードかグリースの三つで、みんなたちまち物々交換をおぼえた。

五時限目がおわるとわたしたちは寮にもどり、朝のひどい服を昼のひどい服に取りかえて昼食に向かう。上級生の一人が尼僧院長《フラウアープティシン》に昼食を告げる栄誉を与えられている。全員が席につくと、その日指名の上級生が院長のドアをノックする。お入りという声でドアを開け、じゅうたんのはじのところで深くおじぎをして、言う。「尼僧院長、昼食が整いました」。そのうえで尼僧院長は昼食後配る手紙のたばを上級生にわたし、三歩下がってつづく使者の上級生をしたがえて食堂に入る。ドアを開けた生徒は院長が通りすぎるまでひざを曲げておじぎをし、院長が入ってくると、迎えて立っている全生徒が深くおじぎをした。院長は中央テーブルの最上席に到達して、特別の椅子にすわる。ひじかけと、刺繍したクッションつきのすてきな椅子だ。

夕食と朝食の席では生徒は話をしてはいけないが、昼食時は、すぐとなりの生徒と小声で話をしてもいい。ただし院長が小さな鈴を鳴らして静粛をもとめると私語をやめる。各テーブルの上席にいる上級生が、食べ物をブリキの皿に配り、生徒は何もかも食べなくてはいけない。何かとくにまずいものを、つかまらないで処分してしまうには、熟練した手先の早わざが必要だった。

毎週来る日も来る日も、わたしたちはじゃがいも《ポテト》を食べた。水曜日はポテト・スープと黄色のプディング、土曜日は野菜スープと白プディング、日曜日は、森の管理人が狩りの獲物にめぐまれれば、小さな鹿肉一切れが出るが、たまごやミルク、くだものは一切出なかった。母はわたしの食品補給のため、毎週九ポンドのくだものをベルリンで定期購入して送ってくれた。そのおかげで多分わたしはひどい栄養失調にもかからず、十分な物々交換の手立てを得ることができた。食べないくだものと以前の親友が送ってくれた箱入りチョコレートで、わたしは何とか級友に頼みこみ、日曜日にマットレスをひっくり返したり、シーツを変えたり、たんすの中を片づけてもらったりできた。点検女性教師でさえおこぼれにあずかっていたから、わたしの衣装ダンスの状態に彼女が文句を言うと、わたしはこう答えて罰を逃れられるのだった。「アーレンガードが片づけてませんでした?」

おじぎの話にもどると、一日中まだおじぎだらけだった。昼食後、生徒たちは年齢順にながい列をつくって一人一人院長におじぎし、幅いっぱいにスカートを広げて、できるだけ優雅にひざを曲げ、つぎの生徒に場所をあけるためうしろに下がるのだった。最下級生のおじぎがすむと、手紙がくばられた。尼僧院長が受取人の名前をいうと、その生徒は前に出ておじぎをし、その瞬間手紙が指にふれるが、取り上げられる。尼僧院長《フラウアービティシン》と教師たちがみごとにまずいコーヒーを飲みに客間に消えてしまうまで、手紙は読ませてもらえないのだ。

昼食後散歩をしたが、列の最後尾には教師が一人つき、それから「お茶」、熱い麦芽コーヒーとバターなしのロールパン、プルーンジャムつきの黒パン——量はやはり学期はじめの生徒の予約どおり——をとる。つぎが自習時間二時間、そのおしまいが入浴の時間になる。生徒は週一度入浴を許される。夕食、お祈り、賛美歌数曲——九時までにわたしたちの一日は終わるが、ありがたいことに最後のおじぎはしなくていい。

わたしはその学校が大きらいだったが、いい成績をおさめて母を驚かせた。一つの科目でいい点数をとると、別の科目の悪い点数を帳消しにしてくれるという交換システムだったから、それほどむずかしくなかったが。若い先生たちはおおむね無能な指導者で、自分の担当科目について考えがあいまい——いじめるのも簡単——だったが、年配の先生たち「神学校レディーズ」、つまりプロシャ女性貴族組織のメンバーは、人格もあり、ある種がんこな誠実さがあった。わたしが夜訪ねた先生二人は、それぞれ自分の家と庭をもっていた。二人とも本当にわたしを好いてくれ、わたしも先生が好きだった。もっともナポレオンをほめたたえるのは裏切り行為だったので、わたしは、ナポレオンは歴史的な超越した存在として尊重さるべきだと主張した。当然わたしは心得ておくべきだったのだが、超越した見解などプロシャにはそれまでなかったし、今後もまず生まれないだろう。

クリスマス休暇でハイリゲングラーベを離れるのはうれしかったが、家に帰るのもこわかった。わたしに合うとエマは、両手を高くあげた。

「髪の毛どうなすったんです？　ほとんど残ってませんよ」その通りだった。わたしの長くて濃いお下げは、やせてか細くなっていたのだ。不十分な食生活はわたしの歯にも影響し、歯科医がその穴を埋めるのに休暇はほとんどつぶれてしまった。

ほかのことは何一つ変わっていなかった——おなじクリスマス・ツリー、おなじ飾り、プレゼント。ヴィーラントが父の楽譜から一曲演奏した。みんなでキャロルを歌った。母が聖書の一節を読んだ——何もかも昔のままだったが、父がいないだけに耐えがたいほど以前とは異なっていた。

クリスマスのあと、リーズロッテが心臓発作で床についた。わたしは彼女の部屋、自分の趣味にしたがっておそろしくみにくい現代家具を新調した部屋へ行き、元気づけようとしたが、リーズロッテは目を閉じて壁のほうを向いてしまった。

「心配することないよ」とヴィーラントは教えてくれた。「ミュンヘンからフランクが来ればすぐ直るさ」

やっぱりリーズロッテはフランクに恋していたのだ！　バイロイトのナチ地域指導者《ガウライター》シェムが、前年の夏彼を呼んで地方集会で演説させたとき、彼女がそわそわしていたのを、わたしは思い出した。やはり弁護士のもう一人のフランクと区別するため、フランク〈二号〉と呼ばれていた。のちにフランク〈二号〉は、ポーランドの屠殺人として有名になった。

シェムとフランクは昼食をとるため残った。昼どきだったので、母の留守中は女主人役だったわたしが、昼食に誘ったほうがいいと思ったのだ。リーズロッテがシェムに心を奪われたのなら、まだ納得できた。少なくともシェムはハンサムだったが、フランクのほうは——魅力はないし、結婚しており子どもがいっぱいいたのである。

電話ではなく手紙が来て、リーズロッテは回復し、わたしが発つまえに、以前どおり元気になっていた。母はベルリンまでわたしと一緒に来、一泊して『さまよえるオランダ人』の公演を見せてくれる約束だった。『オランダ人』はフェスティバル再開以来、バイロイトで上演されたことがなかった。イーデン・ホテルには、ヒトラーから母あてに、クリスマス・プレゼントの礼状が来ていた。手紙は六ページあり、わたしの見た彼の手紙でいちばん長くて、紙いっぱいに鉛筆でラテン語とドイツ語まじりで書いてあった。

筆跡の乱れが、それを書いたときのヒトラーの心のみじめな状態を反映していた。


私はあらゆる希望を捨てました［とわたしたちは判読した］。私の夢は何一つ実現しません。果てしない闘争という苦難の年月を積み重ねて、いまやより大きな失望のみがあります。これまで私は決してくじけなかった。私は一九二三年以後でも、あらゆるものを救い、再構築できましたが、もう何の希望も残されていません。敵はあまりにも強力です。すべてが失われたということが確実になり次第、私がどうするかはおわかりでしょう。私はつねにそうする決意でした。敗北は受け入れられない。私は自分のことばにこだわり、弾丸で自分の人生を終えます。今回は本当です、まったく出口を見出せないのですから。

母はその手紙を読んでとくにあわてる様子もなかったので、わたしも騒がないことにした。

二週間後、ヒトラーは「到着した」（訳注：一九三三年一月三〇日 ヒトラー内閣成立（連立））。わたしはそれを、スケートから帰った午後、女性貴族《ユンカー》たちが興奮してひそひそ話していたので知った。ヒューゲンベルクとゼルテ、ドイツ国家人民党と〈鉄兜団《スティール・ヘルメット》〉に所属する二人の善良なプロシャ人が、入閣すべく選ばれたのである。・

尼僧院長はわたしを院長室に呼んだ。

「今日はきっとあなたの母上には偉大な日ですよ、あなた《マイチャイルド》。お母さまはヒトラーの忠実な支持者なのでしょう」

わたしは驚きのあまりわれを忘れて、頭に浮かんだことを口に出してしまった。

「大変わくわくしますが、この人たちがいきなり政治家になれるんでしょうか。荒れ果てた国を再建するのは、ビヤホールでどんちゃん騒ぎするよりずっとむずかしいですが」

「人はつねに自由に飢えているのですよ、あなた《マイチャイルド》」院長は芝居がかって答えた。

「自由ですって?」わたしはたずねた。院長は大げさな言い方をしたことがなかったが、いまは自分が女学校の校長であることを忘れてしまったのだ。プロシャ人として、グナイズナウ将軍の孫娘として話していた。

「そう、自由に。でもそれを勝ち取るには、犠牲をともないます」

わたしはそれ以上言わなかった。たしかにわが国は飢えるだろうが、どうやってそこから自由が生まれるのか、わたしにはわからなかった。この一月三〇日は、わたしが知的成人に達した日となった。それ以降、わたしは政治について自分自身の観察をしはじめ、独自に考えはじめたのだ。一方でわたしは、だれかがクリスマスにくれた『わが闘争《マインカンプ》』を勉強しようとしていた。

その冬はけっこう快適に過ぎていった。わたしは太りすぎで性的魅力があるとはいえなかったが、発声がいいのと声がとおるので学校演劇でいちばんいい役をもらった。舞台美術と装置、演出も当然わたしにきた。ベルリン国立劇場やバイロイトから衣装を借りるのは楽しかったし、大きな舞台メークアップ箱のほんもののドーランで級友を変貌させるのもおもしろかった。学校のコーラスは、のちにわたしが指揮したが、祝祭日やお葬式にときどき教会で歌った。神学校の老淑女たちがつぎつぎと亡くなったため、みんなお葬式には強くなった。それに、わたしは修道院教会のオルガンを弾かせてもらえたので、冬の午後はよく人気《ひとけ》のない教会に行き、ブルースの練習などしたものだ。

冬のいちばん劇的な行事には、気取ってみせようとハイリゲングラーベ校はあらゆる努力をした。日曜と休日には食堂のテーブルが、陶磁器やテーブルクロス、本物のグラスなどで花が咲いたようになる。口づての校内秘密情報によると、旧修道院が改修されて皇族占拠用になっているそうだった。カイゼルの孫娘が生徒だったから、理事会はもう一人と、メクレンブルク家の皇女二人も迎えたがっていた。皇族の生徒がいると、当然皇族の訪問客があるからだ。

第一陣はセシールヒェンの誕生日に来た皇太子妃だった。昼食のとき皇太子妃は尼僧院長の椅子にすわり、わたしたちと陶磁器の皿、高価なグラスを見おろした。大人のグラスには赤ワインだが、わたしたちのはピンクのラズベリー・シロップが入っている。生徒が気をつけをして立っているあいだ、皇太子妃はながい熱心なスピーチで、一族がしかるべき地位に復帰する話をした。まるでホーエンツォレルン家がまだドイツの支配者で、皇帝《カイゼル》はたまたまオランダ訪問中といわんばかりだった。最後に彼女はグラスを差し上げ、全員にホーエンツォレルンの復帰に乾杯させた。みんなラズベリー・シロップを差し上げたが、わたしはしなかった。金輪際そんな乾杯はごめんだった。

昼食後、わたしたちはみな、尼僧院長の代わりに皇太子妃にひざを曲げてごあいさつし、各自誇張して頭を下げた。わたしの番になると、セシールはわたしに気づいて微笑み、握手して母のことをたずねたので、わたしはその手にキスして、も一度ひざ曲げおじぎをしなくてはならなかった。

遠くハイリゲングラーベに閉じ込められて、わたしは、ドイツに進行中の事態にはかすかなゆがんだ情報しかなかった。唯一はっきりした印象は、ユダヤ人に何かおそろしいことが起こりそうだ、ということだった。復活祭の休みにベルリンで母と会ったとき、わたしは一九三三年フェスティバルの出演者はどうなるのかとたずねてみた。契約書は通常送付ずみで一一月はじめにサインされていたから、準備はすべてヒトラーが政権を握るまえに終わっていた。

母の話では、二月にヒトラーを訪ね、彼の机にユダヤ人メンバー四、五〇人のリストを広げて、契約がすんでおりそれを破りたくないと話したのだという。わたしたちは私的機構で、ユダヤ人契約を禁ずる法律はまだなかったから、母はヒトラーにポイントをわかってほしいと思ったのである。

おどろいたことに彼はわかってくれて、実際何の変更もいらないと主張し、一九三四年も母が代わりの人間をみつけられなければ、契約延長すべきだ、とまで言った。このことはわたしの不安をやわらげてくれた。ベルリンに着いて数時間後に、わたしはユダヤ人の友人に襲いかかった数々の不幸を知らされていたからだ。

母は心からわたしの休暇を楽しくしようとしてくれた。わたしの一五歳の誕生日に、イーデン・ホテルの居間でささやかなパーティを開いてくれたが、あいかわらず、何をしでかすかわからない娘のことを予測できなかった。わたしは『わが闘争《マインカンプ》』を読み終わったばかりで、誰かとそれを話したくてたまらなかった。ヒトラーの社会論や政治理論はぜんぜん印象にのこらなかったが、いくつかの用語がわたしの好奇心に火をつけたのだ。ローストビーフを楽しんでいる最中に、わたしはよく通る声でいきなり聞いた。「だれか〝ばいしゅん《プロスティテューション》〟ってどういう意味か教えてくれない？」。

しんと静まりかえった。ナイフとフォークを宙に浮かせたまま、全員がわたしを見つめた。ティーツェンが最初にわれに返った。

「どこでそのことばを読んだの？」

「『わが闘争』で。読み終わったところなの」

「何かのまちがいだろう。そんな単語は使ってないよ」

「でもほんと、あるのよ」わたしは大声をあげ、この大人たちは何てものを知らないのかしらとあわれみをおぼえた。あきらかに、だれ一人その本を読んでいなかったのだ。「だって、『わが闘争』には一〇ページ以上、そのことが書いてあるわ」

「何かほかの単語ととり違えたんだろう」とまたティーツェン。みんなそういうことで終わりにしたがる。ゲームみたいなものだが、わたしは満足しなかった。自分の部屋から本を取ってくると、ながいことかかって、そのページを見つけた。

「ほら、あるでしょう！」

しかしみんな笑ってわたしに言うのだ。

「きみはわたしたちより利口なつもりらしいが、そんなことばはだれも聞いたことないんだよ」

これでその話題はおしまいにされたが、わたしは納得できず、結局百科事典に助けをもとめた。その単語は出ていたけれど、事典の記述を読んでみてもぜんぜんわからずじまいだった。ハイリゲングラーベに戻ってから、もう一つ見つけた梅毒のことを話したくて、先生の一人に聞いてみた。彼女は真っ赤になって、ひどくとがめるようにわたしを見た。

「わたしがあなたの年頃には、〝梅毒《シフィリス》〟についてなど何一つ知りませんでしたよ」

「おなじだわ。わからないんです。『わが闘争』に出てきたので、その何がいけないのか知りたいだけです。いま教えてくださらなければ、多分あなたの年になってもわからないでしょう」

しかし先生はわたしに教えてくれず、百科事典でもわからなかった——その項目の解説を何回か読んだのだが。こうして、ヒトラーの著書を理解しようというわたしのたゆみない努力は終わりを告げたのである。

第10章　ベルリンの休日

おなじ復活祭《イースター》休暇中、母とわたしは首相府の昼食に招待された。たまたま（一九三三年）四月一日で、ユダヤ人排斥がはじまった日だった——だれもが漠然と予期していたものの、どんな方法かはだれ一人知らなかった。ヒトラーは当時首相官邸には住んでおらず、いわゆる新首相府、通常国務大臣のすまいだった巨大なアパルトマンにいた。大きな玄関ホールにあるテーブルは教会の婦人バザーみたいで、ヒトラーの女性讃美者による刺繍や、ありとあらゆる装飾をほどこした鉤十字の布切れでいっぱいだった。

客間では、ヘス夫人がわたしたちを迎えた。夫人はふとって低い声の、野暮ったい金髪《ブロンド》女性で、おしろいとメークが物笑いの種というふうだった。ほかの党指導者の妻たちと交替で、首相府の女主人役《ホステス》をつとめているのだという。ヘス夫人は、ヒトラーの好きなキャンディーの皿をすすめた——ベルリンの菓子店ハマンが大量に納めているもので、ヒトラーはそれを一日九百グラムも食べることがあるそうだ。

わたしたちがいろんなキャンディーの効き目と胃もたれにうんざりしかけたころ、ＮＳＫＫ、ナチ自動車部隊長官のヒューンラインが入ってきた。

「私の長女です」と母はわたしを紹介した。「寄宿学校に入れている娘です。兄弟や妹にひどい悪影響を与えるものですから。みんなをほんとに駄目にしてしまうんですよ」老獪《ろうかい》なニッテルとおなじやり方で、わたしがそこにいないみたいに話していた。内心たじろいだが、表向きわたしは大きく微笑み、当惑顔などみせなかった。すると意外にも、その武骨な軍人はわたしを弁護してくれたのである。

「両親が子どもを寄宿学校に入れて、他人に教育してもらおうというのは、思慮に欠けるしるしと言っていいですな、自分たちで教育できないわけだから。禁止すべきです。子どもではなく、両親の教育が必要だ」

母は口をつぐんだが、わたしはその男の人を抱きしめたかった、とはいえ同時に、母をひどく侮辱したので男がうらめしくもあった。一時間半待ってから、例の青い「田舎教師」スーツを着たヒトラーがようやく登場した。彼は疲れているようすだった。目の下のたるみがいつもより大きく、まぶたは半分しか開いていなかったが、ユダヤ人排斥のことで上機嫌だった。

わたしたちは食堂に入っていった。ほかの部屋同様大きくて、紫色のジャングルに異国風オウムの壁紙が貼ってあった。非常に長いテーブルの一方のはじにヒトラーがすわった。テーブルには家紋を彫った銀板がはめてあり、帝政ドイツから引き継がれたみたいに見えた。母はヒトラーの右にすわり、ヘス夫人が左側にすわって、その両側にブリュックナー、ショウブその他の党高官が顔をそろえた。

スープのあいだに――このヌードル・スープをヒトラーは毎日昼食に食べ、ときには夕食にも出させた――、ゲッベルスがのろのろ入ってきて、わたしの隣りにすわった。彼はドイツのことわざでわたしにあいさつした。

「お嬢さん、あいかわらずぶくぶく、のらくらがつがつ食ってますか（dick, dumm, faul und gefrässig）？」〈ぼんやり《ドゥム》〉をはずしたのは、ほかの形容詞よりお世辞にならないと思ったのだろう。

「ごらんのとおりよ」とわたしは言い、彼は自分のジョークに満足してにやりとした。

ゲストがドイツの赤ワインを飲んでいるあいだ――ヒトラーがのどの渇きとドイツ・ワイン業界に一歩ゆずったのだが――、わたしは未成年なのでひどい代用オレンジエードを飲み、ヒトラーはナチ党をけなしはじめた。

「私は新党をつくるぞ」と彼は宣言した。「古い党はもう気に入らん」

自分を権力の座につけてくれたナチ突撃隊員や党員を容赦なくやっつけている間《かん》に、わたしはヒトラーの歯が作り変えてあるのに気づいた。奇妙な子モグラみたいな歯は、金の網で埋められ口全体が輝いていた。けれども指の爪は、まだ半分甘皮におおわれており、話しながらそれを噛みつづけてはじろじろと一本ずつ確かめ、またせっせとその作業に戻るのだった。

最後は一同が居間にもどり、コーヒーを飲んだ。ヒトラーは副官のショウブと話すためにとなりの部屋に行ったが、ドアは開け放してあった。数分後、彼は声を張り上げてショウブをどなりつけていた。わたしのすわっているところから、ヒトラーが前かがみになり、目と顔が血走っているのが見えた。はきすてるように、思いつくかぎりの下品きわまりないオーストリア式罵倒をあわれな副官にあびせ、歯のあいだからシュッシュッとすさまじい音がした。本能的にわたしはかくれる場所をさがした——ヒトラーが自制心をなくしていまにも銃をぶっ放すかと思ったのだ。

この間《かん》ずっとショウブはヒトラーの前に直立不動で、つばを飛ばしているみにくいゆがんだ顔をみつめたまま、ことりとも音をたてなかった。完全にマヒして、動くことも話すこともできなかったのだ。わたしは母をちらと見て、こわがっているかどうか、この瞬間ヒトラーは気がふれたと思っているかどうか、たしかめようとしたが、母は静かにすわって目をふせ、何も聞こえないかのようだった。

およそ一〇分後に、あらしは来たときとおなじくらいすばやくおさまった。ヒトラーのからだは目に見えてはりがなくなり、歩いて行き来するのに息を切らしはじめた。ようやくヘス夫人が勇気をふるって、お客様がお帰りですと告げた——一同は、ヒューンラインと党幹部も、訪ねてきたしごとの話をする間もなく、帰りはじめた。さよならを言うころにはヒトラーは完全に落ち着いていたけれども、みんな不安げにエレベーターにつめ込まれ、重い扉が閉まって彼が見えなくなると、ほっとした。他の客と別れてもまだふるえながら、わたしは母にくっついたままで、あの異様な場面を母がどうコメントするかしらと思っていた。

「気の毒な総統《フューラー》」と母は言い、その声はやさしく心配そうだった。「ほんとにかっとなりやすい方なの。その夜、ショウブも、あの人を怒らせるようなことをしてはいけないわ」

その夜、国立オペラの『魔笛』の公演にいった。指揮者はレオ・ブレックでザラストロ役がアレグザンダー・キプニス、どちらもユダヤ人だった。舞台脇の演出者ボックスに近づくと、緊張感がただようのに気づき、出演者とおなじくらい神経質になって、観客がどんな態度を示すかしらと思った。わたしの反対側の小さなプロセニアム・ボックスには、オットー・クレンペラーがおり、おなじく不安げな表情をうかべていた。

場内が暗くなりブレックがオケ・ピットに現われると、観客から、それまでわたしが世間ずれした国立オペラでは見たこともないような歓声と拍手が同時に起こった。ブレックは何度も熱烈な歓迎に応えてからでないと、指揮棒をかまえられなかった。そして、劇場はしんと静まり返り、それはキプニスが登場するまでつづいた。彼があの偉大なザラストロのアリア「この聖なる殿堂には、復讐を思う人はいない。ここに入るものは、愛を義務と心得る」（訳注：第二幕第一二場）を歌いだすと、その声はふるえたが、ぐっと自分を抑え、非常にあたたかく深い同情をこめて歌ったので、聴衆の大喝采を博した。モーツァルトはナチスに答えていたのだ。この瞬間、少なくともその場のドイツ人観客は一人残らず、ユダヤ人に対しはっきりと確信をもって共感を示したのである。

翌日、クレンペラーがドイツを去ったとわたしは聞いた。ブルーノ・ワルターはすでに去っていた。三月にライプチッヒのゲヴァントハウスでコンサートを指揮したあと、ベルリンで揮《ふ》る予定だったが、演奏会場に着くと、ドアが閉ざされていたのだった。新聞がワルターは引退を強いられたと書いたインクも乾かぬうちに、リヒャルト・シュトラウスが電報を打ち、旧友とその仲間のためにに自分が代わってやると申し出たが、それは、ワルターに同情的な楽団員の心をひきつけるには至らなかった。

ブッシュ一家もまた全員、フリッツ、アドルフ、ヘルマンともに出国した。ブッシュ家はユダヤ人ではなかったが、ユダヤ人同業者のあつかいに対する抗議を行っていた。フリッツは実際ナチスに追い出された最初の指揮者——彼とドレスデン・オペラの演出家——だが、オペラ座で大口をたたくナチス党員にがまんならなかったからだ。のちにナチスはアドルフとその室内楽団員にドイツへもどるよう懇願して、バーゼルに使者を出し気をそそる提案をした。アドルフ・ブッシュはその使い《メッセンジャー》に言ったものだ——ヒトラーとゲッベルス、ゲーリングが公開絞首刑になったあかつきには、喜んで帰国します、と。

イーデン・ホテルと復活祭《イースター》休暇の話にもどろう。ユダヤ人排斥の一両日後に、母はトスカニーニから手紙を受け取った。ユダヤ人同僚たちがドイツで受けた扱いをみると、自分はバイロイトには戻れない、と書いてあった。母は見棄てられたのだ。いつもは澄み切った青い目が不安で暗くなり、顔面蒼白になってこの悪い知らせをヒトラーに電話した。会話のこちら側半分からわたしが想像したのは、ヒトラーは、寛大にも母にユダヤ人アーティストを留めていいと許可したのに、ひどいしっぺ返しをくらったと感じたらしい。さらに考えて、気づいたのだろう——トスカニーニみたいな有名人が公然とナチス・ドイツを非難したとなると、どうなるのかということに。というのもその日一日中、首相府とホテルのあいだを副官があわただしく行ったり来たりしていたから。結局ヒトラーの名前で電報を打ち、トスカニーニに翻意をうながすことに決まった。電報代九五マルクというのが、わたしの記憶にきざみこまれた。わたしのお小遣いとくらべると一財産だったからだ。

電報につづいて、マエストロは折れてくれると確信する、というヒトラーの私信が送られた。ブリュックナーがそれを持参して、投函前に母に読んでくれた。なかにはこういう箇所があった、「これまで彼（ヒトラー）は大指揮者（トスカニーニ）を聞けなかったが、今年は第三帝国首相の地位にあって、バイロイトでトスカニーニにご挨拶できればとりわけ欣快に存ずる」

これを聞いて、わたしは黙っていられなくなった。

「そんな手紙を出すなんて馬鹿げてるわ」とわたしは抗議した。「これでまちがいなくトスカニーニを永久に逃がしてしまうから。ほんとに来てほしいのなら、手紙は出さないで。彼がバイロイトへ来るのはワーグナーのためで、ヒトラーのためじゃない。あの人かんかんに怒るわよ」

母はわたしをにらみつけ、怒りに火がついた。かっとなると、母はわたしに子どもみたいな言い方をするなといい、もっと大人になるまでフェスティバルの運営には口を出すなと忠告した。わたしは唇をかみ、微笑んだが、答えなかった。わたしの沈黙が母をいっそう怒らせるとわかっていたからだ。わたしは当たっていた。トスカニーニの返信が来て、明々白々な答えだったので、以後マエストロの名が出るたびにヒトラーは怒りで赤くなった。

「人間としても芸術家としても私の感情を傷つけた痛ましいできごとのせいで」彼がドイツで指揮するのは不可能だった。トスカニーニはほかにも辛らつなことばで書いていた。ヒトラーはドイツの新聞にはげしい中傷キャンペーンを命じた。はじめトスカニーニは新聞を訴えることも考えたが、思い直して賢明な道をとり、一切を無視したのだ。

じつをいうと、この最初のユダヤ人排斥《ボイコット》は、のちの追放《パージ》にくらべて害がないほうだった。ヒトラーの褐色シャツ（ナチス突撃隊）と黒シャツ（ファシスト防衛隊）がユダヤ人店舗の前に配置されて、アーリア人がユダヤ人と商《あきな》いしないよう見張っていた。ドイツ人は「ドイツ人の店で買う」よう奨励され、当然ユダヤ人からは買わないという意味だった。その四月の日、人びとは混乱し、証人台に立つことになるのをおそれていた。とくにうわさでは、ナチスが隠しカメラを持っており、排斥に違反した目立つ党員の写真をスナップ撮りして、その写真をニュルンベルクのユダヤいじめの新聞〈シュトルメル〉（あばれ者、疾風の意）に掲載するということだった。党員はやがて、不便さをさけるため非党員の友人と労働契約をむすび、自分たちの買い物をしてもらうことにした。たとえばヴァーンフリートでは、メイドが二人ナチスで、そうでない人間経由で買い物をした。

よく思うのだが、ユダヤ人自身が証言台に立っていたら、どうなっていただろう。ヒトラーが権力の座についたとき一万の大企業事業所はユダヤ人の手中にあり、その多くは食糧、衣料、靴などの必需品産業だった。あるユダヤ人の友だちはのちにわたしにこう言った、「私たちがすべきだったのは、ヒトラーの政権取得時にただちに工場を閉鎖することだった。そうすれば彼はひどいジャムしか食えなかったのに。私たちが全労働者を解雇してストライキに入らせておけば、私たちのところへ来て工場再開を願うほかなかっただろう――そうすればその期間独裁できたのは私たちだったはずだ。事態はかなり変わっていたかもしれない、ナチスは当初弱くて反対などできなかったから」これももっともだとわたしは思う――しかしもちろん、終わってからなら何とでも言えるのである。

さて、わたしはハイリゲングラーベに戻ったが、そこももう世間から隔離された修道院ではなかった。その入り口まで政治が入りこんでいた。ヒトラーユーゲント（訳注：ナチス党内の青少年組織。ヒトラー内閣成立以降なかば公的組織となり、一九三六年公式な青少年団体になる）の活動が組織中で、わたしは参加をことわってたちまち面倒にまきこまれた。参加すると、たまたま民族や国籍や党がちがうだけの友人を失うことになる。参加しないと、ヒトラーに新たに熱中しだした女教師が、わたしのところへ飛んできた。「フリーデリントは国家社会主義者ではない――裏切り者だ」裏切り者だろうか？　わたしにはわからなかったが、どうして人は一晩で自分の忠誠心を変えられるのかも理解できなかった。

六月終わりにわたしはまた帰宅して、フェスティバルの準備をし、技術リハーサルを手伝い、舞台係の一人がピアノの伴奏でブリュンヒルデを演じるあいだ照明をチェックしたり、波の色彩効果のタイミングを計ったりした。『パルジファル』の装置がとうとうぼろぼろになったので、母はアルフレッド・ローラーと契約して新しい舞台装置をつくった。つぎのシーズンまでできない予定だったが、ダニエラは傷つき、そうした計画を嘆き悲しんだ。キス事件のあと叔母はヴァーンフリートに足を踏み入れなかったが、まだ衣装担当で、戦いの場は祝祭劇場に移されていた。ダニエラは、装置は古いプロダクションの厳密な再現であるべきだとはげしく主張したが、消防法の関係でこれは不可能だった。

「どうしてできないの?」ダニエラは熱烈に抗議した。『パルジファル』の冒瀆がひどすぎると感じたので、叔母は母から完全に身を引いて、衣装担当もやめ、二度と祝祭劇場に足を運ばなかった。これで二つの家のあいだには何の交渉もなくなった。ほかの子どもたちは母側につき、叔母に会うのをこばんだが、わたしは舞台装置についてては母に同意したものの、父の姉なのだから叔母たちを愛していた。母はわたしをののしって品性がないと言ったが、わたしはまだエヴァの家に昼食に行き、ときどきお茶にも行った。父もいなくなっていたから、わたしが昔のヴァーンフリートにあった平和を見出せる唯一の場所は、エヴァの快適なオールドファッションの客間だけだったのだ。ダニエラはわたしが行くと喜んで、いろんな昔ばなしを長々としてくれた——コージマが祝祭劇場で演出したとき、父はスコアを手に走りまわり、白鳥の登場のタイミングを拍子を取って合図したこと、などなど。

ティーツェンはヴァーンフリートで自分の場所を確保しており、そこにすわる前に何日も雀を慣らしては、自分の肩にとまって彼の皿のはじで夕食を食べるようしつけた。一日でも雀が来ないと、ティーツェンはしょげ返っていた。ベルリンではしつけたカナリアをアパートで放し飼いにしている、とわたしに話した。あるとき一匹のねずみが、子ねずみ四匹をつれて毎朝朝食に現われたのを訓練したことがある。うっとりする眺めだった、と彼は言ったが、しばらくするとみんな消えてしまった。家政婦が毒を盛ったのではないかと、ティーツェンはずっと疑っていた。

彼のしごとぶりはみごとなものだった。ワーグナーの理想は、指揮者と舞台演出家、経営管理者をみな一体として統合することで、バイロイトではずっとそうやってきたのだ――はじめはワーグナー、つぎはコージマ、そして父と。ティーツェンは名目上母のもとで「芸術監督」だったが、ほどなくいろんなことを大方自分のやり方にしていった。彼は五流の指揮者だったが、該博な知識をもつすぐれた音楽家で、舞台演出家としては抜きん出ていた。非常に勉強になる人物だったので、わたしはリハーサルを逃したことはなかった。

六月はじめ、リヒャルト・シュトラウスとその一族が独身棟に移ってきた。独身棟は、ヴィーラントが結婚したときの家にしたいといって、母が増築してあった。トスカニーニがバイロイトに戻るのを拒否したと聞きつけるとすぐ、シュトラウスは母に電報を打ち、手助けを申し出たのだ。母は、『名歌手』と『パルジファル』を揮《ふ》る指揮者を必死になって探していたから、しぶしぶそれを受け入れた。シュトラウスは古くからバイロイトと関わりがあったけれども、母は彼を信用していなかった――彼はごく若いころ一八八〇年代にコージマの助手をしており、『タンホイザー』のエリーザベト一家に惚れこんでいたのだ。シュトラウスがパウリーネと婚約したとき、コージマはだれよりも早くそれを知っていた。

母はシュトラウスが風見鶏で、どんな政治の風向きにもなびくということを知っていた。君主主義者、社会民主主義者、ちょっとピンク、やや褐色、いかなる体制ともうまくやっていけたのだ。当時彼はナチスとの関係が強く、帝国音楽局の総裁だった——音楽局は音楽家全員が加入を強制され、高い会費を払わされる組織だった。ヒトラーは、作曲家の作品を保護している著作権法を、作者の死後三〇年保護から八〇年保護に延ばしたがっていた。シュトラウスはその期間を何とか死後五〇年間保護にさせたが、その結果彼の作品はもう二〇年寿命がのび、ワーグナーの著作権はほとんど消滅してしまうことになった。

とはいえ、リヒャルト・シュトラウスはゲストハウスにおさまっており、背が高くて耳の大きな、小さな白い口ひげをたくわえた老人だった。家族は妻パウリーネと〈ブービ〉、美しく陽気だが非アーリア系のブービの妻である。わたしたちはブービが好きだった——六フィート六もあるのに子どもっぽい優柔不断な男だったけれども。彼は甘やかされ抑えつけられてきた一人っ子だったが、ナチスの世の中になっても妻とは別れるのを拒否するだけの度胸はもっていた。パウリーネは、息子の妻が金持ちの女相続人だったのでその縁組を喜んでいながら、嫁を公けの場に出そうとしなかったが、のちにナチスが最終的にアーリア系の孫はアーリア人であると言い、ブービの妻も一種の名誉アーリア人だと宣言したので、ようやく彼女の不安はおさまった。

パウリーネには強迫観念が二つあり、どちらも気持ちのいいものではなかった。彼女は大変なほこりぎらいで、家へ行くとゲストは靴を脱いでフェルトのスリッパをはかされた。また彼女は信じられないくらいけちだった。家では彼女はめったに肉を出さず、ブービが猟から獲物の肉を持ち帰ったときだけ例外だった。シュトラウスは大きなメルセデス・ベンツの車とお仕着せを着た運転手をもっていたが、ヴァーンフリートに着くとすぐに、車はガレージにしまわれた。母はわが家の車を一台その運転手に運転させて——ガソリン代まで払わねばならなかった。

シュトラウスがこれまで見た金は——自分の年収が百万マルクくらいあるという事実にもかかわらず——トランプのスカートで勝った金だけだった。彼は毎日毎晩スカートをやり、だれ一人一ラウンドも彼に勝てなかった。舞台稽古《ゲネプロ》にいたる前に危機一髪になった。シュトラウスがあまり高い賭け金でやるので、歌手や楽団員には彼についていけない者が出たのだ。みんながことわると深刻な事態になりかねなかった。スカートをしないと指揮もしないからだ。

母は型破りの方法でその問題を解決した。何人かの楽団員と、いつもどおり毎晩シュトラウスとスカートをやるという契約をしたのだ。翌朝彼らは祝祭劇場の経理部に報告して、負けた分を払ってもらうのである。

もう一つ母にとって難問は、食事だった。シュトラウス一家はわが家と食事をともにし、リヒャルトは量の多い、しっかりしたバイエルン料理が好きだった。わたしたちはバイエルン風食事をつづけたくなかったから、母はシュトラウス用に特別コックを雇ったが、それでもわたしたちが知ったのは、家族との食事にもどる前に毎日、シュトラウスが祝祭劇場うらの小さなレストランで、ランチを食べて元気をつけてくる、ということだった。

ヘルベルト・ヤンセンが到着した。やはりハンサムでひときわ目立つ風采の若い北欧人《バイキング》だった。この夏彼はエルナ・カルステンズに入れあげており、のちに結婚するエルナは大柄な亜麻色の髪の女性で、とても快活できれいだった。

ヘルベルトは非常に無口で控えめで、だれかが彼のレコードをかけると、決まって席をはずすような人だった。国立オペラでのオーディションのことを話してくれたので、わたしは彼がよくわかった。はじめての契約で彼はそこで歌ったのだが、それは若い歌手にとっては空前の栄誉だった。オーディションを聴く観客席には、堂々たる紳士が二人おり、ドレスデン・オペラの演出家とハノーヴァー歌劇場の演出家だと聞かされていた。歌っているあいだにヤンセンが気づいたのは、一人の男が舞台袖を行ったり来たりしながらいらいらした風に彼に合図を送っている姿だった。落ち着きをなくし、彼は一体何ごとか想像もつかなかった。歌い終わると、ヘルベルトはその見知らぬ男のところに行き、何の用だとたずねた。男は国立オペラの指揮者マックス・フォン・シリングスで、他の人間が声をかけないうちにヤンセンと契約したいというのだった。

フリーダ・ライダーは、ブリュンヒルデ（『指環』）とクンドリー（『パルジファル』）を歌っていたが、わたしは一九二八年という前の出演からおぼえている――大きなガーデン・パーティでわたしにフランクフルト・ソーセージを食べさせてくれたときだ。黒い髪で優雅なフリーダは、いつもきれいな服を着て、つねにまじめで、自分の技術に自信をもっていたから、スコアと格闘する必要はなかった。新しいオペラハウスに出演するたびに、彼女はまずプロンプターを探し出し、頼むのだった、「お願いだから、わたしにはプロンプしないでね」フリーダは聡明な女性で、よく本を読み、ビジネスにも長《た》けており、世の中のことに敏感で社交家だったから、たいていの人は彼女が好きだった。夫であるデーマン教授——ベルリン国立オペラの前コンサート・マスター——とドンドルフのアパートに住んでいたが、その小さな村は、ワーグナーがヴァーンフリートを建てるまえ住んでいたところだ。すてきな庭が山の中腹にあるここで、フリーダはいつも友人たちを歓迎していた。

ルドルフ・デーマンはオーストリア系ユダヤ人で、わたしは、フリーダがドイツで彼に何が起こるか心配しているのかしらといぶかったが、彼女はわたしに何も心配いらないと言った。ヒトラーが政権の座についたとき、ティーツェンがパリにいた二人に電報を打ち、契約は保証され、すべて万全であると言ってきたのだ。

わたしが将来何をするつもりかについて、フリーダはよくまじめな顔でわたしに言った。

「いまの子どもって何でも持ってるから気の毒よね」彼女はよく言った。「みんな頭もいいし出世しそうだけど、それだけじゃ無理なの。あたしが成功できたのは、つぎのごはんをどうやって食べられるかわからなかったからよ」

いまはとても裕福で、成功し、だれが見ても偉大な芸術家だが、フリーダの人生は平坦ではなかった。一三歳のときに父が自殺し、一文無しで残された彼女は、銀行勤めをしながら夜、語学と歌の勉強をしたのだ。わたしの家での苦境に同情して、彼女はいつもわたしの生活が楽になるように、母にいいことを言ってくれ、わたしがあれこれいかに思いやり深いか話してくれた。母はいつも首をふったものだ。

「私にはわからないの、どうしてみんなマウジとうまくやって行けて、わたしはだめなのか。家では悪魔そのものなのに、よそではとてもいい子だというんですもの」

楽屋や、レストランとか陽気なパーティの席ですら、不安と恐怖のまじったひそひそ話がはじまっていた。歌手や楽団員にはユダヤ人の妻や夫をもつものが多く、自分たちがいつまで平和に、また安穏に暮らせるのか、だれにもわからなかったからだ。みんなベルリンからの情報を手に入れては、この音楽家はどうなった、ほかの人はこうなったとうわさし合った。フルトヴェングラーは実際、ベルリン・フィルのユダヤ人楽員を擁護する立場をとっていたし、はげしい喧嘩をしては、これまでだれ一人くびにならないようがんばっていた。ドクトル・ガイスマール（フルトヴェングラーの女秘書）でさえ今のところ無事で、彼女がユダヤ人であるのを許せたのなら、ゲッベルスがむりやり自分の秘書にしただろうとうわさされた。

このあいだずっと、わたしの批判能力は、友人たちの不幸によって研ぎ澄まされていった。私の家族はヒトラーのことを古い友人としてしか尊敬しておらず、いまや彼は権力の座についたから自分たちに親切にしてくれるのだ、無名時代の初期のころから忠実だったワーグナー家への感謝を忘れないのだ、としか見ていなかったが、わたしは、ヒトラーが二人の人間だと見抜いていた。あの「やさしい伯父さん」は、全権付与法（ユダヤ排斥等）を成立させたドイツの支配者とはまったくの別人なのである。おそれる理由はないのだが、わたしの目にいやおうなく入ってきたのは、ドイツ中に蔓延している不安や威嚇、報復のおそれなどで、他人の不幸を目の当《ま》たりにすると、自分が安全で権力のお気に入りであることが恥ずかしかった。けんか好きの娘っ子はもう、行く手をさえぎる障害物をめくら滅法にけとばす子どもではない。あと何か月かで大人になって、反抗の背後にある目的を主張できるのだ。

第11章　総統、バイロイトを訪問

一九三三年フェスティバルの開幕数日前に、ナチス親衛隊（ＳＳ）がバイロイトに到着した。街は青、緑、黒、白、褐色の制服であふれた。ヒトラーは公園の向こうに家を一軒借りていた。行き止まりになっており、簡単に閉鎖して警備できる街路で、ヒトラーは勝利者シーザーのような第一期に入っていた。祝祭劇場までの車道には五〇ヤードごとに警官が立ち、大通りには親衛隊員がびっしりと並んで、革のベルトの非常線で街の人びとを下がらせていた。

正午ごろ、親衛隊員がどなる車が一台警笛を鳴らして通りを走り、そのあとから総統の車、うしろに護衛満載の四、五台の車がつづいた。護衛の多くは車のステップに立ち、アリのようにドアにしがみついている。交差点ごとにこの護衛車が二台飛び出して、総統車が通りすぎるまでわき道にバリケードをつくり、また列にもどるのだった。群集が「ハイル・ヒトラー」とさけぶ中を、独裁者の車は信じがたいスピードで走りぬけ、ヴァーンフリートの門を入った。副官たちが飛び降り、ヒトラーが「権力奪取」以来はじめてわが家に入った。

わたしたちは大きな正面玄関のところで彼を迎え、何回かたっぷり万歳《ハイル》と握手をしてから一行を書斎に招じ入れた。ヒトラーは新しい制服を着ており、軍帽を脱いでほっとした様子だった――額に深く入りすぎて頭部がほとんどかくれていたからだ。

書斎で、彼は満足げにまわりを見まわした。

「一〇年前入れてもらったのもここだった」とヒトラーは母に言った。「そのときはもう一〇年かかるなんて思いもよらなかったな。〈反乱《プッチ》〉が失敗してなければ、何もかも違ったんだが。もう少し若かったはずだ。いまは年を取りすぎた。時間をロスしすぎたから、しごとを倍の速度でしなくては」

家族たちは安心させることばをつぶやいたが、ヒトラーには必要なかった。後悔のときは終わりだ。彼は壮大な未来構想で活力をつけ、何ものにも妨げられず実現に向けて驀進中だったのだ。

「私は二二年間権力の座にとどまる」と彼は予言した。「それでやめられるが、まず、権力をもっと掌握して、内閣に煩わされないようにしておかなくてはならん。現在内閣はものごとに干渉する全権利をもっているつもりらしいが、大きなお世話だ」

一同は昼食に向かった。コックは干からびたパンを何日も取っておいて総統の好きなスープをつくり、メイン・ディッシュには大いに頭をなやました――たまごと野菜とを混ぜあわせた料理なのだから。ヒトラーつきの栄養士が朝早く到着して、特別サラダをつくってあった。

「権力を手に入れしだい、修道院を解体して、その財産を没収するつもりだ」スープを飲みながら総統は宣言した。「いい男が修道僧の生涯を送るなんて、異常だ――おくびょう者で責任のがれ以外の何ものでもない。つぎの戦争では修道士も司祭も、聖なる衣のかげに隠れてはおられんぞ。全員前線に送ってやる。そしてその金は私がつかえるんだ。あいつら信じられないほど金をもっているんだから」

修道院の財産の話から、ヒトラーはゴシック筆記体に飛躍した。のちにそれを正式なドイツ文にしたけれども、当時ヒトラーはゴシック筆記体を、修道院から出ているために非ドイツ的だとして禁止すべきだと信じていたのだ。彼がとくに困っていたのはドイツ言語研究協会で、そこがどうやら無謀にも、外国語の代わりにドイツ式言葉づかいでヒトラーの演説文を書いて送ってきたらしい。どうして――と彼は嘆かわしげに声を荒げた――「修理工《メカニック》」といえば子どもでもわかるのに「熟練ねじ取付け人《スーパースクリユーフイクサー》」と言わなきゃならんのかね。二、三週間強制収容所に入れれば、この紳士たちもこの制度下の適切な言語を見出せるだろうが。このころにはデザートになっていた――ヒトラーはお決まりのおろしリンゴを食べ終え、大きな白い錠剤を呑みこんで、一同午後の準備ができた。ヒトラーと三台の車は、側近を満載して公園の向こうの住まいにもどり、わたしたちは祝祭劇場へ行って開幕の最終的段取りを指図した。

親衛隊の壁のあいだをドライブして劇場に近づくと、緑の制服の警官が二列で入口の前に気をつけ整列していた。その先頭には、見るからに軍隊風でなく新しい警察制服がきゅうくつそうなバイロイトの旧警察署長が立っていた。一〇年前母を投獄するとおどした男だ。署長は母と視線を交わした。母は彼がこのしごとに留まっているのを見て、今度ははげますような微笑を投げかけた。

まずゲッベルスが到着し、数分後にヒトラーの車列が、捧げ銃《つつ》をした警官のあいだを入口に向かって突進してきた。ヴァーンフリートの入口での技とおなじく、動く車から側近たちが飛び降りて総統をあらゆる方角からカバーし、一方ヒトラーは速足で劇場入口への石段をのぼり、響きわたる万歳《ハイル》の声に応えてふりむくと手をあげた。母は行列を階上の〈王侯の間〉——バイエルン国王ルートヴィヒのために作られた客間だ——に案内し、だれかが舞台に電話して、上演をはじめてもいいと伝える。母のゲストが階上に向かいだすと、わたしは楽屋つきの母の大きなオフィスに駆けこんで、イブニングドレスを脱ぎ、舞台裏で働く作業着に着替えるのだった。

休憩時間中、ヒトラーは親衛隊のいる廊下を抜けてレストランへ飛んで行き、そこの長い、びっしり警備されたテーブルでゲストをもてなした。祝祭劇場の残りの観客は、好奇の目と緊張感で見ていた。バイロイトのうちとけた和やかさと陽気な雰囲気はただ一日でくずれ去ったのだ。

このときはじめて、わたしはヒトラーの正装を見た。もうシルクハットを頭のうしろに載せた煙突掃除夫には見えなかったが、新しい礼装にぎこちない感じだった。母と家族は口をきわめてほめたが、わたしは、スーツの仕立てが悪く片方のえりが一方より一インチも高くなっているのに気づいた。だが、彼の外観でまぎれもなく改善された点が一つあった。つめがきれいにマニキュアされており、もはや感情を害して噛むことはなかったのである。

「英国皇太子《プリンス・オブ・ウェールズ》も夜の正装にやわらかいシャツを着てくれればなあ。そうすればみなこのおそろしく固いカラーをはずせるんだが」総統はこぼした。母がヒトラーを気の毒がって、制服のほうがすずしいのにと言うと、彼は哀れなほどほっとして、喜んでいた。

二日目の昼食の席で、ヒトラーは、その午後訪れる試練のことを考えて動揺していた。彼の昔のパトロン、ベヒシュタイン一家が到着したのだ。ベヒシュタイン夫人は、ミュンヘンであの初期のころずっと彼を支援してきたが、彼が権力に近づいてからのパフォーマンスを最初に、いちばんはげしく批判した人だった。「党内テロ」、側近は夫人のことをそう呼んだ。いまや彼女はヒトラーに自分の住所を知らせて、夫人の後援者は名誉にかけて訪問しろというのだ。この手に負えない恐ろしいワルキューレからのきついおしかりを思うと、彼は顔を合わせられなかった。昼食のあいだずっと、ヒトラーはわれわれ子どもを説得して彼といっしょに訪問し、ベヒシュタイン夫人のカミナリを和らげようとしたが、わたしたちは夫人の前でヴォルフィがふるえあがると思うだけで気に入ったので、一緒に行くのはご遠慮申し上げた。

ヒトラーは副官たちを街中赤いバラ探しにやり、できるだけ長く、午後の上演までにほんの少ししか時間がないところまで待ってから、赤いバラをいっぱい抱えて黒いメルセデスで出かけていった。

その週の社交ビッグイベントはヒトラーの芸術家レセプションだった。この最初の年は非公式に催されたが、あくる年からは公式に〈総統歓迎会〉と呼ばれるようになった。この巨大な祝宴はヴァーンフリートで行われて、母が正式女主人《ホステス》として料理や出し物の準備をした。招待状を出すに当たって母はディレンマにぶつかった。ユダヤ人なりユダヤ人配偶者をもつ出演者を招待すべきかどうか？　この年は全員を招待し、ユダヤ人のほうは自主的に遠慮してもらうことにした。何人か度胸のあるアーティストは——ヘルベルト・ヤンセンもその一人だったが——当日街をはなれ、もどってくるとヒトラーのブラックリストにつけられていた——総統は侮辱されるのがきらいだったのだ。

招待状は『ラインの黄金』の夜、九時開始予定で出された。みじかい楽劇だから七時半開幕で終了する時刻だった。母とゲッベルス、わたしたち兄弟が客を迎え、総統に紹介した。わたしは友だちと受付の列の人を伝える役で、それがすむとずっと静かな庭のすみですごし、パーティをながめたが、ときおりメイドが来て、台所のごたごたをおさめてくれと頼まれた。気の毒な護衛兵の体調が悪く、いいフランス・コニャックがあれば歯痛がおさまるのだが、といったたぐいである。

ゲストは長いビュッフェ二つ——一室は飲み物で別室が食べもの——をえんえん歩いて夕食を受け取り、ちょうちんの明かりにうかぶ庭の小さなテーブルへ行くのだった。野心的なゲストはできるかぎりヒトラーの近くに群がっていた。はじめ総統はアーティストたちとすわっていたが、五分以上はありきたりの会話にがまんできなかった。雑談をやめてぱっと立ち上がると、彼は世界情勢と芸術論の演説を二時間ぶったものだ。

最初のうちただ立っていた好奇な表情のかなりの人が、興味をもちはじめた――みんな庭のあちこちから集まって来、やがてびっしり密集したので、総統の前髪もほとんど見えなくなった。彼はいつもの自分のペースで進めて、はじめは低い声で話していたのをすごく高いところまで上げたから、声は割れしわがれたノイズがのどから飛び出した。演説が終わるまでに、聴衆はヒステリー状態になっていた。みんなどっとわたしたちの方に押し寄せたが、薬の副作用みたいに顔が赤紫色だった。

「すごい、天の啓示だ」みんな口々にどなり、腕をふりまわした。しかし「総統は何の話をしたの？」と聞いてみると、だれも話せないのだった。聴いていなかったのだが、感情には翻弄されていたのだ。これがまさにヒトラーのねらいだった。聴衆を催眠状態にしたあと、彼がじつにたやすくいつもの深い、よくとおる自然な声にもどるのに、わたしは興味を抱いた。

その年のフェスティバル公演はとりわけよかった。ヤンセン、ライダー、オネーギン、キプニスはみなかつてない好演だったし、シュトラウスの指揮も立派だった。もっとも年のせいで、彼のテンポはびっくりするほど上がっていた。『パルジファル』の第一幕を一時間三五分で揮《ふ》ったが、トスカニーニだと二時間二分かかり、ムックの場合一時間四五分だった。もう一つ記録破りだったのは、父のメモリアル・コンサートで指揮したベートーヴェンの『第九交響曲』である。シュトラウスはこれを四五分きっかりで指揮し、カラーをさほどぬらすことも汗を飛ばすこともなかった。ヴォルフィが新しい言い方をひねり出し、バイロイト中に広がった。「シュトラウスの『パルジファル』はすばらしい。全編ワルツみたいで、お客様は居眠りしないですみます」

ヒトラーはこの連続演奏《チクルス》に賞賛を惜しまなかった。当時彼は芸術のパトロンになると決めていた。法律を通す画策をして、『パルジファル』の上演権を、ワーグナーが望んだとおりバイロイトに独占的に与えようとしたばかりだが、内閣の反対が強すぎた。バイロイト・フェスティバルに来られる人はわずかだし――と閣僚は反対した――たとえ法律が通っても、チューリッヒやプラハ、ウィーン、パリなど近隣の帝国外の都市では、ドイツの著作権法がきかないからみんな『パルジファル』を聞けるではないか。ヒトラーはあきらめたが、今度はバイロイトを免税扱いにするという別の法案を出してきた――ドイツで唯一の民間オペラで、したがってただ一つ課税されているのだから。財務大臣が同意しなかったために、バイロイトは莫大な税金を払いつづけ、総統は音楽の歴史に自分の名をきざむことをあきらめてしまった。

ヒトラーの訪問が終わり、堅苦しい公式エチケットから解放されると、みんなほっとした。ところがゲッベルスはとどまって、彼経由で母は、シュトラウスの歌劇台本の問題を解決することができた。ナチスは歌劇の台本がみなユダヤ人の書いたものだと難色をしめし、実際にステファン・ツヴァイクが脚本を書いた『無口の女』の世界初演を禁止していたのだ。シュトラウスのオペラをすべて初演しているドレスデン・オペラの総監督がバイロイトまで巡礼の旅をし、その作品の上演許可をいただけないかとゲッベルスに嘆願した。最後は母がゲッベルスに同意してくれるよう話したが、彼は法律をつくり、台本作者がユダヤ人の場合作者名を削除しなくてはならないようにした。

たとえば将来の学校ではすべて、ドイツの子どもならだれもが知る国民歌になっているハイネの『ローレライ』は、「詠み人知らず」と印刷されるのである。

このころのことだったが、シュトラウスが無邪気にも母に、ゲッベルスの「ワーグナー退位」計画のことを話した。いまの祝祭劇場のすぐ裏の丘に、ライバル祝祭劇場を建てるというのだ。新しい国立劇場の青写真はもうある建築家——フェスティバル・スタッフの一人だった——の手でできており、ゲッベルスは市とその土地の交渉をはじめていたのである。シュトラウスはその計画の一員で、非常に乗り気であり、母も知っているとばかり思っていた。母は直接ヒトラーのところへ行き、これが彼の合意のもとに進められたのかどうかとたずねた。ヒトラーはかんかんに怒って、計画をストップさせた。

わたしが一度だけ個人的にナチス官僚とわずかな接触をしたのは、『ラインの黄金』が閉幕した夜だった。フリーダ・ライダーとわたしが友人たちとレストランで食事していると、リーズロッテが駆け寄って来、興奮してささやいた——ロームとシェムが向こう側の席にいて、家の者はわたししかいなくなった、ちょっと顔を出してあいさつしてくれないか、というのだ。その視線の先には制服の男が六人おり、たくさんのビヤ・マグに取り囲まれていた。

しばらくしてわたしはナチス高官たちのところに行き、家族に代わってお礼をのべた。シェムは知っていた。バイロイトの人はみな彼が好きだったが、仲間の市民がとても買えそうにない高い車に凝りはじめたあとは、相手にしなかった。ロームは背が高く、厚ぼったい満月型の顔にはフェンシングで受けた傷が無数についていた。鼻は切り株よりちょっと高いくらいで、小さな暗青灰色《スチールブルー》の目が血色のよい顔からのぞいていた。そのほかは特徴のない人たちで――一人は太い葉巻を吸っているのに気づいたが。会話はやりづらかった。向こうは公演のことをどう言えばいいかわからなかったし、彼らの冗談はわたしにはまったく歯が立たなかったから。いきなり太った葉巻の男がわたしに一枚の紙を突きつけ、そこには十数名の名前が書いてあった。

「この中でどれがユダヤ人か言えるかね?」と彼はたずねた。

リストを見ると、わたしたちの大事なアーティストたちの名前だとわかった。こみあげてくる怒りを懸命にこらえた。

「ここバイロイトでは」わたしは答えた。「わたしたちは契約アーティストの祖父母にはまったく関心ありませんが、もしお知りになる必要があれば、このうち二人だけがユダヤ人でアメリカ人です。だから多分皆さんには関係ありませんね」

おそらくわたしの確信をバイロイトの、本当のバイロイトの信念だと言ってもむだなジェスチュアだったろうが、証拠がないとはいえ、わたしはそれを信じていた。父だったら――わたしは自分に言いきかせつづけた――この不寛容と迫害に力を貸すようなことは絶対しなかっただろう。だからくりかえし願ったのは、何とか父のものの見方を自分も身につけたいということだ。だがわたしにできたのは、自分の信念にしたがって彼らのために戦うのを決しておそれないことだけだった。

数年後、ドイツを去ったあとで、まったくの偶然からわたしは父の書いた手紙を見つけた――それはまさに父の基本スタンスを明確に、まごうかたなく表現する目的で書かれたものだった。手紙のあて先は、父にユダヤ人アーティストをバイロイトから排斥するだけでなく、ユダヤ人客も締め出してほしいと要望する紳士たちあてだった。これを父は一九二一年という昔に書いていたのだ。

親愛なるピューリンガー様、

あなたのお手紙は、帰宅して拝読いたしましたが、私が申し上げなくてはならないと感じるのは、私はあなたのご意見にまったく同意できないということです。ユダヤ人のなかには、忠誠な、正直で私心のない支持者が大ぜいおり、そのことは彼らの数々の貢献によりわたしたちに十分証明されています。これらすべての人びとを私たちの玄関口から追い払えとおっしゃるのでしょうか。彼らがユダヤ人だというだけの理由で駆逐せよと？　それが人間的なのですか？　キリスト教的なのですか？　ドイツ流なのですか？　違います！　そのようにふるまいたいならば、われわれドイツ人はまず、まったく別種の人間になって、山の清水のごとく澄んだ善悪の判断力をもたなくてはなりません。しかしわれわれはそんなことができる人間ではない。あらゆる偉大なドイツ人の生涯が示しているとおり、彼らはドイツ人による卑劣な行為や無関心、悪意や愚かな行いに翻弄されてきたのです。

一八七六年から一八八九年までのフェスティバルが、いま私の述べたことが真実だと証明しています。赤字をカバーするために、私の父は当時病気の身をおして英国に旅し、かの地で演奏会を開かなくてはなりませんでした。一五万マルクというとてつもない金額をかき集めるなどできない相談でした。ありがたいことに当時もそのあとも、英国人やフランス人、アメリカ人その他の友人たちが、バイロイトに巡礼の旅をして財政危機を乗り切る手助けをしてくれましたが、ドイツ人ブルジョアは、外国人がバイロイトで優先的な待遇を受けている、と文句を言う以外何一つ役に立つことをしなかったのです。

然り！　なぜ父たちはドイツで自国民の手で活路を見出せなかったのか？　父の作品がパリで圧倒的な成功をおさめるまで、わが傲慢なドイツ人は、ひょっとしたらリヒャルト・ワーグナーは大物なのかもしれないと考えもしなかったし、いつまでもけなしてばかりいないでバイロイトへ旅してみるかとは思わなかったのです。そしてようやく少しずつ、ドイツ人がバイロイトを訪れはじめました。けれども外国人がいなくては、私たちはとっくにつぶれていたでしょう。それでは、われわれドイツ人には他国人を排除する権利があるのでしょうか――フェスティバル再開に尽力し貢献しようとしている人びとを。わたしは、わが良心の命令にしたがい全力でそれに異を唱えます。

それにもし、ユダヤ人が私たちに協力する気があるとすれば、それは二重に価値のあることです。父はその著作の中で、ユダヤ人を攻撃し傷つけたのですから。したがって彼らはバイロイトを嫌う理由を十分もっているわけですし、実際憎んでもきました。それでも、父の攻撃にもかかわらず、たくさんのユダヤ人が父の芸術を心から熱心に崇敬してくれています。あなたも、かつてのユダヤ人支持者たちの名をよくご存知のはずです。当時、父のために新聞キャンペーンを展開してくれたのは誰だったか？　ゲオルグ・ダヴィドソンやドームです。タウシグやハインリッヒ・ポーガスの名もお聞きおよびでしょう。ヨーゼフ・ルービンシュタインは『パルジファル』をピアノに編曲しました。そして何万というユダヤ人のなかで、父の芸術に身も心もささげてくれた人がたった一人しかいなかったとしても、彼がユダヤ人だというだけでその人を追い出すのは、恥ずかしいとわたしは感じるのです。

バイロイトの丘の祝祭劇場では、私たちは否定的《ネガティヴ》ではなく、〈肯定的《ポジティヴ》〉なしごとをしたい。ある人が中国人でも黒人でも、アメリカ人やインド人またはユダヤ人であろうが、それは私たちにはまったく関心外のことです。だが私たちはユダヤ人から、どうやって力を合わせ、いかにして助け合うかを学ぶことができます。私が羨望と賞賛の念を禁じえないのは、ユダヤ人がどのように芸術家を援助するか、どんな方法で彼らに道を拓いてやるかです。私がユダヤ人だったら、私のオペラはあらゆる劇場で上演されるでしょう。ところが現状はごらんのとおりで、私たちの死後に待つしかありません。

いや、親愛なるピューリンガー様、われらが祖国の絶望的な現状を非難さるべきは私たちなのです――私たちは国家の誇りもなく、われわれの同胞を窮地に置き去りにするわけですから。私たちはいま、その他あらゆる悪い性格に不寛容を加え、善意の人びとを締め出そうというのでしょうか。あなたはほんとうに否定するおつもりですか――ユダヤ人の中にはバイロイトに対する熱意が本物である人びとがいることを。あの人たちをわたしは傷つけるつもりはないし、傷つけてはいけません。私の立場から申し上げるならば、あなたは間違っていらっしゃるし、ぼう大な数の名前をあなたに差し上げることさえできます。芸術家《アーティスト》選定に当たって、わがバイロイトは人種問題を念頭においたことは一度もありません。声と才能と容姿が問題の役にあてはまることだけを判断基準にしてきましたし、今後ともその原則に従いつづけるでしょう。バイロイトは真の〈平和の〉しごとたるべきです。

私の申し上げた意味をお汲み取りいただけますように。

敬具

ジークフリート・ワーグナー

第12章　落ち着かない夏

またハイリゲングラーベ校へもどった――囚人みたいな縞のブラウス、白と黄色のプディング、そして旧《ふる》い神学校淑女たちが、ちっぽけな庭に閉じ込められた修道院宿舎のなかで、消えうせた栄光を守ろうとしている。その小人国《リリパット》からエデンの園イーデン・ホテルへ、夕べの祈りの単調な讃美歌から国立オペラへ――わたしは休暇を楽しんだ。閉じ込められた生活とみごとにかけ離れていたからなおさらだった。冬がすぎ、雪が溶けて、修道院の果樹園にリンゴの花が満開になり、一九三四年の春が訪れた――ヴァーンフリートに戻ってフェスティバル準備を手伝う季節だ。

バイロイトに着くとすぐ、ドイツ全土がナチスの〈血の粛清〉（訳注：一九三四年六月三〇日から〈長いナイフの夜〉ともいわれる）に震撼した。誰一人ことばもなく、考えもつかず、みなおたがいひそひそ話をして、うわさだけが広がった。ヴァーンフリートでは母が全員に指示して、ヒトラーがフェスティバルの開幕に来たときはその話をしないことになった。

「お気の毒な総統」母は結論を下した。「どんなにかショックだったでしょう、親友に裏切られたとわかったときは」

総統の到着で緊張感が増したが、訪問しょっぱなの日に、ヒトラーは冷静に〈粛清〉のことを話して懸念を払拭《ふっしょく》した。じつはその話をしたがっていることがわかって、家族は気をつかうのをやめ、何が起こったのかをたずねた。

ヒトラーは七七人しか処刑されていないと断言した。ミュンヘンのヴィリ・シュミットみたいに、何人かまちがって撃たれたのはしかたなかったのだ。親衛隊がいきなり出くわしたヴィリ・シュミットを逮捕しようとややあせったため、裁判なしで撃ってしまったのだが、ミュンヘンにヴィリ・シュミットが何人もいたわけではない。ヒトラーは、未亡人と子どもに国家年金を出すよう命令した。

というのがヒトラー側の話だったが、祝祭劇場ではみな〈粛清〉に衝撃をうけ、ひそひそ話し合っていた。

「考えてもみてよ。総統は朝早く（エルンスト・）レームを自分で逮捕したんだけど、そのときベッドにもう一人男がいたんだって」わたしはこれに、一六歳の女の子として世慣れているつもりで、もう一つ落ちをつけ加えてしまった。「だって女と一緒にベッドにいたら、もっとバツが悪かったんじゃない？」

数か月後になるまで、ヒトラーは母に粛清の〈真相〉を話さなかった。母はいつも自分の影響力を利用して、強制収容所から人びとを救出していたが、若いデュ・ムーラン・エッカールト――コージマの友人だった老伯爵の息子――の場合は成功しなかった。彼は粛清以来ダッハウに入れられ、絶望した父親には監禁の理由すらわからなかった。

「この件だけは嘆願しないでくれ」ヒトラーは母をさえぎった。「彼は最悪の売国奴なのだ」彼が母に注意したのは、一年以上褐色の家《ブラウンハウス》（新総統府）に裏切り者がいると疑っていたことだ。毎日、彼の協議した極秘情報の詳細が二四時間以内にパリの新聞にすっぱ抜かれていたからである。すべての出入り口を監視させ、クロゼットを探させた――裏切り者は内部にいるはずだった。やがてヒトラーにわかったのは、社会民主主義者所有の〈ミュンヘン新報〉の社員の一人が、ドイツにいる若い男あてにレームがボリビアから書いたラブレター（のちにボリビアからの手紙として知られるようになる）を手をまわして買い入れた、ということだった。手紙を公表すると新聞に脅されたレームは、副官の一人で若いデュ・ムーラン・エッカールトに、いくらかかってもそれを買い戻せと命じたのだ。その代価が、褐色の家《ブラウンハウス》の秘密会議の報告を毎日渡すというもので、レームの全面的承認のもとにエッカールトがその情報を流した。

「エッカールトもほかの連中と一緒に撃たれてしかるべきだったのだ」ヒトラーは言った。「だが運のいいやつだ。私が処刑をやめろと命ずるまでウィスバーデンの森にかくれていた。だからあいつはダッハウにいて、出すわけにはいかんのだ」

もう一つヒトラーお得意の決まり文句はこうだった。「おわかりだろうが、つぎの戦争の第一爆弾は祝祭劇場に落ちて、第二弾はヴァーンフリートだな。チェコスロヴァキアから爆撃機でたった五分だから」あれやこれやで、フェスティバルは全然楽しくなかった。

ヒトラーがオーストリア首相ドルフス暗殺のニュースを受け取ったのは、『ラインの黄金』上演中だった（七月二五日）。何か異常なことが起こったということは、わたしたちのボックスにいる人には明らかだった。ショウブとブリュックナーが代わる代わるヒトラーのボックスと、電話のあるわが家のボックス控えの間を行き来しつづけていたからだ。一人がニュースを受けてもう一人がそれをヒトラーにささやいていた。上演後、総統は興奮しきっており、わたしたちにおそろしいニュースを話したとき、興奮は最高潮だった。見るもおぞましい光景だった。

喜びの表情を顔からぬぐい去ることはほとんどできなかったが、ヒトラーはいつもどおりレストランで慎重にディナーを注文した。

「一時間ほど行って、私のすがたを見せないとな」と彼は言った。「でないと人は、私がこれに関係していると思うだろう」まるですばやく広がったニュースにまったく気づいていないかのごとく、ヒトラーとご一行様はレストランに陣取ってレバー・ダンプリングを食べていた。

フリーダ・ライダーや友人たちとともにわたしは街の別のレストランに行き、ビールや炭酸水を飲んでほくそえんでいるナチス隊員に会わないようにしたが、ヒステリックな人びとからは逃れられず、みな総統に反旗をひるがえした勇敢な小男の殺人を祝っていた。大集団のなかにバス歌手の一人ヨーゼフ・フォン・マノヴァルダとその妻がおり、仲間のフランツ・フォルカーとの再会を祝して、オーストリアなまりで、やっとオーストリアがナチ化されると喜んでいた。「総統は私をすぐ飛行機でウィーンへ行かせると約束した」マノヴァルダはどなりつづけた。「いいかい、特別機でだよ」だがだれ一人聞いていなかった。

数日後、ニッケルに言われてヒトラーは、フォン・マノヴァルダ夫人を休憩時間に〈王侯の間〉へ呼ぶ約束をした。入ってきたとき彼女は顔が真っ赤で、すでに軽いヒステリーの症状を示しており、二度ひざを曲げておじぎしヒトラーがその手にキスすると、興奮のあまり副官二人に部屋からかつぎ出されなくてはならなかった。わたしたちは笑っていいのか顔をそむけるべきか迷った。

フォン・マノヴァルダ夫人は太った、色の白い中年女性で、まったくマタ・ハリ（訳注：第一次世界大戦中のドイツの女スパイ）のタイプではなかったが、のちに聞いたところでは、オーストリアでヒトラーの政敵を追い出す役目のナチ秘密情報機関では出色の活躍をしたそうだ。ヘルベルト・ヤンセンとわたしは二年後偶然彼女に会ったが、彼女が右腕にしている巨大な金の鉤十字《スワスティカ》に目をうばわれた――ブレスレットと親指と小指の指輪とに鎖で結んであったのだ。わたしがそのことにふれる前に、ヤンセンがそれは何かとたずねた。

「あら、総統があたしにキスなすったところを覆ってるんですわ！」フォン・マノヴァルダ夫人はのどを鳴らして喜んだ。

「総統が口にキスしてくれなくて残念でしたね」と、ふだんは控えめで上品なヤンセンが言ったものだ。

マノヴァルダ夫人の行動は、異常というわけではなかった。わたしはよくわからなくてどぎまぎしたのだが、ヒトラーと同席すると人はみな馬鹿なまねを平気でするのだ。ほかのときには完全に正常と思える男や女が、ヒトラーがいると感覚をなくしたみたいで、顔は赤紫色になり、カップやソーサーを取り落としたり、突然泣き出したり笑ったりするヒステリー発作に襲われる——どうしてかわたしは理解できなかった。いちばんよく目立つ現象は、人びとの声が総統に影響されることだ。まったく意識せずに、総統と話すとき一オクターブ以上声を上げることが多い。こういうことがわたしにはふしぎだった。ときどきわたしは、人にそれを指摘するというミスをやらかしたものだ。

「これこれの行動をするなんて、うんざりしない?」だが返ってくる答えは、いつもおなじたぐいのものばかりだった。「ひとの批判ばかりしてないで、自分の行動のしかたを学んだら?」

その年の総統〈歓迎会《エムファング》〉は小規模で、一年目よりずっと正式のきびしいものとなった。今回母は、困った情況にならないよう、アーティストだけを招待したが、この手はずがいろんな不平不満を呼び起こした。

落ち着かない感じにくわえて、大統領ヒンデンブルクがフェスティバル第一週に重体におちいり、ヒトラーがバイロイトから彼の死の床にかけつけたのである(訳注:八月二日死去、ヒトラー総統に就任)。葬儀当日は、第三帝国中の全劇場、オペラハウス、娯楽施設が休止になった。このため祝祭劇場は急なスケジュール変更をせまられた。通常月曜日に『ラインの黄金』を上演し、火曜日に

『ワルキューレ』、水曜日『ジーグフリート』、一日休演して金曜『神々の黄昏』で一週間を終わっていた。ヒンデンブルクの葬儀が火曜日だったので、祝祭劇場は休演して、『ワルキューレ』第1幕用の舞台装置に置いたスピーカーから葬儀の実況放送が流れたが、のこりの三つの楽劇が三日連続上演されたので、ローレンツとライダーは三つとも重い役で休むひまもなかった。非常時だからしかたないが、みんな二度とやりたくないと断言した。

ヒトラーは葬儀でフルトヴェングラーに指揮させたかったのだが、だれも彼を見つけられず、ゲシュタポさえお手上げだった。のちにうわさによれば、彼はさるポーランドのお屋敷で優雅な休暇を過ごしており、だれにも所在地を知らせないほど用心深かったのだという。

ヒンデンブルクの葬儀が終わると、わたしたちは祝祭劇場で緊張感のゆるんだ二週間にもどった。いそがしくないときでも、わたしは一日中劇場にこもっていた。何かおもしろいことがたえず起こっていたから、ヴァーンフリートの批判的空気よりも楽しかったのだ。シュトラウスがふたたびゲストハウスに来ており、見ていてうっとりするような指揮者だった。彼の誠実さにはどこか混乱したところがあった。自分の作品のリハーサルを聴きながら、いきなり言い出すのだ――「ここはいいな、うまくできてる」あるいはまた「ここはきらいだ――下手くそな作曲だな」彼はある日わたしに向かって、まったく単純にこうコメントした、「みんな私が盗作をするという。もちろん他の作曲家から借りますよ。いけない？　あんな美しい音楽だもの。また使いたくならない？」

期間中ずっとヴァーンフリートはホテルみたいだった。ゲストご到着、ゲストご出発、ゲストご昼食、夕食、お茶。エマはきびきび働いたがむすっとしていた。三人のメイドで夕食がサーブできないときは、エマが制服を着てテーブルの係を助けた。フェスティバル期間中、母は使用人スタッフを倍にして、みんながローテーションで働くよう按配した。おそく起きて夜おそく寝るもの、一日中働いたものは翌日お休みで公演を見られる、という具合だ。

さいわい母にはわたしをしつける時間があまりなかったが、もめごとはしょっちゅう起こった。自分の沸騰点がわたしのより低いとわかった母は、自分がかっとなってわたしが冷静だといつも議論に負けるから、なるべく顔を合わさないようにした。何か同意しかねるようなことをわたしに言いたい場合は、リーズロッテに指示して誰かからわたしに言わせるか、メモを書いて朝食のわたしの皿のそばに置いておくようにした。このメモを見るたびに生じた胃が締めつけられるような感じを、わたしはいまでも思い出す。わたしが何をしたのか、どんな罰をくらったのかは考えつかない。

いちばんほっとする隠れ家はエヴァの客間で、そこへ行くと叔母たちがいつも同情と愛情をもってわたしの話を聴いてくれた。その秋ダニエラはウィーンでワーグナーの講義をするという話を受け、契約に何とかつぎの条件を盛り込ませた――期間はトスカニーニの演奏会がある週とすること、彼とおなじホテルに泊まりたいということ。トスカニーニは彼女の偶像《アイドル》だった。叔母の話では、どうしてパレスティナでユダヤ人オーケストラを指揮するのを引き受けたのか、とたずねたことがある。

「人間性《ペール・リュマニタ》のためだよ」トスカニーニは答えた。彼のことばを繰り返すとき、ダニエラの声はわれて、そのやせて繊細な年老いた顔が賞賛で赤みをおびた。

ハイリゲングラーベに戻るのはつらかった——フリーダ・ライダーやヤンセン、エルナ・カルステンズ、オネーギンほかの人びとと、バイロイトで過ごす楽しいパーティ、遠足、生き生きした会話というわたしの夏は終わったのだ。大学から幼稚園に降格されたみたいだった。修道院のしごとはスムーズに行っておらず、平静をよそおってはいるが尼僧院長は心配していた。彼女が嬉々として陶磁器やグラス、ラズベリー・シロップを買いこんだ皇族訪問は、ナチスのあいだでは学校への悪評となっており、その秋の皇太子訪問が、ハイリゲングラーベは反動的で君主主義だという最終的証拠にされた。

皇太子は日曜の朝、わたしたちが教会に出かける直前に到着した。わたしが階上の〈マウジロック〉、つまりこの年暮らしていた小さな〈ねずみの穴〉にいると、セシールヒェンが戸口に現われて、言った。「パパがあなたに会いたいって」

「どこにいらっしゃるの?」わたしはたずねた。

「知らないの?」と答えて彼女は顔を赤らめた——しょっちゅう赤くなるのだ。「みんな階下《した》にいるわ」ちょうどそのとき騒々しい万歳が聞こえてきた。わたしは笑い出してしまった。わたしは全然知らなかっただけだが、みんなはわたしが皇族にごあいさつするのを意図的に避けて姿をくらましたと思っていたからだ。数週間前ヴァーンフリートでお会いした皇太子は、はじめ馬鹿みたいな制服とベレー姿のわたしに気づかなかったが、知り合いだと認めて両方で微笑んだ。あとで尼僧院長がわたしに言った。「驚きましたよ、フリーデリント、あなたが皇太子様にごあいさつしたときは」だがわたしは院長にこう言ってやった――母がわたしの教育につぎこんでいるお金のことを考えたら、あのくらい当然です、と。

それから少したったある朝、尼僧院長がわたしを院長室に呼んだ。手がふるえ、非常に取り乱しているので、院長はわたしのおじぎを批判的に見るどころではなかった。この学校をただちに閉鎖せよという正式命令をわたしに見せて、母に電話をかけ、その影響力で学校を救ってもらえないかというのだ。わたしは喜んで引き受けたが、母を家でつかまえるのは至難のわざだった。たいてい高速道路をドライブしているか、汽車の中か飛行機に乗っているかだ。午前中ずっとわたしは電話にかじりつき、ようやくその夜母がどこでつかまるかわかった。ほかの生徒たちは憤然としていた。

「フリーデリントは、お母さんと話したいと思えば、午前中サボればいいんだもの」みんなからかった。「先生だってひと言も文句言わないのよね」しかしわたしは本当の理由を打ち明けず、その晩母をつかまえ、母はできるだけやってみると約束した。母は教育文化大臣とブランデンブルク地区指導者をはげしく攻めたてて、この学校が一五〇パーセントナチスだと不当に誹謗されているのだと話し、その施設の精神なり能力にいささかでも疑問があれば、娘をそこで教育したりするはずがない、と言ったのである。

とうとうナチス官僚も妥協することにし、教師として古い神学校レディーズを追い出して、牧師でスーパー・ナチでもある〈技術監督〉という責任者をおいた。彼は尼僧院長にあまりにもひどく当たったから、わたしたちは真底彼をきらい、彼が秩序を回復しようとしてもぜんぜん協力しなかった。三か月間、ナチスが代わりの人間を探しているあいだ、わたしたちは歴史の講義をうけず、文学も数学もなかった。ようやく代わりの教師が一人来たが、彼女は来るなり足を折って混乱を増しただけだった。

ハイリゲングラーベ校が役所の好意で再建されたと知ったあと、尼僧院長は、上級生に当校の切り抜けた窮地を知らせておくべきだと感じ、院長室にわたしたちを集めて母のしたことを話した。名前は出さずに、院長はこう結んだ。「当校が生きのびたのはすべて、ハイリゲングラーベ校救出に駆けつけてくれたある重要人物の、親切かつ寛大な支援のおかげなのです」

もちろんみんな、院長がわたしの母のことを指しているのだろうと思っていた。それ以後友人たちは、わたしが有利な立場を利用すべきだと考えた。週末逃げ出したいときは、みなこう言った、「ヒトラーの名前を出すだけで、すきなだけ休めるのに」。しかしなぜかわたしは有利な地位を利用したくなかったので、ワーグナー家の子どもたちの中では一人だけ、許可願いを書いて見せびらかしたりしなかった――「総統の特別の希望と命令により、私の息子または娘をしかじかの期間欠席いたさせたく……」。

クリスマス休みに母はわたしから、神学校レディーズのなかでパストール氏が悪戦苦闘する話を聞いて大いにおもしろがり、それをヒトラーに話した――ハンサムなハンス・シェムの葬式でバイロイトへ来たときだ。多分それでヴォルフは自分やみんなの健康に敏感になったらしく、その話題がひっかかっていたようだ。母が昼食のとき薬を飲むのを見て、総統は心配そうにたずねた。「医者の処方で飲んでいるのかね？」

「ええもちろん」母はびっくりして答えた。

「ならいいんだ」ヒトラーはうなずいた。「原因がわかっていて医者の処方がなければ、薬は飲まないでほしいな」と言って語ったのは、自分用に処方されていない薬を飲んであやうく死にかけた話だった。ある日昼食で旧友のミュラーが、錠剤をいくつか飲んでヒトラーにもすすめ、胆嚢にすばらしく効くのだと言ったのである。ヒトラーは友人の心酔ぶりに感心し、自分でもその薬を一年ほど愛用したが、とうとう脳卒中に似た発作におそわれはじめた。ハンブルグの党大会後、医師団は事実上サジを投げた。

「その夜、みんなは私に後継者を指名して遺言書をつくれとせまったんだ。私は実際死んだも同然で、だれもその原因がわからなかった。ところがある日、首相官邸で、私が錠剤を飲むのを医者が見たんだ。それを一錠分析させて、成分が純エチルアルコールだけだとわかった。絶対禁酒主義者の私が、最悪のアルコールでわが身を汚染していたんだな」ヒトラーはがっかりしたようにちょっと肩をすくめた。「私は今でも、自分のやり方は避けた食事法をしているよ」

にがい経験の思い出話から、彼は特別可愛がっているニッケルに注意を向けた。ニッケルは容姿を気にする年頃になっており、断食《だんじき》ダイエットをやっていたのだ。うまくいかずに食べてしまう彼女をみんなからかっていた。ニッケルはヒトラー少女隊の制服を着ており、制服姿でもうっとりするほど可愛くて、すらりとした若いからだで黄色いカールを王冠みたいにつけた細面《ほそおもて》だった。ジェリー・ドーナッツを召し上がれという甘いことばにも彼女は動じないので、ヒトラーは司令官の権威を発揮した。

「いいかいニッケル、きみは青年隊の制服を着て、死ぬまで私に従いついてくると宣誓した。私が『ドーナッツを食べなさい』と言っても『ノー』というのかね」

ヴェレーナはヒトラーに向き直り、たまらなく愛くるしい微笑をうかべたが、ドーナッツは食べなかった。

第13章　黄金の葉とヌードル・スープ

休暇が終わってハイリゲングラーベに戻ったあと、ニッケルはドクトル・ヴェイルの診療所に病気の母を見舞うため、イエナへ行った。その帰りにベルリンに寄り、わたしは週末会いに行った。ニッケルは母が来られなくてがっかりしていたが、それはベルリンのお店で見つけるつもりの最新モードの服を買ってもらいたかったからだ。彼女の使う手は絶対確実だった。ニッケルはまず自分で探し、ほしいものを見つけてから、一日か二日母に特別忠実にすごす。つぎに、お店のウィンドウで見つけたんだけどとってもすてきなものをお母様にみせたいの、と何気なく言うのだった。母は出かけて、ニッケルの選んだ衣装が出して見せられ、母はそれを買う——どれもこれも、あたしのニッケルがこれを着たらどんなに可愛いか、とうきうきしながら。実際可愛かった——一四歳にしてニッケルはすらりとした、みごとにあだっぽい少女《リトルコケット》だった。老いも若きも賞賛者は、彼女をお菓子やお花ぜめにしたものだ。

わたしたちは母の借りていたアパートに泊まり、家政婦が世話をしてくれたから、ホテルよりそこが好きだった。わたしはまじめにお目付け役の責任と称して、ニッケルに目を光らせていた。

ニッケルは、日曜日のランチにヴォルフ（ヒトラー）から招待されて興奮した。いつも自分がどこに行くかを彼に知らせ、ヒトラーやゲーリングの車によく乗せてもらっていたのだ。土曜日に、わたしたちは一日で入る約束を全部詰めこんだ――朝はオペラの稽古、昼食はフリーダ・ライダーとすてきなアパートで、オペラのあとは夕食会。

だれもがおなじ話題、ドイツが音楽の砂漠になってしまったという話をしていた。偉大な音楽家たちが、クライスラーやメニューヒン、ラフマニノフ、ハイフェッツ、シュナーベル、ホロヴィッツ、ゼルキン、フーベルマン――ほかにも大勢いる――がみな第三帝国のしごとを断ったかはずされて以来、ナチスにとどまっている国際的評価のアーティストは、めったに公衆の前で演奏しないワルター・ギーゼキングと、エリー・ネイだけだった。バックハウスは当時ヒトラーのお気に入りのピアニストだったが、二人の仲があまりよくないといううわさだった。

「エーリッヒ・クライバーがゲシュタポに仕掛けた冗談って聞いた？」友人たちはたずねた。「フルトヴェングラーのこと知ってる？」

ニッケルはクライバーの国立オペラお別れの話に夢中になった。彼はクリスマスの数週間あとで最後の指揮をしたが、それは『タンホイザー』の特別御前演奏だった。演奏当日の朝、かくしてある武器捜索のためゲシュタポがオペラハウスを徹底的に調べると聞いて、クライバーは、机の引き出しに目覚まし時計を入れて鍵をかけたのだ。ゲシュタポはチクタクいう音を聞きつけ、時限爆弾の疑いのあるものから十分距離をおいて内密に協議をはじめた。ようやく彼らは爆弾破壊装置を取り出し、それからあまり命の貴重でない下級黒シャツ党員に、引き出しをこじ開けるよう命令した。オペラ座のスタッフは内心大喜びで、廊下からそれを見ていたという。

この事件の数日後に、クライバーはドイツを去った。フルトヴェングラーも同時期に国立オペラを追い出された——公式には「辞職」と発表——が、彼のトラブルは主としてティーツェンのたくらみによるものだった。

フルトヴェングラーのナチスとのトラブルは、ゲーリングが〈プロイセン枢密評議会〉をつくったときからはじまった（一九三三年七月）。この知識人の集団にゲーリングが与えたのは、枢密顧問官の称号と、年間六千マルクの報酬、赤いシールと赤リボンで飾り立てた巨大な羊皮紙の任命書、ドイツ鉄道の一等に無料乗車できる特権であった。この栄誉は、ひどい給料カットと相殺されていた。当時フルトヴェングラーは、ベルリンフィルの芸術監督として年間二万五千マルク、国立オペラ音楽監督として二万四千マルクしかかせいでいなかったのに。

彼はドクトル・ガイスマール解任をどうにかまぬがれた——彼女は地方のどこかにいて、ドイツを出られなかった。ナチスが彼女のパスポートを取り上げたからだ。たえずけんかをしては、フルトヴェングラーはユダヤ人音楽家を何とかベルリンフィルにとどめていたが、彼の転落の第一歩は、ゲーリングが新しく授けた〈枢密顧問官殿《ヘールシュターツラット》〉という称号のせいだった。

ティーツェンは陰険に国立《シュターツ》オペラのポスターを掲示して、全職員はドクトル・フルトヴェングラーを今後は〈ヘール・シュターツラット〉と呼ぶこと、と指示した。たちまちオペラハウスの人びとは気の毒なフルトヴェングラーを〈ヘール・シュターツラット〉と非常に誇張して呼んだので、雰囲気がまったく楽しいどころではなくなった。こうした騒ぎはすべてティーツェンがしかけ、ゲーリングにフルトヴェングラーの疑惑を耳打ちするのだった。とくにフルトヴェングラーがレパートリーに、ドイツからとっくに逃げ出した友人ヒンデミットの作品を入れつづけたからである。フルトヴェングラーが政府の全役職から正式に「辞職」したのは、このヒンデミット問題のせいだったが、大指揮者が敗れたのは、敵があまりにも強大だったからだ。彼を辞職に追いこんでだれよりも満足したのはティーツェンだった。

この週末、ティーツェンはことさらわたしたちに親切で、オペラの切符を取ってくれたりいろいろこまごまと気を配ってくれたが、自分がヒトラーの不興を買って母の保護をもとめたいからだとわたしはにらんでいた。母は総統にいつも、ティーツェンがとても偉大な芸術家で、彼がいないとバイロイトを運営できないと話していた。彼が解雇した歌手から起こされた訴訟で、彼女はティーツェン側の証言までしてやったのだ。彼はしょっちゅう訴えられ、いつもあの手この手を使って訴訟に勝っていた。

ティーツェンは楽しそうに、国立劇場管理ビルのなかの彼のオフィスと、数ブロックはなれた国立オペラのほかの場所をみせてくれた。オーベルヴァルストラッセにある彼のオフィスでは、書き物机の下の小さなボタンを押すと、となりの秘書の部屋でディクタフォンのスイッチが入り、彼の訪問者がしゃべったことが全部録音されるようになっていた。彼の話ではこの記録が、日付・時間・人名のラベルを貼って倉庫に保管され、ほしいときに出して来られる。ティーツェンが大いに喜んだもう一つのおもしろい装置は、リハーサルを伝えるだけでなく舞台裏や舞台上のどの区画にいようが、ごく低いささやき声までひろってしまうマイクロフォン・システムだった。彼はそのスイッチを入れて、国立劇場で進行中のリハーサルを聴かせてくれた。

ティーツェンの話によると——彼はおもしろおかしく語ってくれた——、ある日たまたま国立オペラ舞台裏のマイクを上げると、有名なバリトン歌手ルドルフ・ボッケルマンの意見が聞こえた。この男が一九三三年にはげしいナチスに転向し歌劇団の党代表になって以来、ティーツェンはいろいろ頭を痛めていたのだ。歌手の一人がボッケルマンに、どうしてナチになったのかとたずねていた。

「だってそうだろ」ボッケルマンは答えた。「なんと言っても、オオカミ（ヴォルフつまりヒトラー）はわめかせておくしかないものな」この録音は保管され、この芸術監督の役に立つときを待っている。

正式にはティーツェンはナチになったことはないが、ゲーリングにいろんな協力をしていた。自分はドイツでただ一人ナチ宣誓をしていない連邦従業員であると自慢していたけれども、これはナチ体制から生き残った場合死を免れようと計算した離れわざであった。

ヒトラーは最近、自分のデザインにしたがって再建した新総統府に移っていたので、ニッケルとわたしは、彼が装飾家としてなしとげた成果を見ようと興味津々だった。入口で二人はたくさんの親衛隊員に迎えられ、背の高い男たちがかかとをカチンと鳴らして万歳《ハイル》をし、わたしたちを大きな玄関ホールに招じ入れた。わたしは大理石の床や、壁沿いのガラスケースに入った船の模型などをながめた。ここでわたしたちはブリュックナーとカンネンベルクに引きつがれ、たばこの吸える唯一の部屋、青緑色のサロンをぬけて、ヒトラーの客間に向かった。

めずらしそうに、わたしはこの巨大な、堂々とした部屋を見まわした――庭に向かって開いたフランス窓がある。部屋は高さのちがう二つの部分に分かれており、奥のほうに二段上がっていくと、有名な訪問政治家とともにいつも写真に撮られる会議テーブルがおいてある。両側には、高価なタペストリーが壁全体をおおっている。部屋に感心していると、ヒトラーが入ってきた。彼はこの厚いじゅうたんに気がついたかとたしかめたがった。彼の話ではこのじゅうたんは、国際連盟が発注したもので――国際連盟がお金がなくて払えないというから自分が買ったのだという。

ほどなくカンネンベルクが、ヒトラーの朝食の用意ができたと言いにきた。わたしたちは彼について、緑色のサロンを横切り、大きな暖炉とその上にビスマルク時代から残っているかのような紋章盾のある、薄暗い部屋を通りすぎて、食堂と明るいウィンターガーデンに入った。二面がフランス窓で、赤い家具セットが、天井にとどいた温室植物のあいだにおいてある。わたしたちの見ている前で、ヒトラーはグラスのミルクとバターなし食パン二切れを食べた。カンネンベルクがおいしそうな小さいサンドイッチの皿を差し出してくれたが、ヒトラーはわたしの食欲に気づいて、すぐ昼食ができるから食欲をそこなわないほうがいいと忠告した。

みんな食堂にもどり、二〇人ほどが座ったテーブルの席についた。ニッケルはあいかわらずヴォルフと医者のあいだにすわっている。いつも出るヌードルスープを待つあいだに、わたしは室内に目を走らせた。赤い革の椅子、赤いじゅうたん、壁は、フランス窓になっている横手以外はクリーム色だ。大きな料理カウンター台の向こうに油絵――モリッツ・フォン・シュヴィントの描いたバッカスの饗宴――、各壁面の中央の半円形のくぼみには金色のブロンズ彫刻、一つがイヴで、もう一方のアダムと向かい合っている。ゲッベルスがわたしに、夜は彫像に間接照明が入り非常に効果的だと注釈した。

昼食の席では、主としてニッケルとその断食ダイエットに話題が向けられて退屈だったが、それが終わると、ヴォルフは中を全部見たいかとわたしたちにたずねた。「もちろん」二人は声をそろえた。

まずヒトラーはわたしたちをキッチンに連れて行った――巨大な炉床、長いテーブル、でっかい流し、いろんな電気機械、みな新しく、ぴかぴかでモダンだった。一二人ぐらいの料理人が、男も女も、クリーム色のおなじ上っ張りを着て、腕を高く上げてさけんだ、「ハイル！」。ヒトラーは誇らしげに顔を輝かせたが、手はひじのあたりまでしか上げなかった。公式の場でしかまっすぐ伸ばさないのだ。

わたしたちはヴォルフのあとから、居心地のいいビリヤード室や護衛たちの休憩室を通り、彼の作戦室に行った。現代の病院設備がこまごまと全部整っている。

「これは私のアイデアでね」彼は自慢げに言った。「たちどころに、この家のメンバーなら総統府を出なくても手術を受けられる」

わたしたちは広大な客間の控えの間にもどってきた。総統の説明では、夜コンサートを催すときここを楽屋に使うのだという。客間の奥の部分が仮設のステージになったが、彼の計画ではウィンター・ガーデンのとなりに本物のステージつきの部屋を建て、そこで三百人以上のディナー客をもてなせるようにしたかったそうだ。

もう一つのドアを開けて、ヒトラーは二台の映写機と完全な映写設備、各国の何百本もの映画をしまった保管庫を見せてくれた。いそいで客間にもどると、彼はボタンを押して、両側のタペストリーをどけて一面の完璧なスクリーンにし、反対側の映写窓を指さした。

「私は夜映画を見るのが好きでね」ヴォルフは話してくれた。「とくにフランス映画だ。フランス人はどの国よりも〈小市民《プチトブルジョワジー》〉の生活を描いている。一般大衆に公開できないのが残念なくらいだ」

ヒトラーは満足げに客間全体を見まわした。

「ニッケル、信じられないだろうが、この部屋はもと四つの小さな穴倉オフィスだったんだ。一息つけるようにするまでに、この建物からトラック二千台分の泥やしっくいを運び出したな。最初見たとき私は移転を拒否したが、最後は何とかなるだろうと思った。ある日私がしごとの視察をしていると、外務省から心配性のこうるさい奴らが何人かやってきた。きみたちも連中の悲嘆の声を聞いただろう。きみのお母さんも叔母さんたちのことをこぼしていた。いや、私にも叔母たちがいて、まさにここ外務省にいるんだ」

二階にあがり、わたしたちはヒトラーの執務室を通りすぎた。三方の壁がガラス戸つきの本棚でおおわれた、黒っぽい板張りの部屋だった。ガラス戸部分は緑の布でおおってある。総統はいろんなサイズや色や厚さの本が乱雑に見えるのがきらいだからである。ドアを開けるとヒトラーの寝室で、独裁者というより女性総督の部屋みたいだった――白い鉄製の寝台架、テーブル、ベッドテーブル、直線的な木の椅子、みな白く塗られて、ほかに何もなかった。部屋の唯一の装飾は、のこる唯一の写真からコピーした総統のお母さんの油絵だった。

みんな窓から庭を見おろしたが、浴室と更衣室は見なかった。というのも、現在ヒトラーの従者をつとめているひよわそうな小柄の臆病者が、独裁者のスーツを手に更衣室から飛び出してきて、ご主人様の聖なる寝室に女が二人もいるのを見てぎょっとしたからだ。しかし、入ってきたとき開いていたクロゼットの一つは目に入ってしまった。ニッケルがわたしを見、わたしも見返した。まるでウォルト・ディズニーの空想の世界みたいに、茶色のシャツばかりがハンガーにずらっと一列にかけてあり――三五か四〇あったと思う。どの左の袖にも鉤十字が縫いつけてあった。二人とも、総統が母の肖像画を見るときにしたような大まじめな顔をしていた。

このころには、ハイヒールをはいたニッケルの落ち着きがなくなり、わたしもすてきな柔らかいソファが恋しくなっていたが、ヴォルフは五月晴れ《メイモーニング》みたいに元気いっぱいで、案内を大いに楽しんでいた。つぎに引っぱっていかれたのはショウブのオフィスを抜けてヒトラーの部屋で、デスクの向こうにレンバッハの描いた鉄血宰相（ビスマルク）の肖像画がかかっており、ヒトラーをこの町あの村の名誉市民にするという無数の巻き物コレクションを、二人で賞賛しなくてはならなかった。「もうすぐ私は第三帝国中の全町村の市民になるよ」とヴォルフは言った。「なかにはすばらしいのがある、本物の芸術品だ。あとで見せてあげよう」わたしたちは弱々しく微笑み、そのときが来ないよう願った。

閣議室でヒトラーは、少なくとも長さ一五フィートはある一枚板の磨きあげたテーブルを指さした。彼はこういう長いテーブルのマニアらしく、大部分はお気に入りの建築家トルーストのデザインだった。二四脚のひじかけ椅子には、プチポワン刺繍の最高国権記章《ホーハイツアプツァイシェン》がナチ色の赤・黒・白で作ってかぶせてあった。この表象《エンブレム》はヒトラーが自分でデザインしたものだ。彼はヴィーラントにこの原画——鷲がその鉤爪で鉤十字を表した丸い盾をつかんでいる——をくれた。各席の前には、鷲と閣僚メンバーの名が金箔になった赤い革の吸い取り紙台がおいてある。その横にインク壺、一つは青で一つは赤、決まった長さに削った鉛筆がある。壁の高いところに、北欧ゲルマン伝説の場面を描いたタペストリーがあり、その上にこれまたビスマルク時代のお下がりみたいなシャンデリアがぶら下がっている。

また階段を上って、補佐官たちの部屋、ゲストルーム。複数のゲストルームはあまり魅力的ではなかった。

「ベルリンに来てアパートで面倒見てくれる人がいないときは、いつでもここに来て泊まっていいんだよ。きみたちが来てくれると私もうれしいし、ママも私がしばらくきみたちの面倒をみてるとなればきっと安心するだろう」

二人はあわててヒトラーにお礼を言い、そんなことが起こらないほうがいいねとささやき合った。ニッケルはそっと言った、「このいやなゲストルームのどこかに閉じ込められるくらいなら、死んだほうがましだわ」

わたしはまだヒトラーの表情のことを考えていた。外務省からのおせっかい連中のことを話していたときのだ――彼が悩んだり興奮したときによく見かけた燃え上がるような鼻孔である。ドルフスが殺された晩は、ほとんど耳のところまで広がっていた。

「気がついたことある?」出し抜けにわたしは言った。「ヴォルフの鼻ってすごく広くて、口のはじまでとどくことがあるのよね」

第14章　オペラ舞踏会

ハイリゲングラーベ校卒業式には母が来て、わたしをベルリンに連れて行き、一七歳の誕生日パーティをしてくれた。休暇は楽しかったが、あっという間だった。二週間後、母はわたしをシュトゥットガルト近くのグロス・ザクセンハイムの学校に入れた。またしてもニッテルの選択だ。ここは家政学の学校で、大きなモデル農場にはロバ、ぶた、にわとりなどがいて、牛乳加工所、電気育雛器《いくすう》、畑と庭があった。施設全体――教師、管理者、生徒四五人――の面倒はメイド三人だけでみていたので、わたしたちが家事を切り盛りし、ぶたに餌をやり、にわとりの世話をし、とうもろこしの皮をむいて、ジャガイモ掘りをした。のこりの時間に、理論的なにわとり飼育法や農業法、育児法、生活法、家政学、それに実際の赤ん坊の世話まで勉強した。幼稚園クラスやおしめ替えコースでは、村の赤ん坊で実習をしたものだ。

どうして母がわたしをそんな学校に入れたのか、わからない。わたしは農場労働者とか〈主婦《ハウスフラウ》〉

になりたいそぶりなど見せたことがないのだから。母はいつも四〇歳でおばあさんになりたいと言っていたが、それはどちらかというと自分の若さを強調する感情からだった。だがわたしに自分の目的をとげさせようとしていたのなら、期待はずれだったろう。わたしは、花嫁修業などというものは一切しないことに決めていたのだから。

ある極端から別の極端へと飛躍する母のやり方は、感情的にも生理的にも人をまごつかせた。まずわたしたちを何の束縛もしつけもなく育てて、自分が現代的で心が広いと自慢し、子どもたちが野生の小インディアンみたいに育つのを見ては、鉄の規律に助けをもとめたのだ。皇女様の女学校での二年半は、ダイエットといえば貧血を起こすもとだったし、与えられたいちばんはげしい運動といえば午後の散歩だったが、わたしは今度はいきなり、きわめて過酷な肉体労働に放りこまれたのだった。わたしが健康をそこねて大部分寝ついていたとしても意外ではない。

しかしほどなく夏になり、コンスタンツ湖での長い休暇に入った。いつもどおりティーツェンがいて、いろんなニュースを聞いた。パスポートを取上げられて以来事実上ナチスの囚人だったフルトヴェングラーは、「引退して作曲に専念」していた。人びとはゲシュタポのしでかした大失敗をあざ笑った――彼らはスイス国境近くの車中でフルトヴェングラーと誤認した男を逮捕したが、男は無実で、かんかんに怒った平服の牧師と判明したのである。ティーツェンとニッテルは友情などみじんもなかったけれども、二人はゴシップを交換し、財務担当ニッテルはティーツェンに、宣伝省からの命令を伝えた――別途通達あるまで、新聞がフルトヴェングラーの名を印刷することを禁ずる。

シュトラウスもどうやら苦境におちいっているようだった。シュテファン・ツヴァイクあての彼の手紙を読んでいたゲシュタポが、こういう部分に行き当たったのだ。「私はここで帝国音楽局の総裁のふりをしている」とか、「彼らがユダヤ人であろうと、中国人、ホッテントット、ナチスであろうと——だれが気にしようか？ 問題は興行的成功だけだ」シュトラウスの手紙は、帝国音楽局総裁のポストばかりか、ナチスが彼のオペラを一年以上禁止したためドイツでの興行的成功をも危うくした。で彼もまたバイエルンに引退し、ガルミッシュの自宅に引きこもって暮らしていた。

太陽のもとでの夏休みが終わると、わたしは学校にもどったが、グロス・ザクセンハイムの仔豚たちは、その秋わたしにほとんど世話してもらえなかった。一時期サナトリウムですごし、じゃがいもの季節に健康を取り戻すと、わたしはクリスマス休暇で帰宅した。

クリスマス祝日の一、二日後、わたしたちは小さな応接間でお礼の手紙を書いていた。わたしは手紙の書き方がうまいと当てにされていた——手紙を書くなんて、ほかの子どもたちにとっては一年のうち三六四日は常軌を逸したアタマの体操ぐらいに軽視されていたから。でもこの日、兄弟たちはわたしに助けをもとめず、ニッケルがわたしを隅に呼んで自分の手紙のことをささやいた。

「ヴォルフに会いたいの、お母さんが私をドレスデンのあの新しい学校に入れる前に。教えて」と彼女はいかにも人の気をそそる微笑を浮かべた。「どうしたら外交的に如才なくほのめかせる？」

「どうして如才なくほのめかすの？ ほんとに会いたいのなら、率直にそう言ったほうがあの人誤解しないわよ」で、妹に手紙を書いてやった。母は読みもせずに「お礼状」を全部大きな封筒に入れて発送した。

新年の三日前の昼食時に電話がかかり、母はあわただしく食堂にもどってくると、総統がその夜ミュンヘンでわたしたちと夕食をとりたいというニュースを伝えた。二人はまったく罪のない子羊みたいな顔をしていた。

「でも最終の汽車に乗るまで二〇分しかないのよ」母はあえぎながら言った。「ブリュックナーも何の用か言ってくれないの」

時を移さずわたしたちは二階に飛んで行って荷造りをした。

「きっとオペラもあるわ」ニッケルが期待をこめて言った。「イヴニングドレスも持ってかなくちゃ」

ヴィーラントとヴォルフィはもうミュンヘンにいたので、ブリュックナーが二人を連れてくる予定だった。七時に着くと、でっかい親衛隊の男が総統の大きな黒い車で、わたしたちをプリンツレーゲンテン通りのヒトラーのアパートにさっと運びこんだ。

「どうしたんだ、ニッケール」図書室に落ち着いたとたん、ヒトラーのびっくりした声がした（オーストリア訛りでいつもrをつけて「ニッケル」をのばすのだ）。「またやせたな。死ぬほど断食しているのかい？」ソファにぶざまに手足を投げ出し、彼はニッケルのお下げ髪をちょっと引っぱりながら、おそろしい警告として、リリアン・ハーヴェイの話をした。彼女はドイツ映画ファンのアイドルで、ハリウッドに行き減量を強制され、そのあと病床に伏して、日に六回食事をしても元のふくよかさを取りもどせなかったというのだ。かつてのファンは、彼女をまるでみとめなくなり、政府は一財産損をした。

「ほんとだよ、ニッケール」とヒトラーは言った。「みんなやせた女はきらいなんだ」

数分後、夕食が告げられた。

「いそがなくては」ヒトラーが言う。「汽車に間に合うには一時間しかないんだ」

ニッケルは意気揚々とわたしをちらと見た。ベルリン、美術館、オペラ。いちばんいいドレスを持ってきて、ほんとによかった。

青い色の食堂で、わたしの目は暖炉の上の大きな鏡へ、それに映っている若い女のブロンズ胸像へとうごいた。わたしは知っていたが、その少女は総統の姪のゲリ・ラウバル（アンゲラ・マリア・（ゲリ）・ラウバル）で、四年前叔父のアパートで突然なぞの死をとげたのだった。ヒトラーが母に話したところでは、占い師がゲリに銃弾で死ぬと警告していたので、彼女は銃やピストルをヒステリックにおそれていた。それなのに、アパートで一人になることが多いため、ベッドわきにピストルを置いていた。ヒトラーがエルランゲンに出かけた夜、彼女は死んだ。彼の説明によると、ゲリは安全装置をはずそうとして銃を暴発させたらしい。もちろんだれにもわからなかったが、わたしたち子どもの耳には、あらゆるうわさや「暴露物語《インサイドストーリー》」が聞こえてきた。新聞には、ヒトラーが嫉妬に狂って彼女を撃ったのだとほのめかすのまであった。

ゲリを、わたしはずっときれいな女性と想像していたが、ブロンズ像の少女はひたいが低く、ほお骨が張って、広い上向きの鼻と大きすぎる口をしていた。何がヒトラーをそうまで魅惑して、彼女の死を機に肉や酒、たばこまで誓ってやめさせるにいたったのか、わたしはふしぎだった。彼女の死後数年間、彼はクリスマスを祝うのを拒み、一日中あてもなくハイウェイを走り回るのだった。一九三四年になってようやく、ヒトラーはミュンヘンでクリスマス・イブに、「旧戦友たち」と集まりを持ちはじめた。

会話はまだニッケルがしきっており、ゲリの胸像もあまりわたしの気をそそらなかったが、そのあいだにみんないそいでオードブルを食べ——ヒトラーは意外にも一ポンドのキャビアをごっそり取ってだれにもそれをすすめなかった——わたしはスピッツウェグを鑑賞した。絵は暖炉の両側に三枚ずつ、全部で六枚あった。どうして建築や彫刻では超次元的なものを好む総統が、美術商にスピッツウェグを追い求めて高くても買ったのかは、ヒトラーに関する謎の一つだ。しかし、小市民をかくもやさしいアイロニーをこめて描いたこのアーティストは、彼の特別の神だった。

ディナーの進行中、ときどき副官が駆け込んできて、あと何分あるか知らせた。いそいでデザートをすませたあと、わたしたちは親衛隊員二人に引き渡され、彼らはものすごいスピードで駅まで飛ばすと、真新しい四両編成列車の一号車に乗せてくれた。コンパートメントを調べはじめたとき、大歓声がかすかに聞こえ、それが次第に高まって近づいた——群集が総統に歓呼の声を上げているのだ。

ヒトラーが副官に囲まれて、いつもどおり動き出した列車に飛び乗ってくると、ブリュックナーが来て、わたしたちを客間車両に招き入れた。大きな部屋の片隅に蓄音機が置いてあり、その上の銀の花瓶にはちょっと悲しげにみえる花がいっぱい活けてあった。みんなそろそろと歩いた。ヒトラーの説明では、カーブで投げ出されたくないということだった。〈ドイツ国有鉄道〉は運行計画をねって、ヒトラーの特別列車がベルリンとミュンヘンのあいだをどちらか向けに一日四回、一定時刻に予告なしで発車できるようにしていたのだ。

列車は何度か駅にとまったが、窓はカーテンでしっかり覆われていてわたしたちは何も見えなかった。

「カーテンを開けて、どこにいるのか見てもいいかしら？」わたしはたずねた。

ヒトラーは飛び上がって窓のところに来た。

「とんでもない、私がやらなきゃ。まず明かりを消して、外から私が見えないようにする」彼は照明スイッチを切り、カーテンを開けた。わたしたちは窓ガラスに鼻をおしつけたが、小さなバイエルンの町の人気のないプラットフォーム以外何も見えなかった。

朝になると列車はアンハルト駅にそっとすべりこみ、ヒトラーと副官たちははらはらするようなスピードで、ギアを入れて待機していた一団の車で走り去った。けれどもわたしたちは、もっと堂々たる行進をして総統府に行き、イヴ像の見おろす国家食堂の小さなテーブルで、ヒトラーと朝食をとった。わたしたちはベーコン＆エッグスとガチョウの脂肪、ヒトラーはいつものバタなしパン二切れとミルクだった。

総統府での昼食会、つぎの日は大晦日のディナー――ニッケルとわたしはいつ友だちに会えるのだろう？　昼食会はゲーリングがいて楽しかった。彼は自分の地所ショールフハイデからもどったところだった。ニッケルとわたしは、この肉の塊みたいな男から目をはなせなかった。彼は褐色のニッカーボッカーと絹のシャツ、褐色の袖なし上着にかっこよくずり落ちたソックス姿で、おかしかったのは厚いウールの下着がのぞいていたことだ。

わたしたちが急いで去ろうとすると、ヒトラーは総統府の最新追加工事を二人に見せてくれた。二月の休みのとき、ニッケルとわたしに話したステージつきの大食堂である。広大な部屋に入ると、働いている人びとと騒音とおがくずで、はじめは部屋を三つに仕切っている二列の太い褐色ががった円柱の列以外何も見えなかった。チューリンゲン大理石だと総統は説明した。だれかがそれの文鎮を送ってきて、ヒトラーはそれをいたく気に入ったので、破産していた古い大理石工場を再開させたのである。

わたしはその大理石がひどいと思うと口に出してしまったが、彼は、部屋全体が円柱の色を和らげるからと請け合った。半年後にわたしが見たとき、青空モザイクの天井が境い目を金色の鉤十字でふちどりされ、淡黄色の壁、茶色の家具にくすんだ赤、緑、ベージュ色の刺繍が張ってあり、わたしはヒトラーが正しかったことをみとめた。部屋じゅうの丸テーブルで、ディナー客たちは深いひじかけ椅子に身をしずめて、コンサートのあいだぐっすり眠れそうだった。

総統はわたしたちを、大晦日ディナーの前に『連隊の娘』（ドニゼッティ作曲）の公演に招待したが、母は国立オペラの『乞食学生』（ミレッカー作曲）の切符を買ってあるのであとで合流すると彼に言った。どうしてヒトラーがこのオペレッタを何回でも見たがるのかわたしはわからないが、彼の大好きな『メリー・ウィドウ』（レハール作曲）といい勝負だった。ヒンデンブルクが亡くなるまで彼はよくベルリンの国立オペラと国立劇場両方の公演を見にいっていた――国立オペラの大統領の席近くに小さなボックス席をもっており、見られずに出入りできた――が、帝国首相になり、国家元首として前のほうのロイヤル・ボックスに座らざるをえなくなると、オペラに行くのをやめてしまった。多分彼も、大衆の好みの急速な変化を考えたのだろう。一年間は清教徒的《ピューリタニズム》にやったのち、ナチスは百八十度方向転換した。その後舞台やナイトクラブでヌーディズムが当たり前になったので、ストリップを拒否したコーラスガールはやがて失職した。

一一時に総統府に着くと、みんなまだ『連隊の娘』を見ていたが、まもなくヒトラーが上機嫌でショウに満足して帰ってきた。ディナーをとり真夜中になると、大きな鐘の音《ね》を合図に、一同はテーブルのまわりをめぐり、新年を祝っておたがいシャンパンで乾杯した。ヒトラーだけひとり炭酸水でわたしたちと乾杯した。それから彼とブリュックナーは総統府の前に出て、通りでさけんでいる群衆にあいさつした。もどってきた総統は、少女たちから贈られた花を腕いっぱいにかかえていた。

最後は副官や取り巻きが、もっとゆかいなお楽しみへと散ってしまった。執事がジェリー・ドーナッとコーヒー——ヒトラーにはペパーミント・ティー——を持って来、みんな眠そうに話をし、電話やじゃまが入るごとにほっとするのだった。男の子の一人がねむけ覚ましに、建物のほかのところはどうなっているのかたずねた。もう三時近かったと思うが、わたしたちはご主人案内ツアーをはじめた。執務室で、総統はデスクの向こうに立ち、どうやって大臣や外交官に会うのかやってみせてくれた。

「X氏がここに入ってくると、私はいつも大笑いするんだ」と彼は言った。「どうなるかやって見せなくては」ヒトラーはドアのところに行き、腰を前に突き出し左手は左目のモノクルを持っているつもりでよたよたと入ってくると、右手を上げた。

「ハイル、ハイル」高い、変な裏声を強い英語なまりで言ってみせた。それから外交団の新年レセプションのことを話してくれた。

「困ってどうしようもないときって、ございません?」総統がことこまかに英国外交官のまねをするのに笑いながら、母がたずねた。「たとえばロシア大使には、何ておっしゃるの?」

「簡単だよ。こういうふうにただじっと見つめる」ヒトラーは腕を組んで目をぐっと細めた。「ユダヤの古だぬきが赤紫色になったら、ごく親しげにこう聞くんだ、ベルリンの気候はあなたに合いますか、とか、新しい地下鉄の工事で夜目が覚めませんか、とかね」

五時三〇分——ようやくヒトラーの就寝時間になった。翌日の招待はもらわなかったので、ご主人案内ツアーも終わりだとわかった。しかしわたしのベルリンの休日は、それで終わりではなかった。翌日、家族はバイロイトへ帰ったが、わたしは休暇ののこりをベルリンにいていいと言われた。ニッケルもそうしたくて何とかうまくやろうとしたが、結局きれいなドレスを荷造りしてヴァーンフリートへ戻って行った。

休日の祝祭《ガラ》パーティは、今年はゲーリングの年頭オペラ舞踏会だった。絢爛豪華な催しで、これ見よがしな浪費について街中そのうわさで持ちきりだった。国立オペラは準備のため三日間閉鎖され、終了後も三日間休演となった――そのあいだにオーケストラ・フロア全体に張られた寄せ木張りのダンス・フロアと、ボックス席からそこに下りる階段とを、作業員が解体撤去するのだ。実際、ゲストは一人五〇マルクずつ取られたが、それでも六公演休止で生じた赤字を埋めるにはいたらなかった。

ティーツェンがわたしを招待して彼のボックスに入れてくれた。ゲーリングのボックスと外交団のあいだの小さなボックスだ。目もくらむようなショウだった。みなオレンジと白の絹布でかざられた周囲の円柱群、ボックス席、舞台上のオーケストラ・テント、国家元帥《ライヒスマーシャル》ゲーリングがシレジアで手織り注文した精緻な織物。四方には小さな噴水が出ており、噴水のないところにはオランダから空輸した赤いバラの巨大な花瓶があった。

夢のような顔ぶれだった。わたしたちの正面には旧ドイツ帝国が座っていた。ブルガリアのフェルディナンド王、皇太子とその兄弟が皇室正装で――わたしたちのとなりは青白い空軍制服の国家元帥《ライヒスマーシャル》だった。

出し物もおなじくきらびやかだった。オペラ座のバレー団全員が伝統的な白とオレンジの絹で踊り、オペラ歌手たちが『ジプシー男爵』（ヨハン・シュトラウス作曲）のコーラスを歌った。階下の宴会場では、ゲスト用の大規模な抽選会《ロタリー》があり、自動車や電気洗濯機、箱入りシャンパンなどが当たった。どの豪華景品も、ゲーリングが業者に寄付させたものだった。湯水のごとくシャンパンがふるまわれ、ダンス・フロアではハンサムで若い空軍将校たちが魅力的なパートナーと踊っていた。

ティーツェンや彼のボックスに集まったアーティストから、わたしは、ゲーリング＝ゲッベルス戦争の最新衝突情報と仕返し合戦の話を聞いた。ゲーリングは帝国中の国立劇場を支配しており、ベルリンには国立オペラ、国立劇場と国立小劇場、ハノーヴァー、カッセルなどにいくつかオペラハウスがあって、すべて大きな利益を出しながら運営していた。国立オペラのオペラ公演、国立劇場の芝居《ドラマ》、国立小劇場の喜劇《コメディ》は、みな大変好評で、切符が取れないくらいだった。なるほど彼は、国立オペラのためにほかのオペラハウスを全部つぶしてしまい、すぐに第一級ソプラノやテナー、バスを大ぜい手中にしたので、全員を出演させられなくなったが、ゲーリングはベルリン随一のオペラを製作していた。指揮者不足すら、すばらしいアンサンブルと舞台で帳消しになっていた。

一方ゲッベルスのほうは、帝国音楽局の責任者として、その他すべての劇場をにぎっていた――とりわけベルリン・ドイツ・オペラハウスは彼のものと考えられていた――が、赤字であった。製作に信じがたいほどの金額をつぎこんで、『メリー・ウィドウ』だけで二五万マルクといわれた。

赤字補塡のためにゲッベルスはドイツ放送会社を買収し、きわめてきびしい経費削減を行ったため、同社はたちまち、ヒトラー体制以前に契約した交響楽団やすぐれたアーティストを維持できなくなった。

ところが、ヒトラーの支持を得る戦いでは、ゲッベルスが勝った。最初の二シーズンが終わると、総統は国立オペラを見すてて、ドイツ・オペラハウスの熱心なファンになった。そちらはヒトラーの好きな『連隊の娘』や『蝶々夫人』、『メリー・ウィドウ』に、安っぽいが派手《はで》やかなバレーをやったからだ。いまでも街で、あのときゲーリングが怒り狂ったことはくり返し語られていた――ヒトラーがユーゴスラビア使節団か何かのために、国立オペラの『アイーダ』御前公演をキャンセルして、ゲッベルスのオペラハウスの方のくだらないバレー『世界のダンス』を見にいったからである。

この興行師は二人ともムチで追い立てる式だったが、ゲーリングのムチは上位ランクのアーティストをひどく痛めつけた。わたしの友人たちはいまだにロッテ・レーマンの脱出のことを話している。レーマンは国立オペラの団員ではなかったが、毎年客演として出ていた。ベルリン公演の予定の数日前に、彼女はドレスデンでドイツ歌曲のリサイタルをしていたが、そこへ親衛隊員が通路を入ってくると歌の途中で手を上げて止めさせたのだ。「ハイル・ヒトラー」と大声で叫んでから、親衛隊員はレーマンに、ゲーリングから電話だと告げた。電話はゲーリングなんかでなく副官からで、大臣のところに顔を出すようにという命令だけだった。

ベルリンにもどるとレーマンは、ティーツェンに伴われてゲーリングの公邸へ行った。えんえん待たされたあげく、ゲーリングが毎日の乗馬のあいまに駆け込んできて、すぐもどるからと彼女に告げた。半時間後に、上気し顔を紅潮させて庭からもどると、ゲーリングは乗馬ムチをふりまわしながら、レーマンに、ドイツ国内だけで契約するか、さもないとドイツ国境は永久に閉じられてしまうが、どちらかを選ぶよう言った。選択はできています、と彼女は答えた。この会見以後、ロッテ・レーマンは二度とふたたびドイツに足を踏み入れなかった。

アーティストは過剰なのに、有名な指揮者はゲーリングの手からどんどん離れていった。指揮者不足をなげいて、彼はこう言った、「何とかしてフルトヴェングラーとクライバーとクラウスを、国立オペラに同時に雇えればな、ちゃんとしたことをやれるんだが、しかしみんな誰かがやめないかぎり来てくれない。ひどいものだ」

ゲーリングがまちがったやり方をしていることはみなわかっていた。エーリッヒ・クライバーはドイツを去り、フルトヴェングラーは不興を買っており、クレメンス・クラウスはあまりきらわれたのでやがて祭り上げられようとしていた。しかもティーツェンと何度も衝突してからだった。悪賢いティーツェンは、とうとうこの指揮者を芸術監督の部屋で口論に駆り立てて、いついつこんな場合にこんなコメントをした、とクラウスに言った。クラウスはティーツェンを嘘つきとののしっていたが、自分の声を録音で聞かされて真っ青になり、オフィスから飛び出して逃げてしまった。まったく言われるままに、当時まさに島流しという意味でドイツの芸術センターと公言されていたミュンヘンへ、彼は大喜びで移って行った。音楽監督というクラウスの新しい地位は、帝国最高の呼び名と称されていた。いかさま師然とした服装のゲーリングを見ていると、彼が現実にドイツに起こった諸悪の主たる扇動者の一人とは信じがたかったのだが。

第15章　英国に言い寄る

一九三六年三月、わたしはニワトリやおしめの世話からもう一度休暇を取った。今度は、友人の子どもに洗礼名をさずけるのでダルムシュタットにいる母と会うためだ。列車から降りると、ラジオとラウドスピーカーがヒトラーの声をがんがん流しており、人びとは当てもなくうろつき、大通りでは軍隊が縦列行進していた。ヒトラーが非武装地帯ラインラントに進駐したのだ。

立ち止まって、ざっざっという兵士の行軍音にかぶる耳ざわりな声を聴いていると、以前わたしが聞き流した無関係なことばやできごとが、組み合わさりはじめた。一つは秋の休日に、友人数人とチェコスロバキア国境近くの小さな町を車で走っていたときのことだ。

「ここは、全住民が家に軍服と武器弾薬を備えている、ドイツ唯一の地域だよ」と一人が言った。

「チェコ人が攻めてきたら、二四時間持ちこたえて、援軍の到着を待つんだ」

一体どうしてチェコ人が攻めてくるのか、とわたしがたずねると、彼は哀れむようにわたしを見た。

「いつまでもネンネじゃ困るな。ソ連はチェコスロバキアに一軍団以上置いているし、国中にフランスの将校がわんさといて、チェコ陸軍を訓練しているんだ。国境までは行けないんだぜ。最後数マイルは野外要塞なんだ。きみは気づかなかったろうけど、大抵の木のかげには高射砲がかくしてある」

それから高速道路についてヒトラーが言っていたことだ。

「このバイロイトに新しい〈自動車専用道路《アウトバーン》〉を通すことで、私の将軍たちを同意させるには大変苦労した」と彼は言った。「みんな絶対反対だったが、私が主張したんだ。幹線高速道路《ハイウェイ》を通したくないのはわかるが、どうにか支線を通すことにした」

戦争！　もちろん人びとは戦争の話をしていた。混沌とした思いがわたしのなかでざわめいていたが、かたちのない恐怖だった。戦争とはどんなものか想像つかなかったから。けれども、ラインラントへの道がやがては戦争につながるだろうとわかってはいた。

学校からもどってまもなく、わたしはヴィーラントとその級友、高校を卒業したばかりで勤労奉仕をはじめていた二人をみて、また戦争のことを思い出した。一九三六年の夏だった。ヴィーラントはやっと一九歳、つるはしやシャベルを扱うのは無理だった。第一日曜が面会日で、母とヴォルフィ、わたしは車でドレスデンに行き、ニッケルをひろって街の近くのキャンプにでかけた。ヴィーラントは、泥だらけのシャツと制服でほとんど見分けがつかず、服を着たままで寝ているみたいに見えたが、実際その通りだった。彼は汚れを気にしながら、どうしようもないのだと母に説明した。少年たちは一〇日に一枚の割合できれいなシャツをもらえて、その間きびしい道路補修をし、働くときも寝るときもおなじシャツを強制されたから、ずっと汚れているのだった。

キャンプの主要部分は荒れ果てた工場で、そこが寄宿舎、周囲の壁には小さな四角形のすじが走っており、ガラスの割れた格子窓からはたえずすきま風が吹き込んでいた。浴室では二五〇人の少年たちが二分かっきりでからだを洗い、配管はたった一つという異常さである。三方の壁面に巨大な用水槽が並んでいて、蛇口は一つずつしかない。三つ同時にひねると、水は全然出てこないのだ。

一日中何をしているのか、と母は心配そうにヴィーラントにたずねた。兄は顔をしかめた。道路で八時間働いたあと、少年たちは鋤をさかさまにしてライフル銃にし、えんえんつづく軍事教練をやってニュルンベルクの党大会を盛り上げようとしているのだった。

これほど幻滅した少年集団をわたしは見たことがなかった。みんなの苦情は「虫でもたりない」ような食事であり、指導者であり、何もかもだった。わたしは母をちらと見て、お気に入りの息子が総統《フューラー》のためにこんな苦難を受けていることを、どう感じているのかしらと思った。その目は同情から憂鬱そうだった。母が知りたがったのは、ヴィーラントがそこで耐え抜くには何をしたり、送ればいいのかということだ。だから面会を終えるとすぐ、ドイツの勤労奉仕に反対するむなしいキャンペーンをはじめた。何一つできなかった。不平不満に対してはきびしい罰が与えられるから、苦情はほとんど少年たちのあいだで握りつぶされるのだ――二度目の苦情を言った少年が即座に撃ち殺されることもめずらしくない。どこの労働キャンプでも自殺が頻発していた。

ヴィーラントは結局足に水疱ができ、路上で倒れた。ウィッツンタイドで免除になると、コンスタンツ湖に来たが、主治医がただちに兄を入院させた。化膿炎症《カルブンクル》がからだ中に広がっていた。母は憤然として、そのキャンプのことを〈労働奉仕《アルバイトディーンスト》〉の責任者ハールに報告したが、その結果かどうか、ヴィーラントはまもなく、条件が少しはましな別のキャンプへ移された。彼の勤労奉仕はまだ和《やわ》らげられなかった。まもなくフェスティバルの開幕で、その間はヒトラー自ら兄の解放命令を出すからである。

この夏のリハーサルはとりわけ興味深かった。『パルジファル』にヴィーラントの装置が用いられており、すべてが滞りなく運ぶかどうかみな心配だったからだ。ヴィーラントはすでに舞台装置家として名を成しており、父のオペラにいくつか装置をデザインして提供していた。労働キャンプで弱った足を直すというのも大変だったが、一方でわたしは、兄の装置がどんなふうに機能するか見るのが楽しみだった。

すべては順調に運んでいたものの、わたしたちは、芸術が第三帝国のしもべであることを片時も忘れることができなかった。ティーツェンはたえず電話でゲーリングと相談したり、コヴェント・ガーデンを呼び出していた――ここはゲーリングと、外の世界にドイツ文化を伝えたりプロパガンダする著名なドイツ人音楽家とのあいだの連絡係をつとめていた。あいた時間にティーツェンは新しい「文化交流使節」を組織し、その名前で全歌劇団が、ナチ体制にあまり熱心でない国々へ派遣された。

ヒトラーは「芸術鑑定家」になっていたから、彼の考え《アイデア》は、バイロイトの古顔から恐れと興味の入りまじった目で見られていた。

「いいかい」とみな予言した。「『パルジファル』を見に来ると、総統は花の乙女たちを裸にしたがるだろうな。祝祭劇場を建て直したくないといえばラッキーだよ」

ニュルンベルク歌劇場の改築以来、総統はオペラに対する誇大な概念をはぐくんできた。彼が夢みていたのは超大舞台と、何万という大観客を入れる超大建築なのだ。

「こんな小さな舞台でやるなど馬鹿げている」と彼は言った。「歌手の演技をそこなうし、装置も限定してしまう」

ヒトラーは小都市にむりやり新しいオペラハウス、特大の舞台つき劇場を建てさせようとし、市の首脳部の説明を聞いて頭をかかえた。一万人も収容する劇場を建てると、巨大なオーケストラと、一〇〇人から一五〇〇人規模の合唱団も必要になる。小さな町がどうやってそんな過重な間接費に耐えられるのか？　安い値段にしたとしてもチケットを完売できない、というのだ。

「そんなバカなことがあるか」ヒトラーは言い張り、彼の誇大案に賛成しないかぎりオペラ・プロジェクトに政府助成金を出すのを拒否した。その結果、ニュルンベルクだけがオペラハウスを改築した唯一の都市となった。

さいわいヒトラーは、祝祭劇場を神聖な場所と考えているようだった。

「しかしそのうち」とスタッフの一人が言った。「製作に奇想天外なアイデアをいろいろ出してきますよ」

ヒトラーの筆頭ボディガード、セップ・ディートリッヒが、リハーサル初日に到着した。総統の安全保護策を体系化した特別護衛隊をつれて。バイロイトは航空機禁止地区と宣言されており、高射砲台が街周辺の丘や傾斜地にかくされていた。バイロイトに近づくと、街へ入る全道路に警官が配置されていて、通過する車をとめては乗っている人に質問をした。フェスティバル関係のスタッフやアーティストはみな、フロントグラスに「通行自由」のステッカーを貼りつけていた。警察は、双眼鏡で遠くからこのステッカーを確認して、わたしたちを通し、貼るのを忘れていてもよく見逃してくれた。わたしはいつも免許証を忘れた――当時は重大な違反だった――が、こわそうな警官が「通行自由」証を見て、通れと手で合図した。

この年ヒトラーは、ヴァーンフリートの改築した独身棟住宅に滞在の予定で、邸じゅう緊張しきっていた。総統到着の数日前から、警官と私服警備係が敷地内にあふれた。牛乳配達、肉屋、八百屋などの若い人は、ヴァーンフリートに出入りの商人だったが、みな番号と写真入りのパスを持たされた。わたしたちもパスを持つよう指示され、自分の家に出入りしたいときは毎回それを見せるよう警告された。ゲストの場合は――重武装した親衛隊員二名がエスコートする場合のみ中に入れるのだった。

開幕の日に、使用人全スタッフがベルリンから到着して、独身棟を引きついだ。窓の下いたるところで親衛隊員が行ったり来たりした。突然、音もなく、ヒトラーが空港から車で到着してレジデンスに入った。自分たちの家のなかで総統との食事に招待され、総統府からきた執事に母の書斎に招じ入れられるのは、奇妙なものだった。

支配者をもてなす、とりわけ総統の習慣に合わせてもてなすのは、バラとシャンパンだけではなかった。ヴァーンフリートの全日常活動《ルーティン》は、夜更かしがふつうで昼まで寝ているヒトラーの好みに合わせなくてはならなかった。朝は、総統の寝室のブラインドが上がり、彼が起きたとわかるまで、みんなささやき声以上の声で話せなかった。エンジン音すら禁止だった。庭師たちはうちの四台の車を押してガレージから出し、車道を抜けて通りまで押さなければならなかった。大いに妥協してもらい犬は置いていいことになったが、正午までは屋内にとどめることという条件だった。わたしは何よりも朝庭に出て、イングリッシュ・シープドッグのトビイを呼ぶのが大好きだった。するとたちまち親衛隊ガードが十数人茂みのかげから飛び出してきて、シイッと口に指を当てるのだった。

バイロイトで過ごす一週間は、音楽以外のことはすべて忘れる、という印象をヒトラーは与えたがったけれども、実際は、彼は一瞬たりとも無駄にしなかった。ボックス席に入って四時から一一時までワーグナーを公的に賞讃する前に、彼はすでに数時間をいそがしく過ごし、飛行機で着いては公演開始前にまたさっと立ち去る大使や閣僚、将軍たちと会っているのだ。ニッケルの寝室から、わたしたちには彼らが何時間もぶっ続けに庭を歩いているのや、話をしているのが見えた――もっぱらヒトラーが喋り、相手はひと言《こと》はさもうとチャンスをうかがっている。ときおりヒトラーは手をふったり足を踏み鳴らしたりするが、ついてきたトビイが忠実に周囲をまわり、自制をうながしている。総統が身ぶり手ぶりを使うと、トビイはほめられたと思って友人総統に飛びつき、その結果ヒトラーの白い上着が汚されてしまうのだった。

ニッケルとわたしにとって、その訪問中いちばん興味があったのは、いろいろうわさを耳にしていたユニティ・ミトフォードの到着だった。母は一年前にミュンヘンでオズワルド・モーズリーと一緒の彼女に会ったのだ。モーズリーをヒトラーは兄弟ファシストとして歓迎していた。その女性にはちょっとがっかりしたと母は認めていたし、ヒトラーの妻という地位には素朴すぎると考え、その結婚が第三帝国と英国との関係を改善するかどうかは疑問視していた。

ヒトラーが妻をもったらどうするかしらとわたしは思ったが、開幕公演に姉のダイアナと来たユニティに会いたくてたまらなかった。

母は総統に、ユニティを昼食会に招待したいかどうかたずねた。ヒトラーは顔を輝かせた。

「それは非常にありがたいな」と彼は確信をもって言った。「ユニティは月に一マルクちょっとで暮らしている。両親が彼女を英国に連れ戻そうと手当をカットしたんだ。一二度帰国したが、いつもまた逃げ出すんだね」

ユニティは魅力的な女性で、銀色がかった金髪に灰色の目をして、ボッチチェリの絵にそっくりだったが、微笑むと見たこともないようなひどい歯並びだった。強いバイエルンなまりでドイツ語を流暢にしゃべり、自分の家族の悪口をいうときは全部英語だった。姉のダイアナは、離婚したレディ・ギネスで、じつにきれいでさわやかな青い目の英国美人だった。この二人の襟ぐりの深いドレスと口紅は、総統のパーティの衆目をあつめた。

ユニティが独英協調をもたらす聖なる任務を実行しているのだという考えは、根拠のないものだった――まったく逆に、彼女は、英国人は大半馬鹿だという認識を植えつけて、ヒトラーに英国への偏見をもたそうとしていたから。総統の取り巻きは彼女を軽蔑していた。多分嫉妬心からだが、じつをいうと彼女がきわめて退屈だとわかったからだ。みんな彼女を〈同乗者《ミトファールト》〉と呼んでいた。どこへでもヒトラーを追っかけていき、党大会、ミュンヘンやオーベルザルツベルクへと彼の特別列車に同乗するからである。ベルリンではゲッベルス夫人が彼女を世話するよう命じられていた。二人はいつも食事に遅れるので、閣僚たちは待たされてぶつぶつ言っていた。

それでも、ユニティみたいな幻滅する例にもめげず、ヒトラーは英国のご機嫌取りにいそがしかった。

「われわれは友人でなくてはならない」と彼はことあるごとに言っていた。「二つの国はおなじ民族から生まれている。英国とフランスが友人だというのは不自然で、民族的にも歴史的にも矛盾する。ゲルマン民族どうしは一体なのだ」

ヒトラーが一年前英国に開放的なジェスチュアをみせて、当時の外相サー・ジョン・サイモンと無任所大臣アンソニー・イーデンをベルリンに招き、海軍協定の議論をしたとき、わたしの母を晩餐会に招待して、サー・ジョン・サイモンのとなりに座らせた。英国生まれのワーグナーの義理の娘がヒトラーに共感していることを示すためだ。母が帰宅すると、わたしたちは彼女を質問攻めにした。

母によると、サー・ジョンはヒトラーの手と目に感嘆の声をあげていたが、イーデン氏は角ぶちのめがねごしに完璧に超然とみつめていた。ときどき彼はめがねをはずしてテーブルに置き、だれか女性が彼の注意をひくとそれをまたかけて彼女をよく見、それから食事をつづけたそうだ。ヒトラーは炭酸水の代わりにシャンパンでだまってゲストに乾杯し、ちょっと飲んでは顔をしかめた。これが彼のゲストに示した最大の敬意であった。

晩餐会の給仕は親衛隊の護衛で、黒ズボンに白いリンネルの上着姿だった。カンネンベルクが合図すると、この目立ちやすいのっぽで金髪の勇者たちは密集隊形でどっと押しよせ、テーブルに嵐をまき起こさんばかりにこれ見よがしに皿を取っていくのだ。

公式訪問者が姿を消したあとで、ヒトラーは友人数人だけを引きとめ、ともに自分の外交手腕を喜んで中学生みたいにひざを打ったり手をたたいたりした。

「ついにうまくやったぞ」彼は大声で言った。「何もかもすばらしい出来だった。うぬぼれた連中だからな、イギリス人は。嘘をつくときですらみごとなスケールでやる。けちなフランス人とはちがう」

その夜ののこりの時間、彼はゲッベルスやゲーリングのおかしな話をし、みんなそれを聴いて笑いころげた。
「ゲッベルスやゲーリング的人間とは何か知ってるかね？」彼は問いかけ、だれ一人そのなぞなぞにあえて答えようとしないと見ると、自分で答えを出した。「ゲッベルス的人間とは、人が一時間に言えるナンセンスの合計であり、ゲーリング的人間とは、人間の胸につけられる勲章の合計である」

バイロイトでも、ヒトラーはまだ英国に言い寄ろうといろいろ計画していた。その一つが、新国王の友人サー・トマス・ビーチャムへの外交的攻撃に集中した。ビーチャムはフェスティバルに来る予定だったので、総統とボックス席を一緒にしたいと招待されていた。何日か過ぎて――ヒトラーは待ち――メッセージが送られた――、がビーチャムという人は現われなかった。そこでヒトラーは『ローエングリン』を見て、とてつもないアイデアを思いついたが、その真相は彼が帰ったあとまでわたしたちには分からなかった。

一方ヒトラーとゲッベルス、ゲーリングは、公演を見て、レストランで夕食をとりながら芸術を論じた――というよりヒトラーの理論を拝聴した。総統は実際に、ティーツェンを不安にするような制作関係のアイデアをいくつか提示したのだ。『トリスタン』の第二幕で、空に照明を入れて月と無数の星を出すという自分の計画を無視されて、総統が不満を抱かないように、ティーツェンは森をうんと深くして、空が全然見えないようにしていた。

ヒトラーもゲッベルスも、『パルジファル』の花の乙女たちが全裸だとどれほど美しいだろうという妄想におぼれていた。『タンホイザー』のヴィーヌスベルク（訳注：官能の愛を求めてタンホイザーがおもむく歓楽の地）もよりいっそう効果的になる、と二人は合意した。ちょうどナチズムが、ヌード・バレエを提供できるくらい優越民族論を生み出した時期だった。ワーグナーも喜ぶだろう、と彼らは信じていた。

けれども、ヒトラーのアイデアの一つが大変よかったので、わたしはそれをミニチュア舞台セットで試演してみたことがある。彼は『神々のたそがれ』の三人の女神《ノルネ》を地球の半球の上に乗せ、そこで世界の終末を歌わせたら、きわめて印象的だろうと主張したのだ。

こうした果てしない議論のあいだ、いちばんはらはらしていた家族のメンバーはヴェレーナで、彼女は学校に戻りたくなくて、ヒトラーから母に休暇の延長を頼むという約束をとりつけていた。日は過ぎていったが彼は何もしてくれなかった。ある午後、ヴェレーナはわたしを音楽室のすみに引っぱっていき、絶望的にささやいた。「ヴォルフはもう出発しそうだのに、ママにわたしの休暇のことひと言も言ってくれないのよ。もう一度頼めないし。どうしたらいい？」

「ほんとにずる休みしたかったら、うまくやってあげるわ」わたしは約束した。

ヒトラーとゲーリングは昼食後打ち合わせのためにライラック・サロンに引きこもったが、わたしはちょっとだけ世界情勢をじゃますることにした。ドアを開け、せきばらいをしながらわたしは部屋に入った。総統とゲーリングはきっと顔をあげて話をやめた。

「何だね、マウジ？」ヒトラーはたずねた。

「ちょっと緊急なんです」わたしは言った。「フェスティバルのあいだ学校を休んでいいってニッケルに約束なさったでしょ」

「ああ、言ったよ」ヒトラーは微笑み、ゲーリングもおもしろそうににやりとした。

「ママに言ってくださいました？」

ヒトラーはまだだと言い、すぐ話すとうけ合った。

「ちょっと面倒かもしれませんが」わたしは注意をうながした。「わたしなら、もっともらしいやり方で説明して、真底気にかけているとわかるように話します」

「ああ、何とかやってみるよ」ヒトラーはどっと笑い出し、わたしが部屋を出るとき、元帥《ゲーリング》の太ったからだはカスタード・プリンみたいに揺れていた。書斎に戻ったわたしはヴェレーナに、うまくいったとうなずいてみせた。

ヒトラーとゲーリングが図書室にもどり、ゲストが別れを告げて去ると、家族は音楽室にあつまった。

「ニ、ニ、ニ、ニッケールはどうするのかな？」ヒトラーは母にたずねた。「ニッケルの女校長に、娘は八月末まで戻れませんと手紙を書いたかね？」

母は書いてないとみとめた。大げさなジェスチュアをし、ヒトラーは大声で民衆相手に演説するみたいに、雷を落しはじめた。

「はっきり言っておくが、私がみなに理解してほしいのは、フェスティバルの期間中バイロイトにいるというのがワーグナー家の神聖なる義務だということだ。ニッケルが学校にもどるなど問題外である。授業に出ることなど、この義務中の最大の義務を遂行することとはくらべものにならん」

ヒトラーはこれをたっぷり二〇分つづけ、次第に怒りをあらわにしていき、部屋の中央に仁王立ちで、両手で荒々しいみぶりをしてはそこら中に興奮してことばをまき散らした。わたしの家族は立ったままでひざをふるわせ、動くこともことばを発することもできなかった。はじめはわたしもだまされた。ヒトラーはこのナンセンスをかくももっともらしい真剣さで持ち出したのである。で、わたしは彼にすすめたことを思い出した。もっともらしいやり方でやってほしいと頼んだのだ。これがそれだった──針小棒大、最大音響で鳴りひびく。わたしはどっと笑い出した。彼は天と永遠とその他何でも考えつくものに呼びかけることに悪魔的な喜びを感じるのだが、一方聴衆のほうはどんどん元気がなくなっていくのである。

とつぜん彼は演説をやめると母のほうに向きなおり、ふつうの声で言った。「まあ、あの子に休暇をあげなさい」

何度かしゃべろうとしたあげく、母はようやく答えを口に出したが、ふだんのトーンより三度は高い声だった。「もちろんです、そういうふうにお考えでしたら。かしこまりました」

わたしは大声で「ブラボー」と言ったが、総統が独身棟に引き上げるまでだれも何も言わなかった。それから家族はわたしを容赦なくやっつけた──あんなに興奮しているときに総統の面前で笑うとは何ごとだ。わたしはだまっていた。ヒトラーが一芝居打ってくれたなんて、だれも信じてくれないだろう。とにかく、ニッケルは休暇をもらったのだ。

演目が一巡し終わりかけると、わたしは、だれもが総統をうやまうヴァーンフリートのばかばかしい雰囲気にくたびれはてたので、バイロイト以外のところへ何時間かでも逃げ出したくなった。で、ある朝、ヒトラーの飛行機が『ラインの黄金』のために何人かゲストを迎えにベルリンに行くとき、母の許可なしにわたしも乗せてもらった。母は怒り狂うだろうが、その嵐《テンペスト》をくらってでも遠足《ジャンケット》の価値はあった。

大きな飛行機の中はパイロット二人と無線士、男の人一人以外だれもいなかったが、帰りはゲストが六人いた。その一人が、新鮮な空気を供給する管の口をおおった小さな赤い蓋の開け方を教えてくれた。その風がとても冷たくていい気持ちだったので、わたしは管を口にくわえた。

「それはやめたほうがいい。病気になるよ」その人は注意したが、新鮮で純粋な空気がからだに悪いとはわたしは思えなかった。ところが、彼の言うとおりだった。夕方までにわたしは声が出なくなり、単調で高いキイキイ声をあげていた。母はぷりぷりして怒り狂った。わたしは母の医者がきらいでのどの吸入とグリセリンを拒否したため、フェスティバルが終わるまで、洞炎《とうえん》（副鼻腔炎）が痛いまま歩きまわっていた。

一方ヒトラーは、護衛やゲシュタポ、金切り声のサイレンとともに引き揚げていたが、二度目の連続演奏《チクルス》のためにサー・トマス・ビーチャムが到着したことを知った。ただちにヒトラーは母に電話して、すばらしいプランを明らかにした。

「ひらめいたぞ」と彼は母に言った。「『ローエングリン』はエドワード（八世）王の戴冠式プレゼントとしてロンドンに行くべきだ」母にはまったく青天の霹靂《へきれき》だった。ティーツェンも祝祭劇場スタッフもびっくり仰天した。

「無理ですわ」母はヒトラーに話した。「コヴェント・ガーデンは小さすぎます。屋根でも取っ払わないと装置を入れられません。それに装置は、輸送を考えて作っていませんから、ロンドンに着くまでにこわれてしまいますわ。また五〇もの違う都市からあつめてきたカンパニイの団員はフェスティバル期間しか契約してないのに、どうなさいます？　大変なお金がかかりますよ」

ヒトラーはあらゆる反対を押し切った。昼夜を問わず電話して、とうとう各責任者は、『ローエングリン』のことを考えるのもうんざりするにいたった。装置はロンドンで作り直せばいい——とヒトラーは主張した——コヴェント・ガーデンのサイズに合わせて。総統が合唱団とオーケストラの全員に出演を命ずるし、主要歌手もつぎの契約からはずせばいい。経費に関して、バイロイトはなやむ必要はない。音楽・技術従業員には二倍の給料を支払う。

母は作業に入った。彼女が見積った経費は百万から二百万マルクだった。母は辛抱づよくヒトラーの電話提案に耳をかたむけ、それを実行に移そうとしたが、彼女は心ここにあらずで、祝祭劇場のスタッフも同様だった。さいわい、段取りが行き過ぎないうちに、総統の頭に浮かんだのは、そのプレゼントが喜ばれるかどうかエドワード王に聞いてみるのも名案だろうということだった。

その返事──国王陛下は十分感謝しておられるが、「公演に王のご臨席を期待する者は一人もおらぬであろうとの仰せです。オペラは王にとって死ぬほど退屈なものですから」

エドワード王に音楽鑑賞の気がなくても全然がっかりしないで、ヒトラーはサー・トマス・ビーチャムを追いかけまわした。ビーチャムはその秋、ロンドン交響楽団を率いてドイツ演奏旅行をしていた。ベルリンではヒトラーから逃げられなかったが、わたしたちにすぐ伝わった情報では、観客の前では総統も二流の人物にみえる結果となったという。「ハイル」を短く言い、だまって総統の一人喋りを待つゲストに慣れていたので、ヒトラーはこのダイナミックな英国人に圧倒されたのだ。サー・トマスは完全に会話を独占し、口をぱくぱくしているあわれな通訳のスピードをとがめるほどだった。会談でのサー・トマスの印象を聞かれて、ヒトラーは簡単明瞭にそれを要約した。

「ドイツの何が悪いかがわかったぞ」

ナチスは、まるで動物園の珍獣のようにこの指揮者にぼう然と見とれていたが、団結して彼にとびきり上等の歓迎を行った。最初の演奏会には、ヒトラーを先頭に高官たち全員が出席し、ドイツラジオ放送局が中継放送した。一曲目がうまく運んで終わると、あたたかい拍手が起こった。突然、拍手の音にかぶさって、わたしには英語の話し声が聞こえたが、それはまぎれもなくサー・トマス・ビーチャムの声だった。

「おやじも気に入ったらしいな」

英語のわかるドイツ人はみな、すばらしいジョークだと思った。あとで聞くとサー・トマスは、生中継されているとは知らずに、第一バイオリンと気楽にことばを交わしたのだった。ドイツを去るまでに、この指揮者は伝説的人物となっていた。

ビーチャムを通じて英国に言い寄ろうとしたヒトラーの思いはそれ以上進展しなかった。彼が誘いをかけようとしたエドワード王が退位して、来年非公式訪問でバイロイト音楽祭に出席することとなり、総統の夢はついえたのだ。その年おそく、わたしはお茶の席で総統に、新国王とお妃の戴冠式プレゼントとして何を贈るつもりかとたずねた。

「たいしたものはない」彼はむっつりと言った。「正式代表を送るが、それだけさ。連中は私に興味ないんだ」

第16章　舞台裏

総統《フューラー》侵入というかげが祝祭劇場から取り払われると、わたしたちはほっと一息ついてくつろいだ週末を過ごし、はなやかな二週目の連続公演に期待するのだった。ティーツェンは、茂みのかげから飛び出してくる警官を恐れずに庭でぶらぶら過ごし、慣らしたスズメとたわむれた。フリーダは丘近くのアパートで夕食パーティを開き、だれもが前向きで快活になるのを感じていた。

こっそり飛行機に乗ったのを母が怒っている——いつもより怒りは長くつづいた——とはいうものの、わたしの胸は高鳴っていた。今年はティーツェンがわたしを助手に任命し、現場のしごとをやらせてくれたので、ノートを持って彼のあとをついてまわり、メモを取ったり彼の指示が実施できているかチェックすることになったのだ。わたしは一八才で、義務感に燃え監督者《ビショップ》みたいに大まじめだった。

間近に彼を見ながら、わたしはティーツェンが教えられるすべてを学ぶのに集中した。舞台監督としては優秀だったけれども、残念ながら彼はマックス・ラインハルト流の過多癖の犠牲者と堕していた。少なくとも人が八〇〇人と、一二頭以上の馬が舞台上をうろつかないと、彼はもう満足できなかった。彼のやり方を父の演出とくらべてみて、結局わかったのだが、ティーツェンのプロダクションはたいてい手が込みすぎていて、楽劇の内的な意味からは逸脱しているのだ。

リハーサルはスムーズな手際のよさで進行した。歌手到着のずっと前に、公演のスケジュールは決まっており、だれも二日つづけて歌わなくてよかった。毎日、歌唱指導のリストと歌唱指導申込みリストが、掲示板と楽屋のドアにも貼り出された。ドイツの習慣では、アメリカと違って、劇場運営側が歌唱指導を提供し、演出家の最良の判断に応じて指導者に歌手を割り当てる。

専門技術者、照明電気技術者、舞台監督助手、装置効果操作係は、ピアノで舞台の進行をリハーサルし、オーケストラはレストラン地下で、台上の指揮者と通常の並びの楽団員とで稽古をした。リハーサルのスケジュールは、たとえばつぎのようになる。

『ラインの黄金』

月曜日	九時〜一一時	木管楽器
	一一時〜午後一時	弦楽器
	一〇時	ピアノ伴奏舞台リハーサル
	三時五〇分〜五時三〇分	フル・オーケストラ
	五時三〇分〜八時	ピアノ伴奏舞台リハーサル

火曜日　九時〜一一時　フル・オーケストラ
　　　　一一時〜午後一時　ピアノ伴奏舞台リハーサル
　　　　三時〜七時　ピアノ伴奏舞台リハーサル
水曜日　一〇時〜午後一時　オーケストラつき舞台リハーサル
　　　　四時〜七時　フル・オーケストラ

劇場の一方でこれが進行しているあいだ、もう一方ではルーデルが合唱団を指揮し、新しい演出では二階で、花の乙女とかワルキューレが稽古している。いたるところで音楽助手が駆けまわり、プロンプトしたり、稽古をしたり、付き添ったり、いつでもスコアを手に、歌手にダメ出しし、キューを出し、照明に合図している。時たま彼らはスコアの要求するエキストラ楽器を演奏する――『ラインの黄金』の鋼鉄板《アンビル》や、『ローエングリン』の雷鳴、オルガンなどだ。通常一ダース以上のアシスタントがおり、そのなかから過去六〇年にすぐれた音楽家たちが何人も出た。フンパーディンク、シュトラウス、モットル、ノック、サイドル、ワインガルトナー、私の父、みんな祝祭劇場で徒弟修業していた人たちである。

この雑踏と活気すべてが、わたしには人生の息吹そのものだった――わたしがいそいで楽屋にもどろうとすると、そこではときに五〇人もの着付け係が王冠や武器や花をもって飛びまわっており、半狂乱の結髪係から身をかわし、ドーランの匂いをかぎ、装置転換係に伝言をとどけ、開幕前にいつも走る電流のような緊張感に、わたしはわくわくした。そう、それが最終幕の下りるまでつづくのだ。幕が下りるのすらスピードが決まっていた。重く優雅な布のひだが、プロセニアムの両側から閉まってくる――『タンホイザー』のはじめ二幕はすばやく、シャープに、そして『パルジファル』は全幕ゆっくりと、ほとんど不承不承。

『ラインの黄金』と『神々のたそがれ』の上演では、いつも特別緊急事態があり、どちらも演出家と道具方の悪夢だった。『ラインの黄金』では休憩なしに三回完全に装置を換える必要があった。『神々のたそがれ』第一幕でも三回あるのだ。『ラインの黄金』ではラインの乙女たちとアルベリヒが大きなエレベーターで降りていくにつれて、ヴァルハラの巨大な岩が押し出されてくる。小人国ニーベルハイムの洞窟の装置が、天井から降りてくると、最後にまたつり上げられてもとの岩になる。タイミングの手違いが起こる可能性は無数にあった。

『神々のたそがれ』はとりわけ神経をいらだたせた。この連続公演で、あるとき、ワルキューレの岩のうしろにはしごを置くのをだれかが忘れた。その岩の上で一人ジークフリートを見送ったブリュンヒルデが退場するのだ。フリーダが下りようと振りかえると、いまにも道具係が岩を転換しようとしているのだが、はしごがなくて下りられない。彼女は岩を動かせと手で合図して、舞台裏まで岩にしがみついていた。たちまちデーマンが袖から飛んできて、下ろされたフリーダの横でどなりまくった――主役の首を折ろうとした不注意な馬鹿者はどこのどいつだ。

終幕のあと、片づけるまえに舞台を横切るのは危険である。通路の柱や壁が実際倒れてくるからだ。〈ウェルズンクの動機〉がはじまると、ティーツェンはすばらしい装置を考案した。波打つ毛布に照明を当てて、廃墟の上を流れるライン川をあらわそうとしたのである。

オペラに何の関心もないわたしの遊び友だちが、何年ものちに話してくれた。まだ十代のころお父さんが『神々のたそがれ』の切符を彼にくれたことがあるそうだ。少年はその前半の分をオペラファンの兄にあげたが、最終幕は自分で見ることに決めた。ブリュンヒルデが白馬をひいて舞台を横切るのを見たとき、彼はその馬が最近プリマドンナを蹴とばしたという地元新聞の記事を思い出した。すると、館《やかた》がくずれ落ちはじめた。彼はパニックにおちいって座席から飛び上がり、となりの席の人に引き戻されて、これはお芝居なのだとささやかれた。けれども彼は、ギービヒ家の館の崩壊があまりにこわかったので、二度とオペラに首をつっこまなくなったという。

舞台裏のしごとのほかに、わたしはいつも母がゲストの世話をするのに感心していた。休憩時間には、わたしは作業着をかなぐり捨ててイヴニングドレスをさっと身につけ、母がわたしにまかせたゲストをもてなすのだった。『ワルキューレ』上演前母はわたしに、最初の休憩時間にうちのボックスでサー・トマス・ビーチャムに会ってお茶につれていき、だれでも好きな人に会わせてほしい、それから第二幕のはじまりで自分に引きついでほしい、と言った。「私は時間がないから、私のことは気にしないで――その休憩時間のお世話はまかせるわ」細かい指示はしなかったけれども、母はビーチャムにばら色のナチズムの絵を見せてほしがっていた。ナチスに語らせて政治の話だけになるより、わたしが自分で話したほうがましかな、とわたしは思った。

心配したほどのことはないとわかった。サー・トマスは政治哲学を聞くムードではなかったからだ。

「ああ」と彼は声をあげて、わたしとヴェレーナを見た。「片隅に若いワーグナーがシャンパン色のガウンを着ているのが見える、反対側には白い襞飾り《ラフルズ》ブラウス姿のリストだ」

サー・トマスはすてきな小型の狩猟ロッジに滞在しており、そこでフルトヴェングラーや友人たちをもてなしたり、間近にせまったロンドンの戴冠式の歌手の契約をはじめていた。ドクトル・ガイスマールは今やサー・トマスの秘書で、彼のホステス、助言者、通訳として働いていた。おもしろいことに、一年前に彼女を避けていた人たちが、そのまわりに群がっていた。祝祭劇場ではお茶と夕食のさい、わたしがよくガイスマールとビーチャムをもてなしたので、サー・トマスはわたしを昼食に招くのを習慣にしていた。こうしてわたしは彼とフルトヴェングラーにしょっちゅう会ったから、母がフルトヴェングラーにうんざりしてきらうのとは対照的に、彼が好きになってきた。

フルトヴェングラーはその年（一九三六年）またバイロイトで指揮をしていた。もっとも彼とティーツェンはいまだにたがいの悪だくみを非難しあっていたけれども。フルトヴェングラーはある種のカムバックを果たしたのだった。この年、彼の新作交響曲が初演され、それがナチ新聞からはげしい批判を浴びたので、その曲は二度と演奏されなかった。にもかかわらず彼はドイツの大オーケストラすべてからしごとを頼まれたが、彼はそれを全部断り、国立オペラにもどってほしいというゲーリングの要請にすら耳を貸さなかった。ベルリン・フィルを指揮したいときは、フルトヴェングラーは自分で楽団員に一公演一万二千マルクを支払った。彼の利益も平均一万二千マルクあがったから、こうして二公演すると彼の稼ぎは、高額所得者のタイトル保持者だったころとおなじになった。

女性の熱中者にとって彼はあいかわらず魅力的だったが、祝祭劇場では指揮者をかくすオケ・ピットの蓋《シェル》のせいで、みな彼を讃える機会を満足に得られなかった。ふしぎなことに、見られていないと、指揮中の有名なフルトヴェングラー体操は出ないのだった。楽団員はよく言ったものだ――ベルリンでは「六四分音符で振る」からついていけない、と。ニッケルは例の悪意のない言い方で彼をからかい、フルトヴェングラーがそれを大変気に入ったので、何でも奇異なことが言えた。彼は自分が指揮するときいつも妹をオーケストラ・ピットに誘ったが、ニッケルは彼の創造的刺戟にされるのから何とか逃げ出していた。

この年はじめて反ユダヤ主義が不幸な変化をみせ、かつては友好的だったバイロイトの雰囲気を一変させた。休憩時間や夕食時に全員があつまって、一つの気楽な大家族みたいにしていたのに、代わりにアーティストたちは小さな集団に分かれはじめ、自分のグループに属していない者を疑わしげに見るようになったのだ。だれがナチのお覚えがめでたいか、だれが没落して危険な知り合いになるかはみんなが知っていたし、だれがスパイかはみんな知らなかったので、人びとは世界を油断なく不信の目でみるようになった。

実際の暴力行為や、ユダヤ人排斥ですら、バイロイトではあまり見かけなかった。だから不安や疑惑という恐ろしい雰囲気がなかったら、私たちはドイツ全土でおこっていることに気づかないままいたかもしれない。バイロイトで苦難をこうむった人をわたしたちは知らなかった。処刑された り強制収容所に送られた友人は一人もいなかった。このやさしく小さな町ではナチ以前の役人たちがナチ組織に乗っ取られ、地域行政自体は変わらなかったのだ。だれもその隣人を迫害しなかった。ユダヤ人の医者や商人、弁護士たちは、患者も顧客も依頼人も失わずにすんだが、のちに上に来た熱狂的な〈ナチの地区指導者《ガウライター》〉が、町の役人はユダヤ人をひいきにしていると文句を言った。そのときでさえ、みな水面下で古い友だちにつつましやかに援助の手をさしのべ——わなにかけるなど絶対しなかった。

母自身の態度は、わたしの知っているほかのナチスとおなじく、不思議なほどちぐはぐなものだった。彼女は漠とした理論で反ユダヤ主義を信じており、客観的にはサー・オズワルド・モーズリイを利用した総統の計画——「ユダヤの脅威」に対して英国下層階級を立ち上がらせるのだ、と口にした。が、私生活ではそんなことを考えもしなかった。母はあいかわらずユダヤ人の店で買い物をし、公然とユダヤ人仕立て屋に行って服の仮縫いをし、地元のナチス指導者をからかって楽しんでいた。数多くの熱烈なヒトラー追従者とおなじく、母は彼を絶対的に信じていたが、党の組織を笑っていた。〈国家社会主義〉でいいものはみなヒトラーのアイデアだった。悪いのはすべて党の失敗であり、総統の知らないところで生じるのだ。

母の場合、彼女は超法規的に生きていた。いかなる制限も母は気にしなかったし、制約は一顧だにせずいつものやり方を通した。冬の救援物資も、スポーツへの寄付も、数かぎりない募金運動も、自分の収入に応じて彼女は寛大に寄付していた。たとえヒトラーが、その金を武器に変えていると再三自慢するのを聞いていてもである。しかし母は、自分が純粋なアーリア人であり、「寄付する」名誉に値するのだという証明のために記入しなくてはならない書類については、冗談めいた答えを書く誘惑に勝てなかった。

こうした寄付金に関して、音楽家たちはシュトラウスの話を脚色して話していた。彼は冬季オリンピック大会が行われたばかりのガルミッシュ（＝パルテンキルヒェン）にまだ引きこもっていた。ナチスは、世界から見るとシュトラウスが偉大なる現存ドイツ作曲家であることに気づき、この大会のために印象的なオリンピック賛歌を書いてもらおうと彼に接触した。シュトラウスはそのしごとをやり、そのうえ全著作権を放棄し、かくしてふたたび党のお気に入りの地位を回復したのである。だがこのみごとなジェスチュアが、彼の精一杯の慈善行為だった。党の指導者がゲームへの寄付金を課しはじめると、人びとは、オリンピックで利益を得るガルミッシュで特別募金運動に着手した。シュトラウスの評判を聞いて、帝国スポーツ総裁自身がシュトラウス家を訪ねた。だが総裁は玄関払いされてしまった。出てきたポーリーヌはひどいバイエルン訛りで彼にこう言ったのだ——ばかげた寄付金集めにわずらわされたくありません。

「私の夫は、あの法外な賛歌をタダで書いたんですからね」と言ってシュトラウス夫人はドアをばたんと閉めた。

というのが冬季オリンピックだった。夏季オリンピック大会は、その年（一九三六年）ベルリンで開催されたが、母にさまざまな追加の難問をもたらした。当局が、フェスティバルを二部に分けるよう要請したからだ。通常通り七月末の二週間、オリンピックのため二週間の中断、八月の後半に二週間フェスティバルを再開して終了する。このためわたしの人生まで複雑にしてしまったが、それは母のやり場のない怒りがわたしに集中したためだった。フェスティバルの第一週目に蓄積されたささいないらいら――リーズロッテのゴシップ、わたしが母のゲストを無視したという告げ口、ニッテルの敵意、ティーツェンの陰険な当てこすり――などが彼女の怒りのもととなったが、本当の原因は、ヒトラーのオリンピック入場券問題だった。母はニッケルの休暇では、自分のよりよい判断に反対する彼に譲歩したが、ヒトラーがわたしたちにオリンピック観戦させるよう主張したときはもっと迷惑がった。

母はベルリンへの旅をひどくいやがった。娘たちを兄弟といっしょにコンスタンツ湖に行かせたかったからだ。娘たちには休暇が必要です、と母は言った。たしかにオリンピックに行くと休みが取れなかったし、ベルリンのアパートは閉まっていた。何もかも道理に合わなかったが、母は同意せざるをえなかった。ニッケルが母のきついおしかりを逃げたので、ほこ先は主犯格、この全体の扇動者だと母が考えるわたしのほうに向けられた。

母はニッケルが友だちの家に泊まるようアレンジし、わたしをフリーダのところに行かせようとした。しかしわたしが転がりこむとフリーダが迷惑だと考えて、わたしは市の案内所に行き、スタジアムからほど遠からぬところに快適なアパートの一室をみつけた。

これからゲームを楽しもうという矢先、フリーダが電話してきた。

「リーズロッテがひどい交通事故に遭ったのを知ってる？　お母さんは一人でそっちへ行ったわ。あなたも帰って行ってあげたら？」

当然わたしはつぎの列車で帰るつもりだった。母がわたしを必要としていると思うだけで胸がときめいたが、フリーダはわたしより冷静で、さきに電話してみたほうがいいと言った。フリーダのアパートから母に電話した。二人で母と話したが、母は冷たくてはっきりしていた。

「わざわざ帰ることはないわ」彼女は言い張った。「あなたの手はいらないし」

でニッケルとわたしは二週間ベルリンに滞在して、出演者やゲストたちとぞろぞろバイロイトにもどり、フェスティバルの後半二週間を過ごした。母は怒りもあらわにわたしたちを迎え、意地の悪いことに、彼女にさからってすぐヴァーンフリートに帰ってこなかったといってわたしを非難した。もっともリーズロッテに関してはどうすることもできなかったというのが本当のところだが――事故のあと運びこまれたバンベルグの病院から動かせなかったのだから。

のこりの二週間中唯一楽しいできごとは、ある晩上演後の夕食の席で起こった。祝祭劇場ではカーテンコールがないので――この習慣はワーグナーがはじめて、バイロイトがずっと従ってきたものだ――、歌手が食事フロアへの階段を下りてきたとき、さっきの演技を讃えたい好きなアーティストに対して、レストランにいる夕食客が拍手をするという慣例になっていた。わたしはフリーダの楽屋にいて、彼女は『ジークフリート』のすばらしい上演のあとイヴニングドレスに着替えた。フリーダが階段に到着すると、その場の客が一人残らず立ち上がり、雷鳴のごとき拍手で迎えたので、彼女は大きなバラの花束を取り落としそうになった。友人と話すため数分バルコニーにとどまったあと、わたしはフリーダの席へ行こうと階段を下りたが、彼女とおなじくらい大きな拍手に迎えられた。はずかしくて赤くなりながら、わたしはフリーダの席へと急いだ。

「あなたのスマートな帽子とドレスのせいよ」フリーダはわたしに言った。「あなたとてもきれいだわ」そのことばは、母がいつもえぐりだしていた傷をいやしてくれた――、わたしは自分をみにくいあひるの子みたいに感じていたのだ。

ヴァーンフリートにシュルツエ・ナウムブルク教授が現われたことでも、ときおり楽しいひとときが過ごせた。ニュルンベルク・オペラハウスを改築しているとき、ニュルンベルクとワイマールの行き来に教授はよくお茶に寄ってくれた。ワイマールのアカデミーで、彼は芸術／建築学部の学部長だった。一年前、ヒトラーがその建物を視察してはげしい怒りを爆発させたとき、わたしたちはこの建築家を気の毒がった。新しいオペラハウスに公式視察団が到着すると、ヒトラーはまず建物を見たがったが、その前にいつもそういう一行のメンバーだったトルースト夫人が、彼に耳打ちしはじめたのだ。この腹黒い女はある建築家の未亡人で、夫はミュンヘンの新しいナチ党本部を設計し、その完成後まもなく自殺した――というか非難する人によれば、ヒトラーの果てしない賞賛演説により自殺に追いやられていた。自殺の動機はともかく、未亡人は、自分も建築家でミュンヘン党本部のインテリアを担当したが、ヒトラーを満足させる他人のしごとはことごとくけなして彼に偏見をもたせ、夫の記憶を何とか新鮮に保っているのだった。

トルースト夫人がニュルンベルクの建物をコメントしたあと、総統はどうしようもない悪態と酷評の発作にかられ、シュルツェ・ナウムブルクが新しい妻に心をうばわれてしごとの手を抜いたと糾弾した。ながいあいだ、その男の名が出るたびにヒトラーはかっと怒り出したが、もっとも母にはのちに党大会のとき、オペラハウスはみごとな建物だと思うと認めたそうだ。

総統の満足を得られないことにがっかりするかと思いきや、シュルツェ・ナウムブルクはあいかわらず熱烈なナチで、北欧ゲルマン民族賞讃を専門にしていた。実際彼はそのタイプが大好きで、かなり短期間にブロンドの北欧ゲルマン系女性四人とあいついで結婚した。おそらく友人のギュンター（ハンス・F・K・ギュンター）がアーリア人について、その特質と人類への永遠の使命に関するエセ科学本を書いていたため、そのおかげで教授も一歩先んじられたのだろう。彼が出したばかりの本は、アーリア人の特徴に関する無数の詳細をあげて、それを写真で示したものだった。そのなかのある章は北欧ゲルマン系の胸部を扱っており、乳首が真の北欧ゲルマン系のピンクより黒い女性にはドイツでの将来はない、と主張していた。アーリア人と非アーリア人の胸部の写真は大変評判になった。

その本が出てからはじめて建築家ナウムブルクと、厳密に北欧ゲルマン系である四人目の妻がお茶に寄ったとき、ヴィーラントとヴォルフィは容赦なく彼をからかって、乳首に関する文章をつぎつぎ引用し、ほかのゲストを面白がらせた。母ですら、自分がその本を笑いものにしていたから、息子たちに腹を立てなかった。彼女はヴァーンフリートに群れ集まるゲストのおもしろい面をみつけるのが、他人とおなじくらいすばやかったのである。

第17章　勤労動員

フェスティバルが終わってもう家にとどまる理由がなくなると、ヴィーラントは勤労動員にもどった。ニッケルとヴォルフィは学校に帰って行った。家にはだれもおらず、動かせるようになってバンベルクの病院からわたしが連れて帰ったリーズロッテだけになった。彼女の顔はほとんど見分けがつかなかった。歯は全部打撲でゆがんでいた。毎日彼女は歯医者に通わねばならず、歯科医はその口を直して見せるつもりだったが、リーズロッテのかわいい生き生きとした顔は台無しになっていた。

母は出たり入ったりだった。家にいるとき、わたしたちはほんのしばらく意見が一致した——母がわたしを成人として、ときには友人として扱ったから——が、ながつづきしなかった。何かで神経がいらいらすると、母はいつも独裁者の役にもどるのだ。それから口論を避けるためいそいで部屋を出て行く。こういうときわたしは、たとえティーツェンでも二人のあいだの緩衝材になってくれたら、と残念に思うのだった。

わたしはかつてないほど落ち着きがなくなり、自分では気づかなかったが病気で、不整脈に悩まされていた。わたしは不安で一杯になり、学校を終えたのだから母がわたしをどうするつもりなのかしらと思った。たしかに母は、わたしが年中バイロイトにいすわってのらくらしているのを期待はしなかった。やがて次第に明らかになってきたのだが、これこそまさに彼女の思うつぼだった。わたしは育ちのいいドイツ娘の旧習に合わせて、結婚するまで家の飾りになることを期待されていたのである。だとするとわたしはできるだけ早く逃げ出さなくてはならない。でもどこへ、どうやって？

想像できるかぎりのことをすべて検討したのち、最良の脱出法は女子勤労動員に志願することみたいに思えた。自分が家から離れられると同時に、しごともましだろう。志願者は自分で動員先を選べるし、六か月の期間中三回移動する権利がある。ちょうどはじまったばかりの強制動員を待っていると、行く先は選べないし、うわさではシレジアとポーランドの国境近くの最悪のキャンプに送られるという。

九月にわたしは申請をし、一〇月一日にベルリン近郊のキャンプ・エリザベス・ホーエに出頭した。ここはベルリンの市場に出荷している青果物菜園地域で、ハンカチみたいな農場を、人びとを都市や工業職から離すために政府が土地建物ごと入植者に提供していた。土壌がほぼ全体に砂質なので、入植者はトマトや果物、いちごを専門に作っていた。

行ってみるとキャンプは、小ぶりの古い農家で、建てられたころはそれなりに優雅にみえただろうと思われた。食堂と、もとは居間だった受付室は寄木張りで、大きな暖炉があり——ドイツでは異例のぜいたくだ——火を燃やすたき木があったら食堂を楽しい場所にしたことだろう。二階でわたしは三つある共同寝室のうちいちばん大きな部屋を割り当てられ、そこでは全四〇人中一五人の女の子と一緒だった。

おたがいクリスチャン・ネームで呼び合ったから、この少女たちがだれかわたしは全然知らなかったが、その晩寝るまえにはみんなの生活のいろんなことがわかっていた——どこに住んでいて、何が好きか、とくにそれぞれのボーイフレンドとの関係など。一人はイワシと酢漬けニシンが大好きだった。その子は夜、すみの二段ベッドの上からみんなにエチケットの本を読んでくれた。手袋をしたりテーブル・マナーに注意するというばかげた考えを、女の子たちは笑いとばした。カニやエビの正式な食べ方の描写は、嘲笑のうずで迎えられたが、わたしはベルリンの上流のレストランで、カニではずかしい思いをしたことを思い出した。それ以後わたしはメニューからカニは決して選ばない、少なくともソースつきでは。

麦わらのマットレスの上で三枚の毛布はぜいたくなようだったが、じつは代用毛布で暖房はなく、窓が全部開いているとわかって、わたしは一晩中ふるえて眠れなかった。朝になるとみんな階下の暗い地下室で顔を洗った。水は冷たく——午後だけ大きな洗面タブにちょっとだけお湯が入る。二階には浴室があり、わたしたちは週に一回、暖房装置がはたらき次第入浴を約束された。

朝六時に、全員作業着を着て階下に駆け下り、健康体操をしてから、服を着て軍隊式に自分のベッドをととのえる。それからいそいで庭に行き、国旗掲揚の儀式をやる。キャンプ指導者が、ヒトラーやほかのナチ唱道からの引用を読む。全員が敬礼するなか、一人の少女が鉤十字旗を掲揚する。それから朝食の時間になる。

ナチ・ソングの合唱が七時半までかかったあと、わたしたちは入植者の農場、または女子組織N・S・Vの事務所――「怒張した静脈部隊《クランプファーデルンゲシュヴァーデル》」とわたしたちは呼んだ――でしごとをはじめた。事務所は村にあって、みんな貧しい人たちの包帯を直したり巻いたりしたが、ほかの人たちほどひどい作業ではないことがわかった。最悪だったのはある農家で、八人の子どもの母親が最近のお産を終えて床についており、ヘルパーは家族の衣服のほかに赤ん坊のおしめも洗わなくてはならなかった。

わたしに最初割り当てられたしごとは、週末の二日間キャンプからいちばん遠い農場に行ってしまいになるものだったが、途中まで一緒に行った女の子によると、それほどひどいものではなかった。片道二五分は楽しかった。一時間近く福祉施設でのしごとから逃げられるからだ。小さな農場で、わたしは女が一人、小児麻痺で寝たきりのやせて黄灰色の顔をした少女といるのに出会った。女の話では、父親はヴェルダーの飛行機工場で働いており、夜までもどらなかった。その母親はいそいでわたしに耕さなくてはならないイチゴ畑を示し、ひと言も言わず家のなかに入っていった。午前中わたしは土を耕したが、すがすがしい秋の陽のもとで一人畑の土を耕すのはいやなしごとではなかった。二時に、わたしは鍬をその家に返し、キャンプまで歩いてもどると、昼食後一時間休んでから自分たちの畑のしごとをはじめた。

実際のしごとはそれほどきつくなかったが、最初二日間は全員キャンプ指導者からえんえん政治の授業を受けた。夕食後は一時間歌を歌い、もう一時間は毎週水曜の晩の大集会のためにフォークダンスの練習についやした。水曜の大集会には入植者とその妻たちがキャンプを訪れ、女の子と踊って政治演説を聴いた。みんな申し込まれたら誰とでも踊らなくてはならない、と女の子たちはわたしに言った。〈民族共同体《フォルクスゲマインシャフト》〉の精神を高めるためだ。一〇時にすべてが終わると、みんな二階に駆け上がり上着を取って来て、凍てつくような庭で気をつけ整列し、腕を上げて国歌を歌いながら国旗をおろすのだった。

二日目、わたしはおなじく小さな農場で豆をつみ、土曜日だったから、農夫の妻から日当を受け取り――わたしたちの労賃としてキャンプは入植者に一日二〇ペニヒ課していた――それをキャンプ指揮官に渡した。日曜日はドイツの感謝祭だったので、キャンプ全員が村へ行って村人と祝ったり踊ったりした。大半の女の子は早起きして制服にアイロンをかけながらおしゃべりに余念がなかった。村の旅館でボーイフレンドと会うのが楽しみだったからだが、わたしはキャンプにとどまって手紙を書き、ベッドに横になっていた――共同寝室の風邪がひきおこしたのどの腫れを直したかったのだ。

お祝いのすんだ晩、翌週の労働予定が発表された。女の子たちにあまり骨の折れない場所で働く機会も与えるため、毎週予定が変えられた。わたしは運のいいことにブラムという、キャンプのすぐそばに農場のある入植者が当たった。もう一人の少女とわたしは、月曜朝の報告をして、農夫とその妻を助けトマトをもぐしごとをはじめた。

ブラム氏は愛想のよい人で、わたしの名前がうまく発音できなかったことから、自分が退役海軍将校でポーランド語、フランス語と英語が話せると言った。彼はもともと東プロシャ出身だったので、わたしの出身地を知りたがった。バイロイトって、フェスティバルの開催されるとこじゃなかったかな。有名なアーティストとかワーグナー家の人って、だれか会ったことある？

わたしはできるだけみじかく受け答えしていたが、ブラム氏は戦前のホテル業というめずらしい体験を楽しげに話してくれた。バルト海に面したダンツィヒ（グダニスクのドイツ語名）近くのソポトに、ホテルを買ったのだという。そのリゾート地の夏祭り期間中、彼はいろんなアーティストをもてなした――話に何人か出てきた私の友人の描写もおもしろかった――が、事業が失敗して、とうとうトマトとイチゴの世話まで落ちぶれてしまったそうだ。わたしが英語を話せるとわかると、労働時間中庭でちょっと実習してくれないかと頼まれたので、トマトのヘタの部分をとりながら、二人は英語で芸術と音楽を論じ合った。

つぎの日、ブラム氏はこの新米農業労働者が大いに気に入って、熱心に英語の議論をつづけたがった。三日目には、彼はわたしがワーグナー家の人間だということを村のニュースで仕入れてきて、わたしを下へもおかずもてなしてくれた。彼はわたしにはげしいしごとをさせたがらず、音楽の話をして時をすごした。しかしわたしとしてはそのほうが、それほどひどくない手仕事よりもくたびれる気がした。若干気分はこわれたが、少なくともそのときは、最終日になってわたしはほっとした。キャンプ指導者はわたしが病気だと気づき、前日に地元の医者がわたしたちを診て健康だと宣言したのに、ベルリンへ行って自分の医師の診察を受けることに同意してくれた。

ハイリゲングラーベの学生時代にわたしを診てくれて、いつも寛大にもう数日ベルリンに留まるほうがいいと診断書を書いてくれた専門医は、わたしを一目見ると血洞腺炎だと言った——これはわたしの組織全体をおかし、三週間以上治療が必要だという。医者は毎日それを抜いて、紫光線ランプで毎日焼く処方箋をくれた。ベルリンで借りられるところがなかったので、わたしはその治療にスタインハルター医師のところへ通った。ドクトルはわたしたちのアパートの近く、ニュルンベルガー大通り《シュトラッセ》に医院をもっていた。

「ずいぶん大胆じゃないか?」先生はたずねた。勤労動員キャンプの制服に鉤十字の腕章をつけて、ユダヤ人医師のオフィスへ入っていったので驚いたのだ。わたしはそれほど大胆不敵とは思わなかったが、制服はいかにも場違いで不愉快だから、キャンプ指導者が私服にもどる許可を書面でくれたときはうれしかった。

わたしが自分を取りもどして治療を楽しみはじめ、毎晩オペラや友人と楽しいときをすごしはじめたかと思うと、母がベルリンに訪ねてきて、治療と罰の意味でわたしをイエナのヴェイル教授の大学病院へ送りこんだ。

あのいやな男のことを考えるだけでわたしは震え上がったが、抗議しても無駄だった。何日間か、母はわたしの部屋を借り、治療の手続きをした。アパートは陰気な雰囲気になり、二人でこもっては怒りをぶつけあっていた。

わたしがどんなにドクトル・ヴェイルを嫌っているか、母にわからせようとしても無駄だった。母にしてみればわたしは強情な、感謝を知らない子どもで、親が最良の医学治療を受けさせようとしているのにだだをこねていたから、わたしの反対を押し切って汽車の切符を渡し、車を呼んで駅に連れて行った。どうしようもなかった。入院用の荷物をつめたスーツケースを持って、わたしはイエナ行きの車中の人となったのである。

第18章　「たくましくなれ」

あきらめと、反抗と、母の口先の無理強いに対する憤慨とで、わたしは急行列車の片隅にすわって、みじめさのあまり窓外をながめる気もしなかった。イエナ駅に列車がすべりこむと、祖父の友人で詩人のハンス・フォン・ヴォルゾーゲンに会った。彼はこの列車でバイロイトへ行くのだ。親切な「ハンス小父さん」は八五をすぎていたが、ひさしぶりに「姪っ子」に会って喜んだ。年老いた両腕でわたしを抱きしめ、あたたかいキスをし、父のことにふれてわたしの心をあたためてくれた。あっという間の出会いと別れで、彼はもう一人本当の「姪」マーゴット・フォン・ヴルフェンをわたしに紹介した。マーゴットはイエナに住んでおり、伯父を見送りに来たのだ。おなじ方角へ行くので、二人はいっしょに歩いた。わたしがひとりで入院しなくてはならないと知ると、マーゴットはついて来て、看護婦に引き渡されるまでいてくれた。そこに閉じ込められた一〇週間ずっと、彼女は毎日わたしを訪ねてくれたものだ。

ドクトル・ヴェイルは緑色の目をまばたかせながらわたしを見、わたしはその男を思いきり嫌悪の情をこめてにらみかえしてやった。あいかわらず太っちょで、怒って逆立てたみたいに赤毛を額からうしろへとかし上げていた。専門医ではなかったので、彼はわたしを耳鼻咽喉科の医師にあずけ、その医師がしゃれたヘッドライトでわたしののどをのぞいて、手術をすすめた。三回もスタッフはわたしの手術準備をしたが、器具を並べて準備万端整うたびに、ヴェイル教授が部屋に駆け込んできて、手術は必要ない、毎日の排膿法で直せると主張するのだった。

で、わたしはこの陰気な場所に、感染症におかされて病み、回復の見込みなく滞在していた。ほんの少しでも自分のしたいことをしようとすると、母の反対と、挫折感、堂々めぐりしか待ち受けていないのだった。誤解されたらい回しされるのにくたびれはて、わたしはベッドに横たわり、無感覚に治療をうけては死にたいと思っていた。死がいちばんいい解決法で、それらから逃れる唯一の道だった。

こうした暗い想いがこころに住みつくと、外向きには敵意あふれるよそよそしさがあらわれ、わたしに近づかざるをえない人をみな怒らせたくなる。だれかがわたしを傷つけるまえにやり返すほうがいい。わたしに踏んだりけったりの情況しかくれなかった――ようにみえる――世界に対して、一八歳のわたしにできる防御はこれしかなかったのだ。

こうして陰鬱にふさぎこんでいると、マーゴットが見舞いに来て心配そうにわたしを見るので唯一なぐさめられたが、五週間後、看護婦がいきなりわたしに服を着ろという。トルコ風呂へ行くというのだ。どうして服を着るのとわたしはたずねた、風呂は病院の中でしょう？

「とんでもない」彼女は答えた。「ここから半マイルほど先の川のところ」

わたしがよろよろと足元もおぼつかなく——ベッドを出ろと言われたのははじめてだった——下りると、看護婦はいそいで注射器とアンプルをいくつかバッグに入れた。彼女がそれをどうするつもりなのか、わたしは知りたがった。トルコ風呂のドアの外に立っていて、心臓発作を起こしたとき注射するのだという。いそいそと楽しそうだが、わたしは絶望のどん底に沈んでいたので、抵抗する気さえ起こらなかった。

二人はじめじめして寒い一一月の日中に出た。こまかい雨と霧のせいで、あまり遠くは見えない。タクシーがいないかともやを透かし見たが、おらず、看護婦は川のところまで町を横切って歩かせると、そこの町立会館でわたしはトルコ風呂に入った——心臓発作は起きなかった。帰り道もまた、冷たい霧にからだがふるえた。翌朝、わたしの頭部は悪化し、教授は手術に同意した。

「風呂でも死ななかったんだから、何しても死なないわ」わたしは教授に言った。「残念でしょ？」自分の反感をぶちまけるには子どもっぽいが、わたしは彼の緑の目を、怒ったときになる妙な具合にいらいらぱちくりさせてやりたかったのだ。

ようやくわたしは回復に向かいはじめた。たぶん、マーゴットとその夫の親切のおかげか、わたしが午後の外出を許されて町でおいしい食事をしたからか、持ってはきたもののみじめさのあまり読めなかった『トリスタン』のスコアのおかげかもしれなかった。理由はともあれ、わたしは自分のなかでささやくかすかな声を聞いたのだ――死にたがるなんて臆病者のすることだ、と。

「なぜ反撃しないのか」とその声は言う。「何の権利があってあきらめるのか、もっと大きな悲惨をかかえた人は数多くいるのに。なぜ彼らを助けようとしないのか。誤解される？　何を？　だれも現実にお前を打ち負かさなかった。だれ一人お前のいのちを直接に、肉体的に、妨害しなかった」

「バイロイトはどうする、お前の責任は、父との約束は？　小さな戦いを挑めるくらいはたくましくなかったか？」

日一日とこの持続する声はしだいに大きくなり、思い出すまでもないくらいになった。まもなくわたしは、『トリスタン』の制作で舞台監督のキャリアをはじめようというお気に入りの夢に没頭していた。わたしはフリーダ・ライダーに長い手紙を書き、彼女のための構想《レイアウト》を描いて、かつらや衣装、装置、照明について微に入り細にわたる詳細を述べた。演技や解釈、さまざまな役を歌う人びとについて、長い論文を紙に書き下ろした。

運命論者で、ふさぎこんだ若者は姿を消し、同時に、かみつくような未熟な皮肉をふりまわすわたしもいなくなった。やる気をなくさせるものはもう何もなかった。おどろいたことに、ものごとは深刻に受け止めるより笑いとばすほうがずっと簡単なのだ。微笑むか笑うかで、悲劇の瞬間になりそうなことでもおかしなできごとに変えられるものだ、という発見は、苦境に立ったときいつもわたしの助けになってくれた。

マーゴット夫妻は、楽しい若手の医者や助手のグループをわたしに作ってくれ、入院二か月ほど過ぎたころから、みんなの非番の多い日曜の午後、わたしのためのパーティを計画してくれた。だがヴェイル教授は除くつもりだった。ずっとおいしい食事やマーゴット夫妻との楽しいひととき、わたしの精神の高揚にもかかわらず、わたしは一週間で九ポンドも体重を落とし、おそろしいほど貧血症になった。教授はわたしの血圧が六〇まで下がっているのに気づき、輸血を命じた。町で午後をすごしていたわたしを連れにきたとき、看護婦はマーゴットに言った。「ミス・ワーグナーはもっと養生が必要です。ご自分がひどくお悪いことに気がついていらっしゃらないようですが」

金曜日に新しい血液がわたしの血管に注入され、スタッフ一同ほっと一息ついて、わたしが静かに床につき、自分の楽しみのために病棟を困らせないよう願ったが、医師が去って五分後、わたしはまた起き上がった。みんなはまるで幽霊を見るようにわたしをみつめ、なぜなのかわたしは見当もつかなかった。輸血でわたしが死ぬとでも思っていたのだろうか。

パーティ前日の土曜日、もう一度輸血が命じられて、今度は二三日ベッドに留めおかれた。日曜日に数時間外出の許可は下りなかったし、出かけられなかっただろう。それを認めるくらいなら死んだほうがましだったけれども。

ちょうど二度目の輸血の土曜日に、母の友だちがわたしを見舞ってくれた。病床にしばりつけられた生活の細部をできるだけおもしろくしたいという自然な衝動から、わたしは彼女に大学の死体置き場《モルグ》、ていねいにいうと〈病理学研究所〉が見えることを教えた。わたしたちは窓から、大きな黒い車が出たり入ったりするのをながめた。解剖されたあと墓地に死体を運んでいるのだ。

「何週間もずっとこれを見てるの？」見舞い客はたずねた。

「ええ」一つ残らず見たのだ。担架にはゴムのシートがかけてあり、その下にはっきりと頭や足の部分が突き出ている。運び手の一人は背が低くてもう一人がとても高いので、遺体が片方に傾くのだ。

この毎日のながめを話すのは容易だったが、自分では認めたくないものの、それが次第に恐怖感を増し、病原菌のこわさに変わって頭にこびりつき離れなくなった。だれかと握手したあと、わたしはひじでドアを開けてできるだけ早く手を洗おうと飛び出しているのだった。今にいたるまでわたしのひじはドア開け機として機能しているが、それがばかげた習慣であることはわたしがいちばんよく知っている。

病院に不慣れな母の友だちは、帰るとすぐ母に電話して、ヒステリー状態で母に頼んだ。わたしをあそこから連れ出すか——何かできるはず——少なくとも病室を移すとかしてあげて、それにあの輸血が必要なものかどうか調べて、と。母は輸血というものを何も知らなかったようだ。彼女は盲目的にドクトル・ヴェイルを信頼し、ドクトルは治療法を彼女に知らせる必要はないと思っていた。母は電話して、病院にかなりの大騒ぎをまきおこした——一体ドクトル・ヴェイルはどんな権利があって母親の許可なしに娘に輸血を行ったのか知りたい、と要求したのだ、
月曜の朝回診にきたとき、ドクトルは怒りで真っ赤になって、あれだけいろんな治療を受けなが

ら病院の悪口を言うなんてお前は不埒な嘘つき娘だ、とどなった。お返しにわたしは彼の目を直視して、とうとうまばたきをはじめさせ、イエナで彼について聞いた不愉快なことを全部話してやった。ある種の勝利をおさめたことは、一時間以内にわたしが別の病室に移されたからわかった。数日後母がたずねて来、医師の許可を得てわたしをニッケルの誕生日パーティのためドレスデンへ連れ出した。熱心なくらいヴェイルは母にわたしが直っていると断言し、バイロイトの家に帰っていい、あとは最終チェックのため戻ってくればいいと言った。

「びっくり仰天もいいとこ」とわたしは思った。「一週間前、わたしは死にかけていた。今週は完全に直ってるんだから」病床に閉じ込められながら自力で戦い道を拓いたということは、わたしにはとてもわくわくする経験だった。父の古い友だちが、ピンチに陥ったわたしを見るとよく言ってくれたことばが、わたしのこころのなかで歌いつづけていた。「Landgräfin, bleibe hart.」(「たくましくなれ、タフでいろよ」)

ドレスデンで、母は思いつくかぎりのことをして、ニッケルとわたしに楽しいときを過ごさせてくれた。わたしたちが一番したかったことはさせてくれなかったが。ニッケルはあの手この手で母に取り入ったけれど、母はルージュや口紅に関しては断固ゆずらなかった。母はお化粧を安っぽくて下品なものと考えており、化粧するような女を売春婦みたいに恥ずべき存在とみなしていたのだ。これは彼女の場合そのとおりだった。母はお化粧を恥ずかしいと思うようなかぐわしい、輝くばかりの英国人の肌をもっていたから。太陽と風のなかを車の幌を倒して何時間走っても――母はそうするのが好きだった――、彼女はすてきな小麦色に焼けるだけで、水ぶくれや赤っ鼻にはならなかった。しかしニッケルとわたしはコージマの青白い顔色をしており、特徴のある色を使ったほうがずっと引き立つのだ。で、わたしたちはわずかなルージュとパウダーの力を借りて、新鮮で若々しい顔にしていた。家をはなれたときだけで、しかられる危険性はよくわかっていたが。

クリスマスはまたヴァーンフリート。今年は何もかも昔どおりの習わしでやったのに、だれ一人とりたててハッピーにはならなかった。叔母たちは去り、父はいなくなっていた。男の子たちは敵意をふくみ、母はわたしの強情さに真底途方にくれていた。わたしは帰宅するたびに、ヴィーラントとヴォルフィをそのつど味方につけなくてはならなかった。家にいないあいだは、みんなわたしのことをニッテルやティーツェンの解釈どおりのけ者で、奇妙な、けしからぬ人間だとみなしていたが、家に帰って一両日で、ヴィーラントはかなり従順に、マウジはけっこういいやつだと認めるのだった。

クリスマス休戦がまず破られたのは、わたしが最終健康診断のためにイエナに戻るときだった。長く苦々しい議論のなかで、わたしは母に言った――ドクトル・ヴェイルにまたわたしの治療をまかせるくらいなら、どんなひどい死に方でもいいから死んだほうがましだ。激昂した母は、わたしの誓約書を書けと要求し、そして、わたしのためにこれほど最善をつくしてきたのに、わたしがそれを受け入れるのを拒否したのだから、もうわたしの健康には責任を負わないと宣言した。母はわたしが本気だと信じていなかったが、結局わたしはその陳述をタイプしてきちんとサインし、みごとに正式にみえるものに仕上げた。その日以来、わたしは必要なときに自分自身の医者を選んできた。歯痛やかぜとか、流感の発病などだが、母は自分の医者たちが請求するとほうもない勘定書から解放されたわけだ。

休日がすむと、母はわたしが労働キャンプで何かするときだと決めた。キャンプからわたしは解放されておらず、母には好都合なことに、わたしはただちに報告することを申し出た。わたしの計画は決まっていた。ベルリンからわたしはキャンプに車を走らせ、指揮官と話をするあいだ待つよう運転手に言った。わたしの健康は一時的に正常だが——とわたしは指揮官に言った——、ケアが必要で、それは当然キャンプでは期待できない。ごくわずかなすきま風でものどにふれると病状が悪化するので、いまは免除書類をもらって夏の期間に再申請したほうが賢明であろう。指揮官は喜んで書類をくれた。使いものにならない病人を受け持たされたくないからだ。貴重な免除書類をバッグにしまい、わたしはベルリンに戻って、母にキャンプから拒絶されたと電話をした。

ここまでは順調だった。今度はベルリンに滞在してわたしのしごとの準備をはじめるためにいい言い分けを見つける必要がある。イエナの病院でふせっているあいだにわたしのこころに浮かんだ音楽の勉強のことは、秘密にしておかなくてはならない。というのは母の考えでは、音楽は女の子に結構なしごとだが、その経歴はしかるべき結婚をするためのものなのだ。パートタイムのしごととというのが十分無害かつ一時的と思えるので、わたしは医者の助手かその手のしごとを見つけるつもりだと手紙を書いた。

だが母はまるで受け入れなかった――オフィスで働くなんて、何のしごとにしろ、大学で勉強するよりもっと娘らしくない。ニッケルを訪ねたドレスデンから母は電話してきて、そこのオペラ舞踏会で会うようわたしを招待した。わたしに行くつもりはないと断言されると、母はかんしゃくを起こして、わたしに家に帰るよう命令した。

「いいえ、帰らないわ――もう家に帰るつもりはないの」わたしはそっけなく言った。

「でもどうして?」母は言い張る。「どうして家に帰りたくないの?」

どうして?――ということばがどっと受話器に転がり込んできた。爪を噛む以外一年中何もすることがないのにバイロイトに留まるなんて、まったく時間の無駄だった。母は、わたしが学校を終え次第職業を選択できるとずっと約束していたから、いまわたしはそうするつもりだった。いいえ、わたしはバイロイトには帰らない。だから脅して無理に帰らすことはできない。

「じゃドレスデンに来て、そのことを話し合わない?」母は催促し、自説にしがみつこうとした。

尼僧院長がわたしを週末ハイリゲングラーベ校に招待しており、わたしは院長をがっかりさせたくなかった。それが真っ先に浮かんだ言い訳だった。それにハイリゲングラーベなら安全で、ドレスデンやバイロイトからはベルリンよりもはるか遠くだった。

好きなことのできる「卒業生」の立場で行くと、ハイリゲングラーベはじつに快適で、わたしは一週間滞在してまだ去りかねていたが、残念ながら母から電話がかかってきた。

「いまベルリン」と母は言った。「ここにいたいのならすぐ戻ってらっしゃい。私は明日の夜発つし、話し合うことがいっぱいあるの」

ベルリンの駅プラットフォームでわたしは、ポーターがわたしの名前を書いた大きな厚紙のボードを持って人ごみの中を来るのを見つけた。「フロイライン・ワーグナーに電報」いそいでポーターに駆け寄ると、母がいた。

「私あての電報なの」母は言った。「今朝はヒトラーの帝国議会へ行く予定だったけど、代わりにお前に会うことにしたわ」

彼女はもう怒っていなかった——母は、自分で何もかも段取りしてそれを順調に進めたいときは、怒りを抱かないのだ。お目付け役としてコックとメイドしかいないアパートに、わたしを泊まらせたくないものだから、彼女はわたしをあるペンションに連れて行った。愛想のいい若い女性がわたしたちにあいさつし、ほぼわたしの警戒心はなくなったが、全面的に気を許したわけではなかった。彼女は著名な詩人の未亡人で、下宿屋をして娘たちのお目付け役をしながら若い息子の教育をしようとしていた。

荷物を置いてから、二人は昼食をとるため自分たちのアパートに向かった。通りに出てくるとタクシーも走る車も見えず、人一人歩いていなかった。曲がり角に二、三台車があるが、駐車中でだれもいない。あたりはがらんとして動くものや生きた人間のすがたは何一つなく、ゴーストタウンに音声だけが響きわたっていた。わたしたちが歩いていくと、ヒトラーの声が街中のラウドスピーカー、窓という窓から二人を追いかけてきた。その耳ざわりな、ほえるようなことばの一斉射撃からは逃れられない。二人はだまって歩きつづけた。一時停戦の白旗を強制され、まるでみすてられた世界の最後の生き残りみたいに。

アパートの静かで親密な雰囲気のなかで、母はわたしにこう言った。わたしをベルリン一流の商業学校ラッカウの速記とタイプのコースに入学させることにした、一か月たてば簿記のコースも取れるだろう。そのころにはわたしも三科目ともゆうゆうこなしていけると思う。たちまちわたしは自分の顔の表情を押し殺そうとした。この世でいちばんわたしのやりたくないことだったが、わたしにささやく声があった。「反対するな。ママは明日家に帰って、ひと月は戻ってこない。そのあいだに自分の好きなようにできる」

母が去る前にもう一戦交えて、わたしは勝った。午前中、ひと言もことわらずにわたしは美容院へ行き、髪を短く切ったのだ。既成事実を突きつけて驚かせるほうが、いろんな脅し文句をさけられてどれほどいいことか。もちろん嵐はあった――予想通り――が、それを逃れてわたしは、毎月の洋服手当の約束を取りつけた。もうわたしは、母が若い娘向きだと考えるドレスを着ろと強制されることはないのだ。もしわたしが魅力的に見えなくても、とっぴな服を着ていようと、少なくとも自分の責任でやれるのだ。大嵐が吹き荒れたが意気揚々の一日を終え、わたしは母を駅に見送ってまっすぐオペラに行き、夜遅く下宿に帰った。

わたしの新しい助言者は何と言うだろう？　この新たな自由に酔いながらもわたしは気をつかっ

た。平和にやりたかったからだ。だがつづく何週間かで、この気持ちのいい女性は親しい友人になった。

「あなた、最初の日私に震え上がっていたでしょう」彼女はわたしに言った。「あんなに不信と疑いの表情はほかに見たことなかったわ。あなた私のことを、お母さんの共犯者だと思ったのね。だからうんとお祈りして、あなたの信頼を得られるようにつとめたの」

母が去った翌日、わたしはフリーダに電話して、ことの経緯を話した。

「ラッカウ校？」彼女は聞いた。「私が生活のために勉強した学校だわ」

それを聞いてわたしは安心した。授業は週六日午前一一時から一時までだが、まもなくわかったのは、週に二回だけ出席すればクラスについていけるということだった。これでたっぷり時間ができ、大学で芸術史のコースを聴講し、昼間はオペラや芝居の稽古を見て毎晩公演を見ることができた。

ティーツェンはその冬親切だった。彼の仕事場すべてに自由に出入りさせてくれたし、スコアの読み方と指揮法の初歩を教えてくれた。ナチスに命令されたたいくつな現代オペラを彼が演出し、それが彼の完璧な演出とぜいたくな舞台だけで何とか救われるのを見ていると、自分が制作に慣れ親しんでいるバイロイトでティーツェンについているよりも、わたしは教わるところが多かった。

彼がわたしの判断を頼りにして、ときにはわたしの推薦だけで人びとを契約したので、わたしは大変自信がついた。よその町の公演を見てくると、わたしはいつも詳細な報告を彼に提出した。何回か彼はわたしをバイロイトの正式スカウトとして派遣し、アーティスト契約に関するわたしの判定を採用してくれた。

こうした活動をしたうえ、ベルリンを探訪する時間もあった。大都会に住んで自由に歩きまわるのははじめてだったので、わたしは街をぶらぶらし、本屋や美術品店をのぞき——美術館や、美しい郊外の田舎はティーツェンと日曜のドライブでよく行ったし、オペラ、演劇、流行のお店やホテルなどを訪ねた。

当時ベルリンの街はヒトラーの二〇年計画にしたがって再構築されており、まるで地震のため半分崩壊したみたいだった。ベルリンっ子はよく冗談を言い合った——もしチェコ人がベルリンを空爆するつもりで飛んできたら、街を見下ろして爆弾を節約するだろう、もう破壊されてるぞ、と。

ヒトラーは未来のベルリンのために、市中をまっすぐ横切る一本の広い大通り《アベニュー》を設計し、各省庁や公立図書館、巨大な新コンサートホール、劇場、美術館を両側に並べるつもりだった。オリンピック大会が行われた跡地周辺には、世界最大の総合大学を建てる予定で、市内のほかの大学をみな吸収することになっていた。この地区のすてきな近代住居ビルは市当局に買収され取りこわされたが、あわれなその所有者たちは、ドイツにはもう私有ビルが存在しないため、どこにも住まいを建てられなかった。破壊は景気よく実施された。街を車で抜けるのに四倍近く時間がかかったが、実際に完成したのは主要自動車道路の拡張だけで、総統によれば大行進《ビッグパレード》のじゃまになる木は切り倒された。それにテンペルホーフ空港の工事（世界一の空港になるはずだった）——そこから主要ホテルへはどこでも一〇分か一五分で行けた。

ヒトラーはこの青写真にうっとりとして、どこへ行くにもそれを持ち歩いた。自分の紙上都市を夢みていたからだ。ウィーン美術アカデミイが彼の入学を拒否していなければ、自分はすばらしい建築家になったはずだとヒトラーは確信していた。自らの壮大な構想を語るとき、彼が恍惚状態におちいるのをわたしはよく見かけた。

「どんなにひどいことになるか、考えてみるがいい、何千年かたって人びとがわれわれの時代の廃墟を発掘しはじめ、第三帝国の建物をこの時代の代表だと発見したら。だが私は、私の新しいビルでそれを判断させるつもりだ」ときどき彼は満足げにうなずいた。「私のおやじは、自分同様私にも下っ端公務員になってほしがった。私が建築家になるなんてあまり考えなかった。ま、おやじは望みをとげて私は自分の希望をかなえたが、この都市に起こっていることを見たら、おやじは満足すると同時に腰を抜かすだろうな！」

たしかにヒトラーの父が天国の法廷から、自分の息子が処刑命令に署名したり建物を破壊しているのを見たら、腰を抜かすだろう。

フリーダとわたしは春の午後よく街を歩き、美術館や画廊に行って、ヒトラーの『退廃芸術展』などを見た――この展覧会では、彼が美術館から集めたりユダヤ人所有者から没収して、ドイツの為替価値を高めるために外国市場に売るつもりの美術品が、最後の機会として展示されていたのだ。

またときどきフリーダは、わたしをベルリン郊外に建てた週末小別荘《コテッジ》に連れて行ってくれた。松林の中のすてきな場所で、庭には小さな黄緑色の芽が出はじめていた。フリーダは自分で苗を植え、土地特有の砂に養分を与えるため自分で表土を敷きつめていた。彼女の楽しみは、きちんとひだを取った窓のカーテンや明るい色に塗った椅子とテーブル、花壇をながめながら、考えることだった――「私がこれを作ったんだ、みんな自分の手でやりとげたのだ」。フリーダのしてきたことが大いに刺激となり、わたしの夢みることも実現可能で手が届きそうに思えるのだった。

その夢のなかに、この春英国に行くという長らく念願の計画があった。フリーダはコヴェント・ガーデン歌劇の仕事で、復活祭後ロンドンに行く予定である。母はずっとわたしを英国にやると約束していたが、いざその時期になるとだめだと言うのだ。もうこれ以上待ちたくないし、わたしにとっては重大事なので、戦略を練っては練りなおし、何十というプランを考えては破棄していた――母を説得できそうなものを一つだけ考えても意味ないから。

第19章　コヴェント・ガーデンの春

わたしがいい考えを思いつくまえに、母がもう一度ベルリンに来てわたしの主導権を取りあげた。母の最初の反対理由はラッカウ商業学校で、出席日数を見て帰ってくるとわたしをとがめたのだ。

「何回授業に出たかじゃなくて、どれくらいわたしが学んだかが重要だわ」わたしは抗弁したが、母はその理屈に耳を貸さなかった。理解できないわたしの行動にとまどい憤慨して、彼女はわたしの友だちやお目付け役にわたしを監視し、時間のあるとき何をしているのか探ってほしいと頼んだ。マダムSは母に、わたしが自分が何をしているか十分わかる年になっており、わたしの行動に責任などもてないと話した。彼女はわたしを守ろうとし、わたしが大人であると母を説得すべくベストをつくしてくれたが無駄だった。

いまは英国行きの話題を持ち出すときではない、とわたしにははっきりわかったので、頭《こうべ》を低くして嵐をやり過ごし、母がバイロイトに帰るのを待った。翌月は非常にいそがしく、そのつぎ母が来たときわたしはまだ準備できていなかった。国立オペラの客演指揮者としてサー・トマス・ビーチャムがベルリンに来ており、ティーツェンがわたしを忙殺していた――この恐るべき英国人をボックス席でもてなしたり、彼が訪問者と夕食をする段取りをしたり、そのホステスとなったりである。

ある日昼食の席で母はわたしにたずねた。「もう速記とタイプと簿記を勉強したんだから、そろそろお前の計画を聞かせてくれない？　将来何をするつもりなの？」

「お母さんもよくご存知でしょ、わたしが何をしたいか」とわたしは答え、いそいで攻勢に出た。「ずっと前約束したじゃない、英語がうまくなるようわたしをまた英国に行かせてくれるって。バイロイトで働くにはいろんなことばが使えないとって、お母さんが言ったのよ」

「いいえ、英国には行かせません」おどろいて、母はそっけなく言った。「どんな事情があっても」

だがわたしは押しこんだ。

「どうしてそんな急に気が変わったの？　サー・トマス・ビーチャムにその段取りを助言してもらうつもりじゃなかったの？　あの人いまベルリンにいるわ。またとない機会だから聞いてみてよ」

母の顔色に朱がさし、声は鋭く、怒気をふくんでいた。

「私がそうしないと決めたの。もうそのことは忘れなさい」

「いいえ忘れないわ。いつもいろんな約束ばかりして、それは忘れなさいというお母さんにはあきあきした。わたしは英国へ行きます」とわたしは母に浴びせかけた。「協力してくれなくても、とにかくあの国へたどりつくわ」

母は本当に怒っていた。喧嘩をさけるために、ベルリンにいるあいだ何日かわたしを無視した。母がバイロイトへ帰ったあと、グランドホテル・エスプラナーデで夕食をするというビーチャムの招待状を、彼女がわざと渡さなかったことがわかった。ゲストは一時間以上待って、わたしのことを詫び状も出さぬ礼儀知らずとこきおろした。

復活祭に学校が一週間休みになったが、バイロイトで長く過ごしたくないわたしは、母に、みじかい週末休みしかないと伝えた。火曜の朝早く簿記の授業に出なくてはならないと――簿記はまだちんぷんかんぷんだったが。学校へのこの意気ごみに母はとまどった。火曜日にライダーが『ワルキューレ』を歌うとは知らなかったのだ。

母の書斎の机のうえに、英国の学校の書類ばさみが置いてあった。では態度が軟化しているのだ。しかしあせらないこと――よく調べると、その学校は六歳から一六歳までの子ども向けらしかった。だがひと言でも反対すると何もかもだめになる――要するに、問題はドイツを抜け出すことだ。学校を選んだと母がわたしに言ったとき、彼女はもっともらしい微笑をうかべていた。

「エマがお前の着るものや何かをまとめるわ。ラッカウ校の修了証書をもらい次第、行ってもいいけど、満足な成績で試験にパスしなくてはね」

それは簡単だった。ベルリンに戻ったわたしは試験を受け、クラスで一番の成績をおさめて母を驚かせた。

ニッケルと離れるのはつらかった。二人はおたがいとても近しく育ってきたから。だがそれ以外は、わたしは大急ぎで準備し、ヴァーンフリートから逃げ出せるのがうれしかった。フリーダは五月はじめ、コヴェント・ガーデンのシーズンにロンドンへ行くときにわたしを連れて行ってくれる予定だった。母はわたしが発つまでは軟化しなかったが、女校長に手紙を書いて、フリーダが連れに来たらロンドンへ行く許可をわたしに出してくれるよう頼んだ。

その学校が——英国という天国のなかでただ一つの暗い影だった。ドイツ人の教師が駅でわたしを出迎えることになっており——その人に会わなければいいのにと思ったが、ちゃんと来ていた。

「大丈夫よ」フリーダはわたしに約束した。「しばらくの辛抱だから」彼女は最初の契約の戴冠式週間のあいだは、泊まるところがみつからず大忙しだったのでわたしを呼べなかったが、六月はじめに『トリスタン』を歌いに戻り、そのあいだにわたしを呼ぶことにした。まさかあれを見逃してしまうとは！　何とかベルリンに留まって、国立オペラで『パルジファル』聖金曜日公演のクンドリー、『ワルキューレ』の彼女の歌を聞きたかったのに。今度は何が何でも彼女のイゾルデを聞き逃したくなかった。

ドイツ人教師がわたしをサセックスの、大きな、果てしなく広がる古いレンガの学校にわたしを連れて行ったとき、生徒たちは休暇でいなかった。そこは多分もともと地方地主《ジェントリー》の家で、森とゆるやかに波打つ牧草地にかこまれ、快適なところだった。立派な図書室でわたしは自分の英語にみがきをかけ、フリーダを待つことにした。

五月の終わり近く、トスカニーニがロンドンに到着したと新聞が報じた。こころに不安な圧迫を感じながら、わたしは彼に手紙を書き、クイーンズ・ホールあてに送った。トスカニーニがどこに泊まっているかわからなかったからだ。六年たってもわたしをおぼえているだろうか、おぼえていてもわたしをナチスと区別してくれるだろうか。ヒトラーをめぐって彼がバイロイトと衝突したことから、あれだけいろいろもめたのだから。来る日も来る日もわたしは、村の郵便配達がのんびりと車道を上ってくるのをみつめたが、返事は来なかった。おそらくトスカニーニは手紙を受け取らなかったのだ。か、多分――信じたくはなかったが――返事を出したくないのだ。

わたしは指折り数えて待ち、ようやくロンドンに行くときがきた。『トリスタン』は六月第一週の予定だった。フリーダがその週末わたしを呼んでくれて、駅で会い、面倒を見てくれることになっている、と女校長に話し、わたしは許可をもらってロンドン行きの列車に乗った。

土曜の午後だった。高くはないが名の知れて定評ある小さなホテルの名を財布に入れ、わたしはタクシーをみつけるとゆっくり走るよう頼んだ。窓から外をながめて見覚えのある通りや公園、建物など、父が七年前に見せてくれたところを見つけたかったのだ。しかし何も記憶を呼び覚まさなかった。巨大な平たい建物がいきなり見えてくるまでは。大英博物館だ！　父と母は入口の石段に立って友人と話し、昼食のためわたしを彼女にあずけようとしている。その光景がはっきり、ありありとわたしの意識に残っていた。

ホテルでわたしはフリーダに電話し、ドクトル・ガイスマールからトスカニーニがクラリッジスに滞在していることを知った。電話してもつながらないので、わたしはそのホテルに行き、全員外出していたため、彼に短い伝言を置いてきた。きっとわたしに会いたがるはずだ。そして今度はまちがいなくわたしの手紙を受け取るだろう。

日曜の晩ピカデリー・サーカスでフリーダと、夕食のテーブルでゆっくり過ごしながら、故国《くに》の話をする。気持ちのいい日で、フリーダのニュースは楽しいものではなかったけれど、二人は満足していた。ティーツェンは、ヒトラーがユダヤ人迫害をはじめたとき、彼女をドイツに誘い呼びもどすためあれほどいろいろ約束したのに、それを一つずつ守りきれなくなり、ますますその存在を危うくしていた。何よりも彼は、その声が国立オペラに影響力をもち、ヒトラーの反感に対して彼を支持してくれるフリーダに、自分の安全を大部分負っていたのだ。いまやわが身が安定してきたので、彼は自分の義務を忘れかけていた。

フリーダは病気上がりで、夫の安全と国立オペラとのもめごとを心配していたが、ここロンドンでは自由な空気を満喫していた。ひそかな陰謀もなければ——明日起こるかもしれない恐怖もない。少なくとも一週間は、人生は本来のかたちで正常かつ予測可能である。月曜日にフリーダはイゾルデを歌う予定だ。彼女のイゾルデを聞いたことのないわたしには、特別な晩になるだろう。だから二人は面倒なことを忘れて、楽しいときを過ごした。

翌朝早く、電話が鳴った。トスカニーニ夫人がわたしを九時四五分にクイーンズ・ホールに来るよう招《よ》んでくれたのだ。わくわくしながらいそいで服を着ると、わたしはお茶を一杯飲み、手早く朝食をすませて時間通りクイーンズ・ホールに着いた。入口には番号がついているようで、わたしは一番からはじめ、大きな咳払いをして眠そうなドアマンを起こすと、トスカニーニと会う約束だと言った。

「このドアじゃない」彼は無関心に言って、わたしを追い払った。

二番ドアもおなじ結果で、三、四番もだめだった。わたしは建物をまわりながら順につづけて行き——ようやく一五番で、横柄なドアマンがわたしにここはオーケストラ入口だと言った。が、マエストロ・トスカニーニがわたしに会いたがるかどうかはわからないらしい。彼はしぶしぶ重い足取りで中に入っていき、待っているわたしは興奮でひざがガくがくした。数分後ドアマンは戻ってくると、かなり真心のこもった口調でわたしについてくるよう言った。わたしたちは階段を下り、薄暗いせまい通路を通ってアーティスト控え室に行った。トスカニーニ夫人がわたしを最初に見つけて微笑んだ。

「マウジが来たわ」と言って、入るよう手招きした。マエストロはふりむくと、両手を広げた。

「むすめの顔だ（Cara figliola）」彼は呼びかけて、わたしの頬にキスした。わたしは興奮して彼に抱きついた。今度もまたわたしは深い安心感をおぼえた。

フリーダやトスカニーニと一緒に、オペラ、美術館やコンサートの一週間、彼らがロンドンの仕事に戻るまでつづいた幸せいっぱいの一週間がすぎて、わたしはサセックスに帰り、学校に戻った。ほとんどの時間わたしはいろんなかたちで英語の勉強をした――文学、芸術史、歴史、朗読法《エロキューション》、個人的にフランス語の上達もめざした。九月にはフリーダ・ライダーがパリ万国博（一九三七年）で、ドイツ代表の国立オペラ一座と共演するはずだった。わたしの友人がみな来て、最高の音楽が上演される。フェスティバルに帰郷するつもりがなかったので、わたしはそれを聞く計画だった。わたしはパリを見たことがなかった。英国以上の生活費はかからない――実際為替レートはもっといいくらいだ――から、何週間かパリにいて万国博を見てみよう。

秘密を共有する友人といっしょに、わたしは毎日早起きしてフランス語を勉強しながら丘陵地帯を歩きまわった。そして夜はお金の計算だった。旅行するにはぎりぎり何とかいけそうだった。ドイツ政府からのわたしの留学許可ではごくわずかな手当しかもらえず、ドイツからお金を持ち出す道が閉ざされていたため、母が工作したのに手当は増やせなかった。毎月わたしはバイロイトの銀行にパスポートを送り、銀行は〈外国為替部〉のはんこを押して小切手と一緒に返送してきた。お金を計算して、だれにも言わずに何とか三週間パリに滞在できるようにした。

九月はじめ、わたしはパリに渡り、クック旅行社経由でリュー・ド・リヴォリ近くの小さなホテルにせまい部屋をみつけて、友人をさがした。母とわたしたち四人の子どもは委員会のゲストとして万国博に招待されていたということだが、母がことわった。わたしもオテル・クリヨンに泊まってぜいたくに過ごせたかもしれないと思うとちょっと皮肉だったが、好きなことをして、夜わたしのせまいぽつんとした小部屋に戻るのも、おなじくらい楽しかったし、多分それ以上だった。

その最初の週、国立オペラ《シュターツオーパー》が栄光に輝いているあいだ、わたしは歌劇団の人たちとずっと一緒に過ごし、ドイツ・パビリオンの上のレストランで食事したり、ゴシップとか最近の陰謀や弾圧のはなしに耳を傾けたりした。フリーダはすばらしい歌を聞かせ、さしあたり何もかも平和だという感じにみえた。

ティーツェンはいつもどおり彼の集まりに全部わたしを入れてくれたが、わたしの行動を指図しようとする昔の習慣から抜けきっていなかった。フルトヴェングラーがわたしと話せるかどうかたずねたのをたまたま耳にしたとき、彼はわたしをオフィスに呼んで注意し、どういうわけかフルトヴェングラーがわたしに会えないようにしてしまった。きっと大指揮者は、バイロイトで起こったことについて自分のこころの重荷をとりのぞきたかったのだ――あの夏は、何をとっても特別熱狂的なシーズンだったから。フルトヴェングラーは非常に不幸な人だった。ナチスは結局彼のパスポートを返していたけれど、パスポートを押さえられていたあいだに彼のニューヨーク・フィルとの契約は無効になり、ドイツ国外では全面的にナチだという悪評をたてられてしまったのだ。ドイツ国内ではナチでないため、彼はたえずしつこく悩まされスパイされているのに。

ドイツ最高の指揮者として派遣された万国博で、彼はティーツェンや政府高官と一緒に無名戦士の墓に花束をささげなくてはならなかった。ナチ代表団が敬礼するニュース写真は、腕を空中に高く突き出す公式敬礼を写しており、ティーツェンは腕を十分伸ばしているが、フルトヴェングラーはとまどったような角度で肩のあたりに手を差し出している。のちに聞いたところでは、ティーツェンは、フルトヴェングラーの裏切り的反ナチ感情の証拠として、この写真をしかるべき筋に示したという。

いくつか金メダルを獲得してドイツ代表団が去ったあと、わたしはのこりの二週間パリを探索して過ごした。だれかがE・V・ルーカスの『パリの旅人』をくれたので、わたしは彼の足跡をたどってパリを発見した。晴れた日の朝早く起き、わたしは昼食でよく会う英国の友だちよりはるかに先に行った。

「マウジにはついていけないよ」みんな抗議した。「きっと鋼鉄製の足なんだ」そこで彼らは一、二時間休憩し、そのあいだわたしは探索をつづけて夕食の時間まで帰ってこない。

ロンドンに戻ると、わたしは学校に帰らず、ハムステッドの親切な家族に部屋を借りた。うっとりするような秋だった。毎日美術館や芸術史のコースを訪ね、ドクトル・ガイスマールやサー・トマス・ビーチャムの好意でロンドン・フィルの稽古に立ち会う許可をもらったりした。母の友人の音楽評論家が、わたしをコヴェント・ガーデンの日曜コンサートやクイーンズ・ホールのコンサート、BBC（英国放送協会）のコンサートなどに連れて行ってくれた。交響曲に親しんだのははじめてだったので、わたしはすっかりその魅力にとらえられ、頭の中じゅうスコアだらけで生きていた。

一一月にトスカニーニがBBCとのしごとで戻って来、〈むすめの顔〉のために時間をとってくれた。わたしにコンサートの切符をくれ、またリハーサルにも呼んでくれたので、わたしは一度もかかさず出かけた。終わってアーティスト控え室に戻ると、そこには大家や新進たちがマエストロに敬意をささげようと集まっていた。親密で友好的な世界だった。あのぶっきらぼうな老ドアマンですら、打ち解けてくれた。わたしはようやく自分に完璧な幸せを与えてくれる空気を生きており、したいことを全部して、愛する人びとと会い、自由を満喫しているのだった。

トスカニーニが〈第九交響曲〉のリハーサルをする朝、ドクトル・ガイスマールが電話してきた。あまり関連のない話をいくつかしたあとで、彼女はいきなり動揺した声で、こう言った。「ちょっと恐ろしいことがおこったの。何なのか私には聞かないでね。話せないから。リハーサルで会いましょう」彼女は電話を切った。

リハーサルに向かう道すがら、わたしのこころは質問だらけだった。わたしはドイツの友人たちの不安定な地位をよく考えてみた——彼らに鉄槌が下ったのかもしれない。突然ジャンセンという名前がわたしのこころにひらめいた。そのつきまとうかすかな第六感が、わたしに言いつづけた。あのバリトン歌手ジャンセンのことだろう。わたしが着いたときリハーサル会場は一杯になりかけていたが、ドクトル・ガイスマールは来ていなかった。オーケストラが集合した。トスカニーニが控え室から出てきて指揮棒で指揮台をたたいた。リハーサルははじまったが、まだドクトル・ガイスマールの姿はない。休憩時間直前になってようやく、彼女がそっとわたしの後ろの席に入って来る気配がし、わたしはいっしょにいる背の高い、ひどくやせた男に気づいた。ヘルベルト・ジャンセンだった。

では、どんな恐ろしいことが起こったにせよ、ジャンセンはドイツに留め置かれてはいなかったのだ。しかし最悪寸前だった。ジャンセンはバッド・キッシンゲンで入浴中、友人が飛び込んできて、すぐ逃げるよう彼に警告したのだ。その日彼の逮捕が命令され、もう一刻も猶予はならないという。奇跡としかいいようがないが、彼はポケットに一〇マルク持っただけで逃れた。それがすべてだった。当時善良なドイツ人が皆していたように、彼は自分のかせいだ金は全部第三帝国に持ち帰っていたから、いま彼は一文無しで、妻エルナのことをひどく心配していた。彼女はとどまってこの事件の処理をし、自分にできる救済策を講じていたのだ。

エルナは大丈夫だとみんなジャンセンを慰めた。彼女は利口だし、物言わぬすべを知っている。のちにエルナ自身がわたしに話してくれたが、ティーツェンのオフィスに呼び出されたとき、彼はエルナにきびしくせまって、ジャンセンが外国に財産をもっていると証言させようとした。

「ヘルベルトは外国に金を持っているはずだ。まともな考えの奴なら一文無しで外国に行くはずがない」彼は主張しつづけた。

「ヘルベルトは違います」その罪を犯すと死刑だなどと聞いたこともないみたいに、彼女はさらりと答えた。「あの人実際的なことは全然だめなんです」外のオフィスを通って去るとき、彼女はティーツェンの秘書があわててディクタフォンの蓋を閉めるのに気づいた。

友人たちはジャンセンを援助したがったけれども、助けは必要なかった。サー・トマスが彼をすぐ日曜コンサートで契約したし、〈ヒズ・マスターズ・ボイス社〉は録音のため彼にたっぷり小切手を提供した。二、三日のうちに、彼はウィーン・オペラ、ブエノスアイレスのテアトロ・コロン、そして最後はメトロポリタンと契約したのだ。

第20章　アーリア人の血

またクリスマスが来た――一九三七年。家を訪ねる――わたしの考えではそういう言い方になる――のは、ニッケルのことが気がかりだったとはいえ、何かこわかった。兄と弟は病気で、二人とも入院しており、母は心配していた。今回はわたしもものの言い方に気をつけて、母に反対の口実などこれっぽっちも与えないようにしよう。せいいっぱい努力すれば、きっと波風立てずに休暇を過ごせる。

空路ベルリンまで飛んだわたしは、ふしぎな都市に降ろされた。見なれた街並み、おなじ家々だが、人びとは変わっており、わたしの親友たちも変貌していた。多分わたしがながいこと「外国に」いたからだが、みんな以前は口にしたことのない批判をささやきはじめていた。おどろいたことに、ヒトラーはもう神聖犯すべからざる存在ではなかったのだ。彼らはわたしに苦々しく話してくれた――総統府の夢みたいなパーティで、踊り手にばか高いギャラを払ったことと信じられない量のシャンパンのこと、ある大臣が自分の別荘に莫大な金を払い、愛人の宝石に大金を投じたことを。ドイツ人はぜいたく好きではないし、浪費にはひどく批判的なところがあり、とくにその金が自分の懐から出ていくときにはきびしいのに。

ヒトラーみたいな「聖なる芸術愛好家」が、わずかにせよその台座が揺らぎはじめたのかもしれないとわかってびっくりし、わたしは総統府を訪ねてベルリンにいることを告げ、総統《フューラー》に面会を申し込んだ。わたしの目的は彼に、リッベントロップ（当時外務大臣）がロンドンでどんな間違いをおかしたかを伝えることだった。英国民はみな誠心誠意ドイツと友好的にやりたがっているのに、大使館におけるリッベントロップの奇妙な行動は、その役に立っていないのだ。

総統府に着くと、カンネンベルクが、わたしは総統と二人きりで昼食をとるのだと言った。階段の下でわたしと会った総統は元気そうで、わたしがこの前三月に会ったときよりむくみは減り、それほど青白くもなかった。彼は新しい小さな食堂にわたしを連れて行った。なかなか優雅な部屋だ。

「気に入ったかね?」感心したようにながめているわたしに、ヒトラーはたずねた。「たまにはまわりに高官たちを並べずに客と二人だけで会いたくてね」

たしかに、わたしはそのくつろげる魅力が気に入ったが、女向きの部屋だった。壁のロココ美人が粉をはたいたかつらと大胆なカットの青いガウン姿で微笑み見おろしており、大声を出す親衛隊の執事とはちょっと不調和だった。一つわたしがとくに好きだったのは——その部屋が威圧的なヒトラー主義の雰囲気から解放されていたことだ。ヒトラーはわたしとおなじようにそこにおさまり、二人は一組のゲストでおたがい自由に話し合った。

二人で豆のスープの大皿に取り組みながら、わたしは、リッベントロップが独英関係にどんな不幸な混乱状態をもたらしたかを話しはじめ、ドイツ大使の鈍さをオーストリアのフランケンシュタイン、ロンドンの外交代表団中いちばん評判がよく同時に尊敬されている大使と比べて強調した。わたしはリッベントロップの誤りという細部にまでいたり、彼の無作法や、シャンパンをばか飲みして招待客の批判をまきおこしたけばけばしいパーティのことにふれた。

総統は豆のスープを横に押しやってわたしをみつめ、顔に赤みがさしてきた。

「きみは間違っている」彼は大声で言い、指をわたしに突き出した。「それは嘘だ。リッベントロップは違う報告をした」

「どうしてリッベントロップがほんとのことを言うんです?」わたしは質問した。

彼が手をふりまわしてわたしをあの青い、催眠的な目でにらんだとき、わたしは自分がばかばかしくなった。リッベントロップのことをわたしが何と言おうと、なるほどわたしは外交官ではないのだ。二人は話題を変え、調和がもどってきた。そしてわたしの気づかぬ間に、親衛隊の執事が総統の薬と水を運んできた。昼食は終わったのだ。タイミングが悪かったが、熱意のあまり英国の情況をヒトラーに伝えるなどというへまをやってしまったのだから、わたしは友人との約束を実行するためにはその機会しかなかった。

「ひとつ大変なお願いがあるんですけど、わたしではなく、わたしの親友のために」何とかニッケルがよくやるように、まつげごしに訴えるごとく彼を見上げたかったのだが、わたしのやり方はまっすぐ突き進むしかなかった。

「彼女の婚約者が大病院の外科医長で、親衛隊軍医なんです。今回彼女が四分の一ユダヤ人だとわかったんですが、会うとそうとは全然想像もつきません。完璧な北欧ゲルマン系タイプです。ユダヤ人だった祖母は、普仏戦争で赤十字の看護婦として働き、最高名誉勲章を与えられました。ニュルンベルク法によればわたしの親友はその医者と結婚できますが、実際には政府から権利放棄証明をもらわないと医者は破滅します。病院も軍医も辞職せざるをえなくなり、患者をみな失います。あなたからひと言おっしゃっていただきさえすれば、小さな町の世話焼きたちがおさまるんですけど」

ヒトラーはきわめて涙もろいところがあり、人間的なやり方で決断をしたケースもあるのを、わたしは知っていた。それから、わたしの頼みをことわりたくないという気持ちも当てにしていた。

「法律を確認しないとな」ヒトラーはやや逃げ腰で答えた。「全体像をタイプ文書にして、私あてに送ってくれたら調査させよう」

これは考えられる最悪の事態だった。こうしたタイプ文書が全部くずかご行きになってしまうのは有名だ、とわたしは聞かされていたが、もう一押ししないで友人のケースをあきらめるわけにはいかなかった。

「部分ユダヤ人がアーリア人と結婚できる許可は、だれが出すんですか。フリックが決めるの?」

「いや、私だ」ヒトラーは困ったように答えた。「アーリア人の血が支配的だという明確な証拠があるごく例外的な場合にだけ、わたしが許可を与える」

「明確な証拠というと？……」

「簡単なことだ」ヒトラーは答えた。「血液検査をさせる。私の科学者たちがそういう事例を処理するんだ」その口調から、もうわたしの友人の結婚のことは聞きたくないという警告が感じられた。

わたしは唇をかみしめて、ゴリラの血だって人間の血と区別できないだろうと言いたくなるのをこらえた。二人でわざとらしい儀礼的ことばを二三つぶやきながら、彼は階段の上までわたしと歩いた。

「さよなら、マウジ。私はいつでも喜んできみたちと会うからね。お母さんとニッケルと兄弟によろしく」

それでおしまいだった。冷たい冬の陽光のもとに出ると、わたしはこころに渦巻く怒りを振り払うため、あやうく走り出すところだった。

夕食と芝居のために着替える時間だった。その冬ベルリンでとても親切にしてくれたパスマン夫妻と一緒だ。ピーターはおかしな話をして、わたしのふさぎの虫を追い払おうとしてくれたが、この気持ちを明るくしてくれるものは世界中に何もない、とわたしは感じていた。

「わたしはどこに属しているのかしら。もうこの国じゃないわ。教えてよピーター、わたしはどこの人間？」

父の旧友は答えてくれなかった。わたしの手を軽くたたくだけだ。

翌日の午後、ティーツェンはオフィスでわたしと長い話をし、わたしに故国でのしごとを準備させようとした。兄弟の病気がどれほど深刻か、だれもわたしに教えてくれていなかった。秋のあいだずっとヴィーラントはバイロイトの病院に入院し、古い病巣の手術に耐えたが、その病巣は労働キャンプで彼がからだを酷使するまで悪化したことがなかった。ベッドから出られるまでに回復したその日、兄は肺の塞栓が二つあることがわかった。医師はクリスマスにわが家に来ると約束していた。

ヴォルフィはみじめな状態で労働キャンプから帰宅した。当局は収穫のために一か月余分に少年たちを拘束したのだが、あたたかい衣服を支給しなかったので、ヴォルフィは炎症性リューマチと組織全体の中毒というひどい症状で戻ってきたのだ。エマが回復のために彼を山地療養に連れて行き、彼もクリスマス休暇には帰宅できるはずだった。

「お母さんもちがう女性になったことがわかるだろう」ティーツェンは警告した。「自信を失い人を信じられなくなっている。ヴィーラントの具合が悪いとき、彼あての手紙を開封して、ニッテルからの手紙を何通か見た。ニッテルは少年に、母親から独立して自分の人生を生きろと助言していた。お母さんがニッテルを盲信していたのを知ってるだろう。ごたごたのどん底できみを求めたんだ。『マウジを呼んだほうがいいかしら?』と私に聞いてきた。きみがずっとニッテルをきらっていたから、多分そういう事情を話さないだろうが、お母さんにはきみが必要なんだ。力になってあげなさい」

ティーツェンは親切だった。最善をつくすことを約束して、わたしは翌日ただちに家に向かった。ヴァーンフリートでわたしを見ると、母は両腕をわたしに投げかけ、泣いた。二人はまた親密になったが、いつもとおなじようにそのひとときが過ぎると、おたがい相手を傷つけないよう慎重になった。

休暇は予想したより比較的スムーズに過ぎていったが、それはおおむね小さなベティのおかげで——彼女はヴァーンフリートの愛らしい暴君だとわかった。母は、ヴィーラントを見舞ったときバイロイトの病院でその子をみつけ、栄養不足による皮膚病にかかったそのあわれな三歳の幼児《おさなご》にこころを奪われてしまったのだ。医師は、地域の保険医もしており、ある農家から、両親が貧乏で食事も満足に与えられないため、その子を連れてきたのだったが、彼女の小さな幼児用ベッドは病室から病室へとたらい回しされ、だれ一人きちんと面倒を見られないのだった。

「うちなら部屋も食べ物も時間もあるわ」と母は言った。「私が連れて帰ります」

ベティはとても弱くて発育がおくれていたため、ほとんど歩けなかったから、彼女を乳母車に乗せて、ときには母、ときにはエマかわたしが外に連れ出したが、街の人びとはだれの子かしらとうわさしあった。彼女はヴァーンフリートで花ひらいて元気になり、すぐにはつらつとした面白い子になったので、母の友人はお茶に来て、テーブルわきの子ども椅子にすわったベティに耳傾けるのが楽しみだった。

昼のあいだベティは発疹を引っ掻かなかったが、夜はどんなにちゃんと包帯しても、いつもいくつか傷になるくらい掻くのだった。朝になると小さな背中を見せて、おしりをぶってほしいと頼むのだ。ようやく母が気づいたのだが、全快すると家に帰されるのがこわいから、いくつか傷が治らないように引っ掻くのだった。好きなだけこの家にいていいのよ、と母がわからせると、ベティは引っ掻くのをやめ、ヴァーンフリートを楽しむようになった。メイドや庭師、料理人はみな喜んでベティの奴隷になったが、エマは、母がベティにとくにきれいな洋服を着せたとき、所詮はワーグナー家の子じゃないんですからねと苦言を呈した。

ヴィーラントはほとんどの時間を家で過ごしていたから、わたしたちはまたいい関係になった。徴兵期間中衛兵所で寝ていたあいだ、ある晩どうやってラジオのスイッチを入れたか、話してくれた。聞こえてきた音楽が調子のいい行進曲だったので、兄は音量をいっぱいに上げ、外で見張りをしている少年にも聞かせてやろうと思った。突然将校が一人ドアをけ破って入ってくると、音楽よりでかい声でどなった。「ラジオを消せ、ばか者！『インターナショナル』を知らんのか？」ヴィーラントは悪気がなかったのでびっくりしたが、おしまいまで聞けなかったのでがっかりした。でわたしは、ロンドンからつぎに来るときそのレコードを持ってきてあげると約束した。二人で聞くとおもしろいだろう。

もう一つ兄が話してくれたのは、あきらかにわが家の伝説の一つになっていたが、秩父宮殿下のヴァーンフリート訪問だった。この日本の宮様は天皇裕仁の弟で、ニュルンベルクの秋の党大会

（一九三七年九月）にヒトラーの招待客として招かれ、ヒトラーが母に、一週間ヴァーンフリートに避難させて殿下と随員を受け入れてほしいと頼んだのだ。母がおそばに仕えてホステス役をつとめることになった。宮殿下はブロークンな英語を話したがドイツ語はしゃべれず、母は当然日本語ができなかったから、二人のあいだの会話は若干難航した。母が宮殿下に朝食のたまごを、落し卵かゆでたまごか、目玉焼きかいり卵か、どうしましょうかとたずねると、殿下は上品な微笑をうかべて「何もかも《エブリシング》」と答えた（訳注：「何でも《エニシング》」と間違えたのです）。で母は「全部《エブリシング》」作るよう命じた。朝食の席で母が一緒になると、コックが考えつくだけ作ったあらゆる《エブリ》たまご料理を宮殿下は満足げにたいらげた。彼女は知らなかったのだ——日本の客はホストが出した料理を全部たべてしまわなくてはならない、ということを。だから殿下が英雄的にたいらげているあいだ、母は彼の食欲を驚嘆してながめていた。

　最初のディナーは身ぶりことばもまじえてすべて順調に進んでいた。最後にデザートが出た。すべて終わったとき、秩父宮殿下は大きなげっぷをし、つづいて随員たちもおなじようなフォルテッシモでげっぷのコーラスを奏でた。母は椅子から飛び上がりそうになったが、これが日本人の場合「まことに結構なディナーでした」ということを意味するのだと思い出した。

　たまごとげっぷの一週間ののち、殿下は出発した。おさないベティがそのすぐあとに来て、赤ん坊につきもののげっぷをしたとたん、居合わせた全員が叫んだ、「チチブー！」。そのつぎからはベティがだれよりも早かった。「チチブー」と言って彼女はほこらしげにのどを鳴らし、同意をもとめるように母を見た。

このクリスマスは何とかいつもの争いごとなしに切り抜けたが、母はわたしが何かかくしているのに大いにいらだち、不信の念を強くしたので、やりにくかった。ロンドンではだれもわたしを疑わないし、わたしがしたりしなかったことについて根も葉もない話をでっちあげるようなことはなく、ある種の天国《パラダイス》だった。早々にロンドンへ戻ったわたしは勉強にいそしんだが、三月になると母が帰国用航空券を送ってきた——ベルリンで父のオペラ『マリーエンブルクの鍛冶屋』が上演され、そのヒロインがフリーデリント、わたしだというのだ。

ほんのいっとき、ドイツ文化のやぼったい体裁重視主義者のあいだで評判になったのが、わたしの夜会服だった——豪華な刺繍をほどこして長くすそを引いた黒絹である。上に着たイヴニング・ジャケットはフリーダがパリでわたしにくれた漆塗りの絹製で、赤、緑、青の花と金色。黒地に金色という効果がきいていた。赤いマニキュアの足の爪がごく薄手のストッキングと金色のフレンチサンダルごしに見える。そのうえわたしの金髪は一流美容院でつや出ししてカールをかけていたから、その夜はだれもがぽかんとわたしを見つめた。

母は恐怖とショックで茫然とわたしを見たが、一晩中ひと言も声をかけず、できるだけ離れたところにいて、まるでわたしが社会的スキャンダルみたいにふるまっていた。わたしを救助に来てくれたのはピーター・パスマンだった。ピーターには年相応の気軽さがある。大物淑女《レディ》をもてなすようにわたしを自分のテーブルに連れていった。マルガレーテはわたしがとてもゴージャスだとほめてくれ、しばらくするとバイロイトのわが家の歯科医でオペラの歌姫追っかけ先生がやってきて、わたしにおせじを言ってくれた。

ピーターはごきげんだった。この前会って以来のできごとを全部話してくれた。ゲーリングはなかなかのハンターで、各地区に狩主任《ハントマスター》を任命したが、ピーターはスポーツマンとして知られていたので、ベルリン地区のその任務が与えられた。

「あなたの義務は何なの、ピーター？」わたしは好奇心から聞いた。「元帥の獲物を代わりに撃ってあげるわけ？」

「もちろん彼はこの地区でよく狩をするし、私もいつも招待される」とピーターはくすくす笑いながら言った。「元帥は鹿の世話が好きでね、狩猟のルールもじつに知的で人間的なんだ」

「だけどうちの人のユニフォーム姿を見てくれなくちゃ」マルガレーテがつけ加えた。「ゲーリングがデザインしたんだけど、金や赤の縞が多すぎて、コミックオペラのおもちゃの兵隊さんみたいなの」

あたたかくて友好的なパーティだった。わたしのつま先マニキュアには全然おどろかないアーティストたちが加わって、みんなでこの要塞国の内外で起こっているニュースを交換した。すでにドイツは牢獄みたいな感じになりかけており、その中の人びとは熱心に「世界の」ニュースを求めていたのだ。一人だけいなくて淋しかったのはフリーダだった。体調がよくなかったのだが、それにしてもこのオペラで会えないのは不自然に思えた。

翌朝、わたしはティーツェンに呼び出された。フリーダが、体力消耗のため冬じゅう歌ってい なかったが、つぎの晩ブレーメンでイゾルデを歌う、クリスマス以来はじめての出演だという。ティーツェンは、一九三八年のフェスティバルで例年通りブリュンヒルデ役の半分、イゾルデ役は全部出てもらう約束をしていたが、彼女の声の調子が気になるので、わたしにブレーメンへ行って声をチェックしてほしいというのだ。二人がどれくらい親友かを考えれば、そんな依頼をするティーツェンもかなり失礼だとは思ったが、わたしはとにかく行きたかったので、経費が「フェスティバル」持ち、言いかえれば母の支払いになるのはありがたかった。

翌日は街でも、列車でも、ホテルでも、オーストリア〈併合《アンシュルス》〉の話題でもちきりだった（一九三八年三月）。だれ一人ほかの話はせず、あるものは大喜びで、それ以外はひそひそ恐ろしそうに語り合った。その夜わたしはもう一度黒の夜会服ときれいなジャケットを着たが、フリーダに連絡はしなかった。上演が終わり――イゾルデはあいかわらずみごとだった――わたしは舞台裏に行って、彼女と抱きあった。

「まあきれいだこと」パリでの自分のぴかぴかプレゼントに気づいて、フリーダは声をあげた。わたしたちは一団の出演者といっしょに食事をした。楽しい夕食で、話題は今日の上演と音楽のゴシップばかりだった。〈オーストリア併合〉の話はだれもしなかった。そのあと、夜中過ぎに、わたしたち三人はホテルに戻り、フリーダの部屋で話をした。彼女とデーマンは深刻で感情をおさえており、例のニュースが自分たちにどう影響するのかと思いめぐらしていた。これまではオーストリア市民権がフリーダを保護してきた。いまや何が起こるかだれにもわからない。どうみても、未来は真っ暗だ。最後に彼女はわたしにキスし、おやすみなさいと言った。

ロンドンの音楽界は、オーストリアで何が起きているかというニュースやうわさでもちきりだった。ジャンセンは運良くウィーン・オペラのしごとを終え、〈オーストリア併合〉の前日にエルナと出国した。ジャンセン・ソルボーグは、ずっとナチドイツで歌うのを拒否してきたが、オペラ座との契約を破棄してヒトラー到着の二四時間前に立ち去った。フェリックス・ワインガルトナーはのちにわたしに、ナチスが自分を抹殺しようと苦労した話をしてくれた。彼はオペラ座との新しい契約にサインしたところでスイス市民だったから、きわめて順法的かつ公正にやらないと中立国政府を刺激しかねないのだった。当局は法律書を調べた。「信頼性がない」という理由で契約を破棄することもできたが、彼らがそう考えたところで彼に信頼性がないことを証明するのはむずかしいとなるだろう。そこでナチスはその先に目をつけた。別の項に、経済から判断して必要な場合は契約をキャンセルすることができる、とあり、これがもっともらしい。でナチ政府は突然貧乏になって、ワインガルトナーの契約をキャンセルし、一セントも払わなかったというのだ。

オーストリアを去ったアーティストの多くはロンドンに来て、その春のシーズンをとびきりはなやかにした。トスカニーニが戻ってくると、八月にトリープシェン（スイス、ルツェルン郊外）で『ジークフリートの牧歌』を演奏するのだと言った。フェスティバルのあとそこで家族と合流するよう、彼は誘ってくれた。

ようやくライダーとデーマンが到着したが、この二人もほかのドイツの歌手たちも、休日気分は楽しめなかった——例年ロンドンのしごとはお祭みたいだったのに。事態はどんどん悪くなっている、とフリーダはわたしに話した。今年、彼女は経費を一日九ポンドに制限され、終日金を計算して、友人をもてなす総額をふやそうとあくせくしていた。ほかの人たちもおなじ問題をかかえていた。いつもの年だと、このしごとを利用して新しい服を買ったり、おいしいものを食べてドイツの食糧不足からくる栄養不良を改善したり、故国ではヒトラーやその閣僚しかできないぜいたくをちょっと楽しんだりできたのだが、今シーズンはサラリーのごくわずかしか使えず、ひどい人は一日二ポンド半しかなかった。のこりは直接ナチス政府に会計報告するという政府経由の契約になっていたのだ。

フリーダは具合が悪そうで、そのすばらしく旺盛な体力がおとろえていた。わたしは彼女にドイツを離れて暮らすよう、まだ間に合うから自分の身を救うよう頼んだが、フリーダは疲れたようにちょっと肩をすくめて、自分が全人生できづき上げてきたものは母親も、貯金も、経歴《キャリア》も、全部ドイツにあるからと言った。歌手としてもう若くはなく、文無しで一から出直せる年ではない、というのだ。

「あなたはラッキーよ」彼女は美しい声で悲しげにジャンセンに言った。「あなたまだ若いから運がいいわ」

わたしにはこう言った。「むずかしい時代になったわね」フリーダはわたしを抱きしめて、つけ加えた。「私たちの友情も、新しい章がはじまるのよ」

第21章　芸術の保護者

ふだんなら一九三八年はフェスティバルの中間の年だったが、祝祭劇場への税金が非常に高いので、母が経費を捻出する唯一の方法は毎年フェスティバルを開催することだった。母はわたしに六月に帰ってほしがっていた。わたしは気が進まなかった。三月には二一歳になって成年に達するから、多分最後の帰国になるだろうとわかっていた。わたしのパスポートはいつ無効にされるかわからないので、わたしは非合法に国境を越える方法を模索しはじめた。合法的書類を持たずにドイツを出なければならなくなった場合のためだ。

容易なルートを二つ教えてもらった。スイス経由と、チェコスロヴァキア経由である。チェコのほうは、ヴォルフィとわたしが偶然見つけたもので、二人はいっしょに休みのときエルツ山地をハイキングしていて、知らない間にチェコスロヴァキアに入ってしまい、みたこともない道路標識に出くわしたのだった。

今回は、不安なむかつきがとれないままこわごわだが、わたしはいつもどおりベルリンへ飛んだ。ヴィーラントに『インターナショナル』のレコードを持ってくるという約束を思い出し、わたしは、英国の大手レコード会社「ヒズ・マスターズ・ボイス」のディレクター、フレッド・ガイズバーグからそれをもらって来たのだ。フレッド伯父さんは赤いラベルも二枚くれたが、それには「サー・トマス・ビーチャムとロンドン交響楽団演奏：シューベルト作曲『未完成交響曲』」と書いてあった。これを正しいタイトルの上に貼りつけておけば、ベルリン空港の税関でレコードを通すのが簡単になる――ただし「ビーフステーキ」という、みかけは茶色だが中身は赤軍の税関吏に当たって、レコードの中味を聴いてみようと思いつかないかぎり。

だが何ごとも起こらず、レコードはわたしの帽子箱のなかでぶじ旅を終えて、アパートでわたしはコックやメイドにそれを聴かせては楽しんだ。中味が何だかわかるとみな震えあがり、近所の人がそれを聴いてゲシュタポに通報しわたしがたちまち投獄されるのではないかとおびえた。

翌朝繁華街のクアフュルステンダムに向かう途中、わたしはいろんな店の窓ガラスに赤い字で「ユダヤ人《ユーデ》（Jude）」と書いてあるのをみつけた。おなじ店の前の舗装路には、下手なダビデの星が塗りつけてあり、勝手なののしりのことばが書き加えてあった。この新たなユダヤ人侮辱はわたしを大変不快にした――不具者をじろじろ見てしまったみたいに――ので、顔をそむけた。みじめな思いでわたしは頭上を飛翔する旅客機を見上げ、あれに乗ってロンドンに帰りたいと願った。二四時間たたぬうちに、今度の帰国がひどい間違いだったことがわかったのだ。

その夜、家政婦が困った顔をしてわたしのところへ来た。

「街へいらっしゃいました?」と彼女はたずねて、「どうお思いになります?」

「何を?」意味がわからないふりをして、わたしは答えた。

家政婦のほおが赤くなった。

「きたないやり方ですね。外に出てああいうのを目にすると恥ずかしくなります」彼女は玄関テーブルの見えないごみを払い落とすと、それ以上言わないで台所に戻った。運転手も、ずっと正真正銘のナチだと思っていたが、用心深く自分の不快感を口にした。その変わりようは信じがたいほどだった。

ベルリンにいた週、わたしは、わが家の財務責任者のスキャンダルで母の具合が悪いと聞いた。ナチスがニッテルを投獄し、わが家の財産を横領したかどで告発したのだ。きっとティーツェンがいろいろ教えてくれるだろう。このニュースに衝撃を受けてしかるべきだったが、わたしは自分が驚かないのを苦い思いで噛みしめていた。

列車だと、いっぱいいるナチスがいつもいろんなことを言ってわたしをかっとさせ、余計な口答えをするから、わたしは母に、ニュルンベルクまで飛行機で行くので車をまわしてほしいと頼んだ。列車で来ない理由を知ると母はえらく怒り出し、車を出すのを拒否した。だからヴァーンフリートにタクシーで着いたのは一一時近くで、わたしへの当てつけから、だれも起きてあいさつせず全員寝てしまっていた。

翌日は六月二三日で、母の誕生日だった。プレゼントや特別のごちそうでいつも祝う日だ。朝食に下りてくると、ヴォルフィとヴィーラントと幼いベティがテーブルについていた——ニッケルはまだ学校だった。部屋には陽光がふりそそぎ、ベティが「マウジ、マウジ」と楽しそうに大声をあげたが、その場は死体埋葬場みたいに陰気だった。兄弟はお帰りなさいともごもご言い、だまってお茶を飲みつづけた。

母がホールから現われた。いつもだとその顔は生き生きして血色もいいのに、灰色だった。目はほとんど黒で恐怖に似た表情をたたえており、髪は——内から輝くようなきれいな明るい髪は、どんよりとして灰色の毛が混じっていた。わたしに誕生日おめでとうと言ういとまも与えず、わたしを激しくとがめたが、その声はかすれてしわがれ声でささやくみたいだった。ヴィーラントはじっと皿をみつめたまま、食べてはいなかったし、ヴォルフィは相変わらずの食欲で朝食をたいらげていたものの、口を開いてその場を活気づけようとはしなかった。

朝食後、わたしは庭で祝祭劇場へ行くまえのティーツェンをみつけて、ニッテルのことをたずねた。

「お母さんがその話をするとは思えないな。まだショックから立ち直れないんだ」と彼は言った。「男の子たちはことの全貌を聞かされていない。じつのところお母さんは、きみがそれ見たことかといいそうなのに直面できないんだよ」エマの話では、母はティーツェンが支援と協力をことわったので、二重にショックを受けたのだという。とかくうわさのある事業には手を出せない、と彼は言ったのだ。

つづく何日かで、わたしはニッテルに関するもっと詳細な事実を探り出した。捜査が進行中なのを知って彼は入院していたが、そこから引きずり出されてカールスルーエ近くに投獄された。最大の嫌疑は〈ヤミ送金《ベルシーブング》〉、金を外国に持ち出したことだった。

政府の告発では、祝祭劇場の財務責任者をしていた何年ものあいだずっと、表向き音楽のしごとをしながら、ニッテルはワーグナー家の金を横領していたのだった。二五万マルクは彼の出版社に入っていた。ほぼ同額が生活費につかわれ、被害者たちのための豪勢なパーティも含まれていた。さらに二五万マルクが行方不明で、彼が国境を越えて持ち出したといわれる総額を当局も把握できていない。ニッテルが友人に預けていた大金が発見されたという話だった。

しかし災難はこれだけではなかった。当局の告発では、ニッテルが、母は全面的に知っておりその同意のもとに自分が何もかもやったのだと釈明したというのである。憂鬱な日々がすぎていき、母はひと言も喋らない情況で、わたしの脳裏から離れなかったのは、事件が裁判になれば母の無実を証明できるのはわたし一人だけだ、という思いだった。毎月わたしは母が、自分のビジネス用箋を何百枚もニッテルに送るのを見ていたのだ——空白ページの下のほうに母の署名だけして。フェスティバルの期間中、母は何百枚という書類に自分のイニシャル「W．W．」をサインし、内容を読んだことなどなかった。完全に彼を信用していたからだ。

ドイツ政府がわが家の全財産を調査のため押収したということを、わたしは知った。だがヒトラーは、母がフェスティバルを実施できるだけの現金総額は自由にするよう、裁判所に指示した。

だれ一人として、わたしが車で連れ出して落ちこんでいるのを励まそうとしたヴィーラントですら、わたしと話す気が毛頭ない、ということがあきらかになり、わたしは祝祭劇場のニッテルの後任者を訪ねた。まるまると太った、陽気な中年のビジネスマンがわたしを丁重にむかえた。バイロイト雀どもが屋根からニッテル事件をうるさくさえずっているのに、もう成年をむかえて四分の一の経営権をもつわたしが表に出られないなんて、あなたは馬鹿げていると思わないか、とわたしはたずねた。

彼はとまどいながらうなずき、わたしの言いたいことはわかると言った。母に対する彼の影響力を用いて、わたしに事件の全容を話すように母を説きふせてほしい、とわたしが頼むと、彼はしぶしぶ、母にそのことを頼んでみようと約束した。

サワーデ氏と話したのはそのときだけだった。フェスティバル期間中わたしと会うたびに、彼はわたしのまわりに大きな丸をつくってみせた。数か月後、パリでわたしがジャンセン夫妻にその事件の話をすると、二人は笑った。

「どうなったか知らないの?」夫妻はたずねた。「マックス・ローレンツがブエノスアイレスで教えてくれた。サワーデはほんとにお母さんとティーツェンに話したけど、あの無邪気な男はひどい大目玉をくらったものだから、危うく心臓発作を起こしかけたのさ」

こんな雰囲気のうちに、フェスティバルは開幕した。ジャンセンはもちろんいなかったし、バイロイトでおなじみの主演歌手たちも何人かはいなかった。ティーツェンは、オーストリア人ソプラノのノルマ・ガズデンと、自分の制作するクンドリー役にパリ・オペラ座のプリマドンナ、ジェルメーヌ・ルーバンを雇い、どちらも「政治的」理由で契約した。母がルーバンの声のことを聞くと、彼は答えた。「バイロイトの水準には達していないが、とても美人でね」

たしかにきれいだった。背が高く、優雅で金髪、ローマの聖母マリアみたいだった。リハーサルの前に彼女は手紙で母に聞いてきた——黒人の運転手を連れて行くと何か不都合はあるだろうか。バイロイトでは黒人というものを見たことがなく、その点ではドイツ全土でもおなじで、サーカスやオリンピックのときだけだったので、母は市長に相談し、市長は黒人が来てはいけないという理由はない、と判断した。で、ハンサムな黒人運転手クレマンが、ルーバンとスペイン系のスイザとともに到着した。彼は白人のスイス人の妻と結婚しており、パリではいつも白人となじんで来たので、彼がヒトラー少女隊のなかにまきおこした熱狂ぶりを何ら異常とは感じなかった。みんなクレマンと踊る特権をめぐって猛烈に争ったので、彼は女主人よりも大きなセンセーションを巻き起こした。

リハーサルのあいだ同僚たちはルーバンを、フランス人だしドイツ語を喋らないので無視していたが、ヒトラーが到着して彼女にあきらかに注目しはじめると——みんな彼女をちやほやした。

一回目の連続演奏《チクルス》がはじまると、バイロイトの主な通りは全部鉤十字で埋めつくされた。有名な古い家々は完全にかくれてしまい、祝祭劇場へ登る丘のふもとには、ナチ党が赤く飾った二本の柱を建て、金色のナチの鷹二羽で囲んだ。あまり腹が立ったので、わたしは、この幔幕や旗全部に火がついたらさぞや豪勢に燃えるだろうとずっと考えていた。

ヴァーンフリートでは母が、いまや第二の天性となった優雅なしぐさでホステスをつとめたが、しかしその活発さは無理して出したもので、まだしゃがれ声だった。何かの初日だったが、ヒトラーに最近の子どもたちの話をしていて、母は彼にレコードのことを持ち出した。

「マウジはほんとにとんでもない娘《こ》だとお思いになりません、『インターナショナル』をドイツに持ちこんだんですよ。しかも税関をごまかすために『未完成交響曲』なんてラベルをつけて」

ヒトラーはびっくりして、怒るべきか笑うべきかわからないみたいだった。一瞬しんと静まりかえった沈黙が母にも伝染したので、わたしはすかさず口をはさんだ。

「ええ、いつかお入用になるわ。きっと。一枚しかないんだもの、いまドイツ中に」

母はヒトラーの怒り狂った顔を見て、わたしに顔をしかめた——そもそも自分がその話を持ち出さなければよかったのに。

おなじ晩ヒトラーは、最近ムッソリーニを訪ねたことと、王宮での儀式にはじめて出た話をした。訪問第一夜に下がって休みたいというと、王宮長官が、枝分かれしたみごとな燭台をかかげて先に立ち、帝王広間から謁見室を含む長い道のりをしずしずと行進させられた。翌日ヒトラーはムッソリーニに言った——こんなナンセンスはやめてくれないともう一晩泊まりたくない、と。じつは、滞在する部屋から直接王宮に出る階段を見つけてあったのだ。二夜目、ヒトラーはこの階段を二段飛ばしに上がって退出し、王宮長官があえぎながらあとにつづいた。

「考えられるかぎり最高にばかばかしい王宮だったな」とヒトラーはしめくくった。「周辺にいる人間はマリア(ヴィクトール・エマニュエル王の末娘)だけで、彼女は魅力的だったが。ムッソリーニがどうして耐えているのか、わからん。王族をすべて廃止するよう何度もすすめたんだが、まだ期が熟してないと言うんだ。二三日でうんざりした。よくがまんできたと思うよ」

閣僚との昼食の席では、話はおもに新しい〈反ユダヤ法令〉のことだった。

「総統殿」ゲッベルスが満足げに報告した。「わがベルリンの部下たちは全面的に楽しんでやっております。通りでユダヤ人を呼び止めたりカフェに駆り集めて、『ハンドバッグの中を見せろ』というんです。一人が三〇〇マルクかそこら見つけると部下は命令します、『一緒に来い。この金を持ち歩いていいという証明がないぞ』全部みごとに法的根拠があるのですから」

「そのユダヤ人はどうなるの?」わたしはたずねた。

「ユダヤ人がどうなるって! もちろん拘留され、強制収容所に送られるのさ」ゲッベルスは自慢げに微笑んでつけ加えた。「そのやり方で一二〇〇人つかまえたよ」

「それでいつ釈放されるの?」わたしはまたたずねた。

ゲッベルスは大きな、威厳に満ちたジェスチュアをした。

「この世には戻ってこない」

みんないそがしそうにデザートを食べている。わたしはスプーンでアイスをつつき、胃におそろしい重苦しさを感じていた。ゲッベルス夫人のかん高い声がわたしの不快感を断ち切った。

「お嬢さんを見て。青くなってるわ。あの人たちがかわいそうと思わなくていいのよ、あなた。同情してはだめ」

ヒトラーは目を上げておもしろそうにわたしを一瞥したが、デザートにもどってがつがつ食べ、あきらかに満足げにゲッベルスの報告に耳をかたむけていた。

ヒトラーの指示で、親衛隊のテーブル係がテーブルにビールを一本補給した。ヒトラーは最近ある意味でビールに凝っていた。もっともホルツキルヒェンで総統用に醸造された特製黒ビールは、アルコール分わずか一％だったけれども。ヒトラーは疑わしげにボトルを見ると、カンネンベルクを呼んだ。

「たしかにこれは私のビールか？　まちがいなくオリジナル・ボトルか？　強いやつで中毒したくないんだが」

カンネンベルクはまちがいないと言ったが、ヒトラーは満足せず、係がほかに何本か持ってきてみなまったくおなじだと総統に見せた。最終的にヒトラーは用心深くすすってみて、これが本当に自分の特製ビールだと認めた。ヴァーンフリート滞在中、夕食と昼食のたびごとに、総統はカンネンベルクとこの小競り合いをやってみせたものだ。

芸術家《アーティスト》と仲間であると本人は感じていた（彼らとは親友だといつも主張していた）にもかかわらず、ヒトラー訪問の効果は年を追うごとにどんどん重苦しいものになった。だが祝祭劇場の聴衆は、ニュルンベルクやミュンヘン、ベルリンほどは苦しまなかった。ニュルンベルク党大会開幕のときのできごとを母から聞いたとき、わたしたち子どもは笑ってしまった。一流の指揮者とオーケストラがドイツ一のアーティストも交えて演奏したのに、ナチス将校の聴衆は完全に無関心で居眠りをしており、とうとうヒトラーは副官たちを通路に走らせ、拍手する命令を出したというのだ。やかましい軍隊式の拍手をされると、その前の沈黙よりもっと気分をそがれた。

この年一九三八年、バイロイトは「喜びを通じて力を（Strength through Joy）」機構に侵略され、二公演が全席貸切となった。バイエルン・ビールをちょっと飲みすぎる以外は、彼らのお行儀はなかなかよかった。ヒトラー自身がバイロイトを尊敬していた。祝祭劇場の外で「ハイル・ヒトラー」を叫ぶうるさい群衆を静めようとはしなかったけれど、小さなカードを聴衆に配って、劇場内でそれをどなるのを禁止し、自分も照明が落ちるまでボックス席に入らなかった。けれども自然ににじみ出るフェスティバルの親しみやすさは、重苦しい公式的雰囲気のために破壊され、取りもどすすべもなかった。

スタッフやキャストは全員我慢して、二回目の連続公演《チクルス》を待った。総統からちらとでも見てもらうためにだけ生きているような熱烈なナチスをのぞいた全員だが。総統は訪問最終日に、自分をたたえる最後の機会を歌手たちにも与え、彼らをレストランの夜食に招待した。『神々の黄昏』終演後、ヒトラーは、多分三〇名は席についている長いテーブルの片側中ほどに着席した。高官たちがまわりのテーブルにいっぱいだ。親衛隊員たちが群がっている。アーティストのなかの熱心なナチスは、争って総統に近い席を取っており、彼のことばに聞き入っている。離れた席のほかの人たちはシャンパンで自らを慰めのどを潤しているというのに、総統に関する精神そのものはかわききっている。夜はどんどんふけていき、ゲストたちはあくびをかみ殺していた。ゲッベルス夫人は、テーブルの下にかくしたたばこをひそかに吸っていた。目を覚ましておくために、わたしのまわりのゲストがアニマル・コンサートをはじめた。母は七面鳥のような声を出し、ジェルメーヌ・ルーバンはクークー鳴く鳩をみごとに演じたし、わたしはあひる役にベストをつくした。とうとうこれが退屈になっても、まだヒトラーはしゃべっていた。どうせ人に嫌われる身なのだから、わたしは彼のことばの洪水をせき止める役を買って出た。何度かわたしは立ち上がりかけたが、友だちに引き戻された。その騒ぎがヒトラーの注意をひいた。

「どうしたんだ、マウジ?」と彼はたずね、ドイツ芸術に関する口頭論文を中断した。

手を口に当てて、わたしは思い切りあくびをした。総統は長いテーブルを見わたし、ゲストたちが末期的症状を呈しているのに気づいて、副官にいま何時かたずねた。二時すぎだった! 総統が姿を消すと靴のかかとが打ち鳴らされ、「ハイル《ばんざい》」が乱れ飛んだ。

しかしワーグナー家の人びとにとって、その日はまだ終わっておらず、みんなヴァーンフリートで総統におやすみなさいをしなくてはならないのだ。夜の空気のなかを家までドライブするとみんな生気を取りもどし、ヒトラーが副官の一人と話しているガーデン・ルームに入ったときは、みんなぱっちり目が覚めていた。副官は退室し、一同は平和な家族団らんみたいに腰をおろして、公演の話をした。あれこれ歌手の話題が出た。

「フックスはよかったでしょ」ヴォルフィがコメントした。

「ふむ、まあまあかな」ヒトラーは、女性のシュワーベン（ドイツ南西部）方言をまねて異議を唱えた。「彼女が神智学者で残念だ。あんなばかなことに首をつっこまなきゃいいのに。しかしシュワーベン人というのは変わってるな」

ようやくおやすみを言ったのは六時近かった。部屋にもどる前、ニッケルとわたしは居間の人けのない暖炉のそばにすわって、それぞれリンゴを食べた。太陽が朝霧を追い散らして新しい日を照らしはじめていたが、まだ人びとは起き出していなかった。

「寝るのはやめようよ」わたしはニッケルに言った。「ドライブするといい気持ちだろうな」


ヒトラーは去り、バイロイトにある種の平和が戻ってきたが、ヴァーンフリートではみなそう簡単には総統訪問を忘れてしまえなかった。ユニティ・ミトフォードが町に残っていたのだ。今年彼女は髪を脱色して、よりノルマン系金髪にしたのに、もはやヒトラーの影ではなかった。親衛隊の非常線を自由に行き来しなかったし、総統に会えるのは彼女が正式招待をうけたときと、副官が付き添って休憩時間中に総統のテーブルに行くときだけだった。

バイロイトでだれもユニティのことをあまり気にかけなくなると、ついに当人が病気になった。彼女に軽い気管支炎の手当をしたわが家の医者が、ユニティが窓から薬を捨てており、肺炎を招きかねないうすいナイトガウン姿で立っているのをみつけたのだ。具合が悪くなったので、医者は彼女を病院に移した。ユニティの父リーズデイル卿は公演中滞在したが、町を去っていた。

ある夜、というより朝の四時ごろ、はげしいベルの音でヴァーンフリート中全員がたたき起こされた。緊急に電話してきたのはヒトラーの主治医で、ユニティを探しており、総統もその居場所を全然知らないというのだ。その医師に病院へ行ってもらい、彼はユニティがよくなるまで付き添った。ヒトラーは経費を支払い、彼女が看護婦に進呈するため自分のサイン入り写真を送ってきた。

ユニティが退院できるようになると、リーズデイル卿は彼女をオーベルザルツブルグに連れていき、そこでヒトラーに娘の治療費全額を支払った。例の有名な自殺未遂事件（訳注：第二次世界大戦開戦後ユニティはミュンヘンで、ヒトラーにもらったピストルによる自殺未遂事件を起こした）までユニティ・ミトフォードの名前はほとんど聞かなかったが、その事件のあと彼女は英国に帰国した。

第22章　さらばヴァーンフリート館

フェスティバルはだらだらと続いた——表向きはなやかに、成功裡に。そのかげの閉じたドアの内側では、警告や待ち伏せや怒声罵声がいっぱいのきびしいゲリラ戦だった。裁判のおそれは母から取り除かれた——ヒトラーが、裁判にあまりいろんな人をまきこまぬよう命令したのである——けれども、母はニッテル事件のショックから立ち直っていなかった。まだ怯えたような表情をし、奇妙なしゃがれ声で話した。兄と弟は被害の全貌をまだ知らないまま、母が苦しんでいるということだけは十分わかるので、直感的に連携してわたしと敵対した。ニッケルだけがわたしの友だちだった。

わたしが大部分いっしょに過ごしていたライダーは、わたしが家にいやすくなるよう一生懸命試みてくれた。彼女にしてみれば、わたしたち四人兄妹がなかよくできないというのは気の毒なので、自分がヴィーラントとヴォルフィを食事に招いてニッケルとわたしに会わせようという。

「うまくいかないわ」わたしはフリーダに警告した。「ヴィーラントとわたし二人だけだとおたがい分かり合えるのに、家族全員のなかではヴォルフィについて、反対にまわるんだから。息子たちはひどく不快で言うこときかないの」

その通りだった。夕食は惨憺たる失敗に終わった。兄と弟は母やティーツェンの意見をまねて、終始わたしについて気にさわる論評をした。日を経るごとにわたしはどんどん厄介者《ブラックシープ》で、不服従人間になっていくのだ。だがそういう事態にもかかわらず、ニッケルとわたしのきずなは強まっていった。ドイツやわが家と縁を切らなければならないということが明確になるにつれ、わたしは妹がわたしの友人たちと安全にいられて、いざとなれば保護してもらえるようにしておきたかった。

わが家の陰気さが増したのは、リーズロッテがイエナのドクトル・ヴェイルの病院から帰ってきたことだ。うちの歯科医が彼女のあごを整形できなかったため、母はリーズロッテをミュンヘンの整形外科医のところに預け、その外科医が新しい顔をつくったが、それはもうフランク「二世」を魅了した美しい顔ではなかった。彼は結局約束どおり妻と離婚せず、妻のそばで一年間愛国的に子育てに専念して、リーズロッテの望みを断ち切ってしまったのである。

五週間にわたりヴェイル博士はリーズロッテを治療し、神経性心臓病を治すために彼女に睡眠療法をほどこして、昼も夜も鎮静剤の影響下においた。帰ってきたとき、かつて知的な女性だった彼女は、知恵遅れの子どもみたいになっていた。もう会話にはついていけなくて、くすくす笑ったり、馬鹿みたいにたえず喋っているのだ。何日かで彼女は皮膚病をわずらい、はじめじんましんのようにみえたが、やがてどんどん深刻になった。

母はリーズロッテをバイロイトの主治医のクリニックに入れ、彼女が家にいなくなって少し明るくなった。それでもやはり、ヴァーンフリートはわたしにはもう楽しくならなかった。フリーダのところでは平和があるが、彼女のトラブルも最高潮に達している。ティーツェンはできるかぎりの保証を並べて、彼女が反ユダヤ法にふれないようにすると言ったが、全ユダヤ人が自分の財産を申告する——そして多分失う——よう命じられた六月末が近づいても、彼は何もしなかった。フリーダにイゾルデを全部歌わせるという約束を三月に反古《ほご》にしたうえに、これがもう一つ加わったのだ。

といった反訴や不信感の渦中に、フリーダはバイロイトへ来ていた。一回目の公演のあとで彼女が倒れ、デーマンがまず母に報告して、それからティーツェンに、フリーダが『指環』出演をキャンセルせざるをえないと伝えた。フリーダは病気じゃない、とティーツェンは金切り声をあげた。デーマンもティーツェンにどなり返した。ティーツェンのオフィスのドア越しに、おたがい威嚇し絶叫する声が聞こえてきた。

母が仲裁を試みているあいだ、フリーダはベルリンに行き主治医に診てもらった。毎日昼食後に、わたしはいそいで祝祭劇場のレストランに行き、だれにも聞かれないところで電話をした。彼女はシーズン終わりに戻ってイゾルデを二回歌ったが、だれも満足しなかった。

「フリーダがどうして私に妙なふるまいをするのか、わからんな」というティーツェンの無神経な愚痴で、わたしの堪忍袋の緒が切れた。彼の『トリスタン』の制作をめぐって、そのシーズンはじめに衝突していたのだ――これが演技も衣装も誇張しすぎでけばけばしく、あらゆる点でワーグナーの総譜《スコア》を冒涜していた。彼は第一幕で大失敗したことを認め、しかもその収拾策がわからなかった。わたしの提案を入れて洗練された仕上がりになったのを、彼が自分の演出として上演したものだから、わたしは頭にきて、その上演中は舞台に近づかなかった。祝祭劇場のあらゆるものが、にせの誇張や誤った価値観でナチズムにひどく汚染されていたので、わたしは劇場を燃やしてしまいたいという抑えきれないほどの衝動に駆られた。しかしつねに光となってくれたのは、この荒廃も永遠にはつづくまいという希望であり、もしわたしがドイツに留《とど》まってバイロイトを救えなくても、外から何とかできるかもしれない、という望みだった。ふしぎなことに、あれほどバイロイトを困らせた母のヒトラーに対する友情のおかげで、祝祭劇場が国有化されずにすみ、将来も生き残れるかもしれない、とわたしは考えたのである。

だがティーツェンこそ、演劇界を苦しめる諸悪の象徴《シンボル》だった。あまりひどいやり方でフリーダを迫害するものだから、わたしは彼女の弁護にまわり、彼がフリーダを裏切った数々のやり方を猛然と列挙してやった。そのとき以来彼はわたしを避けるようになり、わたしは和解の申し出を拒否した。

「あなたハインツ(・ティーツェン)に朝のあいさつした?」朝食のとき母はしゃがれ声でたずねたものだ。

「しなきゃいけない?」というのが答えだった。敵意が明確だったので、わたしは家には着替えと寝るときだけ帰り、みなが床に入った深夜に出入りした。

三回目の連続公演《チクルス》が終わりに近づき、それがすんだあとのわたしの目的は、トスカニーニがトリープシェンの庭園でコンサートをする予定のルツェルン――『ジークフリートの牧歌』や祖父ワーグナーの結婚記念日を記念したプログラムだった。わたしに来るよう誘ったトスカニーニの電報を、わたしは配達の少年から引ったくった。わたしが彼とトリープシェンで会う約束をしていたのを知られたくなかったのだ。

トリープシェンにたどりつく方法はほんのわずかしかないように思えたが、ある音楽助手の母親からそれが提供されることになった――この助手が魅力的な若いオーストリア人で、わたしの母は、この男とわたしのあいだにロマンスの火花が散ったと希望的に思い込んだらしい。マウジがぶじ結婚してくれさえすれば、彼女はこの手に負えない娘と縁を切ることができる。音楽助手とわたしは母の思惑に力を貸して、自由時間をよくいっしょに過ごした。彼の母親は派手なウィーン男爵夫人で、大きな英国製の車、運転手、秘書、重要人物の雰囲気とを引きつれて最終連続公演《チクルス》に現われた。わたしのトリープシェンに行きたいという泣き言を聞くと、彼女はこう提案した――フェスティバル終了後二週間の休暇で自分や息子といっしょにヴェニスへドライブ旅行をし、こっそり何日かルツェルンに寄ればいいではないか。このふしぎな、圧倒するような女性がオフィスを訪ねて旅行の話を持ち出すと、母は疑わしげだったが、わたしが自分の認めた青年と休暇を過ごしたがっているという考えが大いに気に入った。

三人はチューリッヒで合流することにして、その前にベルリンに来たわたしの友達と、ホルティ（ハンガリーの政治家・提督）の名誉のための『ローエングリン』公演を見た――ふしぎな演目だなと思った。幕開きで王が大音声で抗議するのだ、「神はわれわれをハンガリーの猛威からお守りくださる」。

通貨を国外に持ち出せないので、交換条件を取り交わし、ドイツ国外の旅行は男爵夫人が負担することになっていた。飛行機がチューリッヒに着いても夫人はまだ来ていなかった。ポケットには数マルクしかなかったが、わたしは大胆にも宿泊予定のホテルに行って、部屋を取り、昼食を頼んで自分につけ、夫人が自動車事故で夕食の時間に現われないなんてことにならぬよう祈った。

男爵夫人は到着した。翌日ルツェルンまでドライブして、叔母たちやトスカニーニ一家と最高に楽しい二日間を過ごし、愛情あふれる保護者のもとで満足して自分の傷をいやした。それからヴェニスへ観光旅行に向かい、そのあとわたしは男爵夫人と別れてベルリンに飛んだ。ずっとあとで知って驚いたのだが、わたしがドイツを去って数日後に、彼女は大逆罪で逮捕された。夫人と家族全員がゲシュタポに投獄されたのだ。

外務省がわたしの旅券のビザ審査をしているあいだ――今度はフランス行き――数日フリーダを訪ねてから、わたしはバイロイトに寄った。母と家族はコンスタンツ湖なので、けんかしないでヴァーンフリートから逃げ出すチャンスだった。家出をしようとして、しかもその出発が出エジプトみたいに目立たないほうがいいとき、何を持って行き何を残すか決めるのはほとんど不可能だ。

自分の楽譜《スコア》や必要な本——これは最初に荷造りした。夏服は大部分たんすにかけたままで残し、わたしの帰りを待っているかのごとくしておいた。

メランコリーに淡く染まった弱音調の、魅せられたような日々だった。先に帰っていた叔母たちとの食事、庭の散策、午後の図書室で、わたしが子どもの頃みつけた本から本へさまよい歩く。ときおりわたしは、何を読んでいたかも忘れ、傾いた陽差しがコージマの肖像画や緑の鉢巻きリボンをした曾祖母を金色に輝かせるのを見あげては、かげのようなほとんど忘れられた少女、ここにむかし生きていたフリーデリントの空想にふける。あるいは犬のトビイをつれて栗並木の車道を歩き、女の子みたいな髪のルートヴィヒ王の胸像だとか、玄関ドアの上にあるヴォータン、大がらす、フライアやフリッカに別れを告げる。

五日間という貴重なあいだ、その家はわたしのものだった。午後には友だちが来て、みんなサロンの暖炉の前でお茶を飲んだ。ラジオをつけると、ヒトラーが金切り声をあげて、チェコ人があわれで無垢なドイツ人を苦しめているのはけしからんとどなっており、戦争の影がふたたびわたしたちの上にのしかかっていた。わたしはドイツから出る準備をいそいだ——公然とナチズムに立ち向かえるように。

このあわただしい日々、わたしはリーズロッテを見舞うことも忘れなかった。医師の話では、何週間もこちらから必死で要請した結果、ようやくドクトル・ヴェイルを呼び寄せて彼女を診てもらったのだという。彼女は、肝臓とどうやら分泌器官の敗血症のために、二倍の大きさにふくれ上がり赤褐色になっていた。絶望的な情況で彼女はイエナに移送されていた。つぎの朝、エマがわたしを起こして、リーズロッテが亡くなったと告げた。

するべきことをするのがわたしの役目だった。バイロイトでリーズロッテの世話をしていた看護婦と、わたしはイエナへ車を走らせた。気力を保つためにわたしは明るい緑の革ジャケットを着込み、両親に会うときは車に脱ぎ捨てておくつもりで、新しい高速道路を速すぎるくらいにぶっ飛ばした。シュミット家の人びとはくじけまいとかなり努力していた。わたしが彼らを昼食に誘い、ワインを飲ませると少し元気になって、それから病院に向かった。病室では看護婦がリーズロッテの荷物をまとめていた。外の長い廊下で、わたしはドクトル・ヴェイルに出くわした。

「私は見棄てられました。ミス・シュミットが亡くなってまことに悲しい。分泌腺の手術に希望を託して、輸血で救えるかと思ったのですが」こう言って、緑色の目でわたしをにらむように見た。

「彼女の死因はお教えいただけるでしょうね、先生」差し出された彼の手を避けて、わたしはたずねた。

「その、くだけた骨からはじまった感染症ですな。先の大戦以来そういうのがとても増えています」

「そうとも言えるでしょうね」わたしは言った。彼は赤紫色になり、廊下をやってきたシュミット夫人のほうに向き直った。夫人と話すため、部屋につれこんでしまった。

数分後、シュミット夫人は教授とともに戻り、教授は冷たく「では失礼」とわたしにあいさつした。

「とても親切な方ね」老夫人はつぶやいて、ハンドバッグのなかのハンカチを探した。「あの子のことを話すとき、涙をうかべてましたわ」

午後おそく、わたしはシュミット家の人びとを乗せて、うっとうしい秋の霧雨のなかを葬儀屋まで行った。ホテルでお別れを言ったあと、わたしは緑の上着と明るい赤のスカーフを身につけ、暗がりのなかでよく見えなかったけれど少し気分がよくなった。バイロイトに帰り着いたのは一〇時だった。

その夜わたしはコンスタンツ湖の母に電話して、葬式は土曜日の予定だと伝えた。母は行きたがらなかった。お葬式がこわいのだ。しかし葬儀は義務で逃れようがなかった。そうは言わないまま、母は土曜日ヴァーンフリートに泊まるつもりで、ベティをつれてお茶の時間に到着した。わたしのトランクはもう発送ずみだったが、スーツケースが二つ、荷造りして玄関ホールに待機していた。とめられてはたまらないから、わたしは玄関に行き、財布からパスポートと切符を抜き出して、ブラウスの前のポケットに押し込んだ。

けれども、お茶は静かに進行した。小さなベティが母のそばに座って、母が注ぐのを助けるふりをしており、エマは母の留守中ヴァーンフリートで起こったことを話しながらお茶をついでいた。嵐が起こったのは夕食のあとで、二人が母の書斎に行ってお金の精算をしていたときだ。母はトスカニーニに会いに行ったことでわたしをひどくしかりつけ、ぜいたくだとしかり、フランスに行きたがるなんてと言って怒った。

「あなたの勝手にはさせられないのよ」母はどなった。「あなたには良識というものが残ってないのね、自分の時間を国際ユダヤや裏切り者と一緒に過ごすなんて。あなたをドイツから出すわけにいきません。毎日毎晩、あなたがうちの家名に傷をつけるのを心配しなくちゃならないわ。いいえ、二度とわたしの目の届かないところにはやりません。あなたのやることに責任もてないもの」

「お母さんは責任持たなくていいのよ」わたしは冷静に答えた。「申し訳ないけど、今夜ベルリンに行かなくちゃならないの」

「どうしてベルリンなの？」彼女は怒ってたずね、攻撃のほこ先を変えた。「パリならここから直接行けるじゃない」ここがもろいところで、わたしはすかさず、ドレスメーカーと約束があって一週間ベルリンに滞在することになると説明した。一週間！　これで考える時間ができる、と母が思っているのがわかった。

「わかったわ」母は冷たく言い、立ちあがると机の上を片づけた。「おやすみなさい。車は頼んであげますけど、見送らないわよ」これがわたしが家からもってきた母の記憶だった——美しく、ばら色にかがやき、容赦しない母。

真夜中に、わたしはそっとヴァーンフリート館を抜け出した。ここの娘ではなく、まるで泥棒みたいに。そして幽霊の出そうな栗並木に車で最後の別れを告げながら、母と私それぞれの胸に高まったこのはげしい情景は何だったのかしらと考えていた。嵐と激しい怒りの底流には、尊敬と、きっとワーグナー家への賞賛の念があったからなのだ。

冬が来てつぎの夏になり、ふたたび冬がめぐって来る——人生は絵はがきのコレクションみたいだったが、ただし情景のいくつかはきびしいものになった。山荘でのフリーダとの別れ——二人とも黙って、おたがい二度と会えないかもしれないという感情を表に出さず、少し泣いた。九月のパリ——ブーローニュの森の木の葉が色づき、セーヌ河畔の古本屋が屋台の前でまどろむ。ジェルメーヌ・ルーバンの田舎の家——ぜいたくで美しい。パリへ戻るドライブは、ヒトラーのチェコスロヴァキア侵入の不安から都市部を逃れる人びとの流れにさからって進む。マットレスやトランクや乳母車をいっぱい積みこんだ自動車。街角ごとに貼られた動員令——女たちは鉄道の駅でわが夫や子の兵士にキスをし、いたるところに軍隊がいて、何もかもおそろしい戦争の暗雲がたれこめている。

時間のあるうちにパリを出たほうがいいと友人が警告してくれたので、わたしは急いでフリーダの滞在するチューリッヒに向かった。暗黙のうちに永《なが》の別れを告げたあとで会うのは胸おどったが、フリーダとデーマンはわたしに会ってほっとした。スイスは外国人であふれ返っており、人びとはホテルのロビーで寝たり、スーツケースの上に座りこんだりして、ヒトラーの怒りが荒れ狂う国ぐにから逃れることだけを願っていた。

「帰国したほうがいいわ、マウジ」フリーダは強く勧めた。「これは別なの。重大なことよ。あなたは家族が必要になる。どんなに反抗しても、家族の支えが必要なのよ。ドイツではあなたはワーグナー家の一員だわ。あなたを守ってくれる背景というものがある。外国では、あなたがひどい目にあっても、あいだに立ってくれるものは何もないのよ。小突きまわされるだけだし、これまでそんな目に遭ったことないでしょう、マウジ。あなた人生というものをわかってないのよ。家に帰らないと後悔するわ」

多分そのとおりだった。フリーダはわたしを保護したかったのだが、わたしは戻れなかった。わたしの頑固さに頭にきて、彼女は二度目のさよならを言った。

チューリッヒでわたしは母に手紙を書き、パリから逃げ出したこと、その途中で目撃したことを伝えた。ある朝早く、母は電話してきて、回線の向こうからわたしに怒りを投げつけた。

「みんなお前の手紙にはおなかが痛くなるくらい笑ったわ。お前はヒステリックなオールドミスで、おそろしく臆病な人ね。ドイツでは一人の兵隊も動いてないということを、私が知らないとでも思っているの」それから、わたしにはおなじみのやり方で、いきなり無関係な話にとんで、母はこう要求した。「ケルンまで来ない？　そこなら安全だし、ケルンだとチューリッヒより何時間かパリに近いでしょう」

ちょうどそのころ、ミュンヘン会談（一九三八年九月末）が戦争はないだろうと宣言していたので、わたしはパリに戻り、ノルマ・ガズデンからアパルトマンを又借りした——モンマルトルのはずれの最上階ひさしの下にあるスタジオで、屋根ごしに丘の上のサクレクール教会が見えた。ソルボンヌで勉強して、夜はオペラ、ルーブル美術館訪問、コンサート、ピアノの稽古の長い日々、スコアの勉強、たまの休日には街をうろつく。だがこれだけ忙しいのに、わたしはひどくロンドンが恋しくなった。クリスマスには、例年どおりヴァーンフリートに帰るよう母はわたしに言ってきたが、わたしは行くつもりはなかった。

クリスマス休暇中、フルトヴェングラーがパリに来て『ジークフリート』を指揮した。

「教えてくれ」彼はくり返したずねた。「どうやって逃げ出したんだ？　どうしてそんな決心がついたのかね？　私に何ができるだろう？　わたしはどうやったらドイツを脱出できるかな？」

そのたびにわたしは答えた。「あなたはいまドイツの外にいるのよ。帰りの切符を捨てちゃいなさい」しかし絶対捨てないことを、わたしは知っていた。

フルトヴェングラーが話してくれたティーツェンとベルリンとヴァーンフリートのうわさ話を聞いて、わたしは憤りで煮えくり返った。どうしてティーツェンがそんなことを言い、母がその話を容認できるのだろう——わたしが、ヴェニスへ連れて行ってくれた男爵夫人の大逆罪に加担していたなんて？　なぜそんな情報がヴァーンフリートから流れたのか、怒りの手紙を書いてわたしはたずねた。母もかっとなって返事してきた——こんなじゃじゃ馬娘について言われていることに、自分は責任をもてない、と。この手紙にわたしは返事を出さず、二度と手紙は書かなかった。何を言っても非難にしかならず、わたしは母に思いやりをのこしておきたかったのだ。

（一九三九年）三月、わたしの二一歳の誕生日に、母とヴィーラントがいきなり訪ねてきた。大急ぎでわたしは、トスカニーニの写真やドイツでは反逆の文学と思われている本をかくした。波乱のない三日間で、わたしたち三人は慎重に歩きまわり、おたがいにきついことばなど出さぬよう心に決めていた。わたしたちはパリを探索し、オペラ座に行き、芝居を見た。ヴィーラントは何よりも、観客がヒトラーを野次り倒すニュース映画を見たがり、「驚くなかれ」現象の一つとして自分の友だちに報告したかったのだが、わたしたちが探して見た唯一の総統のニュース映画は、ほとんどがら空きの映画館で、客席で数人ののらくら者がじつに無関心に野次るだけだった。

小さなベティがおどろくほどかわいい子どもに育っており、ニッケルはローマにいる、と母は教えてくれた。

みんなで買い物に行き、母は贈り物を買い、何もかも友好的だったが、母が去ってわたしはほっとした。二人ともきわめて慎重、ひどくていねいだがよそよそしかった。一度でも母は——とわたしは思いめぐらした——わたしを抱きしめて、荒れ狂う娘を自分の心で受けとめようとしたことがあるのだろうか？

春のロンドン——トスカニーニとジャンセン夫妻。友人たちとの再会。国立オペラから来たナチ党員が「売国奴」との楽屋共有を拒否。苦痛や混乱、それにいろんな音楽、だが今シーズンはフリーダ抜き。七月にわたしはトリープシェンに行って叔母たちと合流し、トスカニーニとルツェルン音楽祭に出席した。また自分の一族と一緒になるのはすばらしかった。

八月には、ニッケルが突然何日か現われた。「トリープシェンに行ってマウジに会いたい」と母に言ったのだ。

「いいえ、許しません」母は禁止した。「あなたがマウジに毒されたくないの」その後母は軟化して、つけ加えた。「コンスタンツ湖までは車で行きたいでしょうから、そこから列車に乗ればいいけど、だれかと一緒でないとだめよ。そんな遠くまで一人で運転してはだめ」

その二日間、ニッケルは叔母たちをとても魅了したので、二人ともかつてきらいだったことを忘れてしまった。

「ええ、あの娘《こ》ほんとに美人ね」以前はニッケルがきれいだと同意したことのないダニエラが認めた。エヴァは、ニッケルが若いころのリストみたいだと見はじめていた。

九月一日、ヒトラーがポーランドに侵攻した。これは戦争で、もうミュンヘン会談もないだろう。叔母たちは悲しげに荷造りをはじめた。友人たちはスイスに留まるようすすめたが、エヴァには面倒を見るメイドとコックがおり、数々の義務を負っていた。ある日の午後市長が訪ねてきて、叔母たちの支度について何かできることはないかと聞いた。

「ミス・フリーデリントについては」市長は言った。「トリープシェンに居をかまえて、必要なだけいつまでも当市のゲストでいていただけます」

その午後、マエストロとカルラ・トスカニーニがわたしたちを訪ねてきた。

「マウジに関してはご心配なく」ダニエラとエヴァの頬にキスしながら、トスカニーニは言った。「マウジが一人ぼっちでこの世に身寄りがなくなっても、カルラと私が彼女の母と父になりますから」

第23章　「君のお母さんなんだから」

わたしはニッケルから警告されていた——母が、フェスティバル終了後突然わたしを訪ねる計画をたてているというのだ。そうなったらどうしようとわたしはとても怯えて、叔母たちに、ルツェルンを離れてだれにも見つからないところに隠れたほうがいいのかしらと相談した。パリで会って以来、二人の亀裂をさらに大きくするようなことがいろいろ起こったので、わたしは自分も母のことも信じられなくなっていたのだ。ダニエラはわたしを抱きしめて、言った。

「お母さんのことは、私には助言できないわ。マエストロに会って相談なさい」

で、そうした。わたしがトスカニーニに話したのは、母に会うとどんな感じがするか、そんな出会いがどれほど無意味か、ということだ。彼は一度も口をはさまず、考え深げに私の話に耳をかたむけていた。それから肩をすくめると、半分イタリア語、半分フランス語でこう言った。「しかし……あの人は君のお母さんなんだから（Ma……elle est ta mère.)」

トスカニーニが正しいと、こころではわかっていた。彼の言うとおりだ。何と言っても、あの人はわたしの母なのだから、会っても何とか耐えられるのだ。それからあの九月はじめ、戦争がはじまってしまい、叔母たちは出発した。内心大いにほっとしたが、母はドイツを離れられなくなった。ルツェルンで、わたしは英国に戻るビザを待っていた。実際わたしはわが身を、わたしに「無類のプロパガンダ価値」ありとみなす英国政府の判断にまかせてあったのだ。しかしフランス通過ビザがいつまでたってもおりず、それがないとわたしは移動できないのだった。

一九四〇年二月はじめの金曜日の午後、わたしはチューリッヒからの電話に出た。スイスに着いた母からだった。

「禁止されてるから、電報打てなかったの。つぎの列車に乗って、日曜まで私とホテル・ボーオーラックに泊まらない？」

わたしののどがこわばった。母にルツェルンまで来てほしいと頼んだ。チューリッヒに泊まるという母の計画の裏には、知り合いに会いたくないとか、母を待っている人に公式訪問にされては困るという以上に、もっと何かあるかもしれない、と心配だったのだ。だが母はゆずらず、わたしは午後の列車に乗った。

忘れないで、あの人は君のお母さんなのだから。そう考えながら、あっという間にわたしはチューリッヒ駅で列車を降りると、母と義務的でよそよそしいキスをかわし、ホテルまで車に乗った。タクシーのなかで、となりにいる母をこっそり見た。きっとポテト・ダイエットのせいで体重がふえて、顔は以前よりずっと英国風になり、生き生きして堂々と見え、美しさは衰えていなかった。わたしたちは他人だったのかもしれない。丁重なる他人——ふたりのあいだには何のあたたかさも感じられないもの。

荷物をほどいたあと、わたしは、すこし歩いて、料理のとてもおいしいヴェルトライナー・ケラーで食事しないかと言った。動いて何かしているほうが、おたがい面と向かってすわり、母の訪問の裏にあるだろう決定的な対決にいたるよりはずっと楽だった。母もそう思ったようだ。歩きながらふたりは、当てのない、かつ断固友好的なおしゃべりをつづけた。日曜に帰らなければならないの、とわたしはたずねた。母によると、月曜まで滞在許可はあるのだが、寝台車が取れなかったので日曜の夜帰るほうが楽なの、ということだった。

「だれの許可?」わたしは好奇心からたずねた。

「ヒムラーのよ」と母は答えて、そのときびっくりしたことをおかしそうに話しはじめた——数人の副官が付き添って護衛兵のところを通してくれないと、ゲシュタポ本部からは出て行けない、とヒムラーが母の世間知らずをたしなめたというのだ。

「私は自分で彼のところにパスポートを提出しなくてはいけなかったの」母は事情を話してくれた。「二人はながいこと話したわ。『いいかげんあの娘《こ》の目を覚まさせるんですな』ヒムラーが言った、『お嬢さんは火遊びをしていて、どんなに危険かおわかりではない。たしかに私は彼女の手紙を読んで、それをあなたや叔母さんに送るのをためらいました。彼女は帰国すべきです。でないと、何らかの手を打たざるをえませんな』って」母のおしゃべりはつづいた。その口調から、だれかがフェスティバルで言った気の利いたことばをわたしに教えているみたいだった。

「どんな手を打つっていうの」わたしもさりげない口調でたずねた。「あの娘《こ》」とは私以外のだれかのことみたいに。

「あのね」母はつづけた。「総統はほんとにお前のことを怒っているの。いろんなメッセンジャーをお前のとこに送ったわ。毎回、彼はお前が帰ってくると信じていたわ、今度は反論せずに、言われたとおりするだろうって。でもお前は帰ってこなかった。とうとう総統は言ったわ、『ドイツ中に頼れる人間は一人もいないのか、スイスへ行ってあの娘に、自分が正しいと私に言うために帰国することはまかりならん、と言わせなさい』」

「『どうしてフルトヴェングラーをやらないんです？』って、私聞いたわ。総統がフルトヴェングラーの信頼度をどう思っているか、知ってるでしょ。すると総統は笑い出して、機嫌のいいときにこう提案したわ。『あなたが自分で行きなさい』それでたまたま許可がおりたわけ」

それでわかった。思い返せば、ルツェルンでは母の友人がたくさん訪ねてきて、そのうち何人かはわたしに帰国するよう説得したが、だれ一人ヒトラーから派遣されたとは言わなかった。おそらく母が、総統からの明確な命令ということには慎重な下地づくりをしておいたのだろう。その命令が何であれ聞くのは先にしたいし、母と楽しげな一夜をすごしたいから、わたしはヒトラーからヴァーンフリートのニュースに話題を移した。

わたしたちはゆっくり食事をすませ、母は食後のコーヒーの残りを味わっていた。

「このあいだ総統がコーヒーを二ポンドくださったのよ。イヴン・サウド（サウジアラビア国王）が四〇袋送ってきたので、友人に二ポンドずつ分けたんですって。とてもおいしかった！」

兄弟のことを、わたしはたずねた。母の話ではヴィーラントは、ヒトラーの尊敬する五家の一つ、ワーグナーの家系を継ぐために兵役を免除されたが、ヴォルフィは八月に召集されて、ポーランドで重傷を負った。まだ二十歳なのに、その隊でいちばん年長の一人だったそうだ。ヴォルフィと四人の仲間の兵は巡回中に捕虜になったのだ。全員手りゅう弾で怪我しており、ポーランド軍はすでに総退却中だったので、ごくわずかな治療しか受けられなかった。ポーランド軍医はベストをつくしたが、医療設備が完全に使えなかった。三日間、彼らはたえずドイツ軍の砲撃にさらされた。とうとうその隊の指揮官がヴォルフィに、もう負傷者——ドイツ兵と自軍の二五名——をつれて移動できないと告げ、ヴォルフィにたずねた。負傷したポーランド兵を捕虜としてドイツ戦線へ連れて行ってくれるか、と。

ヴォルフィは承知した。負傷者を六台の荷馬車に乗せ、そのうちいちばん白いシャツの兵士を白旗代わりにして、彼らは四時間さまよい、ようやくドイツ戦線に到着した。司令官ははじめヴォルフィをどなりつけ、そんなことをするなんて気違い沙汰だといったが、何が起こったかわかると、弟と二人の負傷兵を飛行機でリーグニッツ野戦病院へ移送させた。

現在ヴォルフィは、ベルリンの大シャリテ病院にいた。有名な外科医のザウエルブルック博士が、弟の腕と手を何とか救ってくれた。彼はひどい敗血症になり、最終的に手術決行の時点で、心臓が弱っているため麻酔薬を投与できなかった。だが彼は回復するだろう、もっとも手首と指の関節がよく動かないままだが。ヴィーラントは病院列車で弟とともに移動し、母がベルリンに着くまで付き添っていた。

母の声は次第に低くなり、目は暗澹たる色をただよわせた。もう一杯コーヒーを飲んで、テーブル越しにわたしに微笑みかけた。

「ヴォルフィと同室の青年はまだ一九歳なの。心臓の筋肉に弾を受けたのにザウエルブルックが摘出して、一年は寝てなきゃならないけれど、生きのびるって。そしたら総統は――あの人が病院ぎらいなの知ってるでしょ――五回もヴォルフィを見舞いに来てくれて、一度はピンクのバラを持ってきてくださったわ。ヴォルフィは総統に、病棟に行って負傷兵たちを見舞ってくれるよう頼んでいた」

またしても総統《フューラー》だ！　みんなちらちら母を見ていた。ヒトラーの名はスイスのレストランではあまり評判がよくなかったし、わたしは母に何かほかの話をしてほしかった。

「ニッケルはどうしてる？」わたしはたずねた。妹はベルリンで看護コースを勉強中だった。ベティは四月に学校に上がる予定だ。わたしのイングリッシュ・シェパードのトビイは、軍事サービスに徴用されたが、試験官を二度たたきのめした結果、兵士が母に言ってきた。「お宅の犬はお引取りいただいて結構です、ワーグナー夫人」

ティーツェンはこれまでの仕事に加えて、新しい極秘業務を任命されていた。英国のスパイを尋問しているのだ。

「あの連中につかまっちゃだめよ」と母は気をつけるよう言った。「お前も知らない間にすぐスパイにされてしまうから」

ドイツの最高司令部はトリープシェンで会議なんかしてなかったわ、とわたしは答えて、笑った。だが母は大まじめだった。ふたりは食事を終えてチューリッヒの大通りを歩いており、街の明かりで母はまぶしそうだった。わたしは、コンサートに行く途中で防空演習に会って何マイルも暗闇を歩いた話をした。

「スイス人ってばかね」母は言った。「だれがこんなとこ侵略するものですか！　国境を越えるときそこらじゅう兵隊だらけでびっくりしたわ」

そう、スイスは国民皆兵制だから、とわたしは母に言った。そうするしかないのだ。

「ばかばかしい。みんな戦争好きなのね。ドイツでそんなことができるとは思えないでしょう？」

彼女の気をそらして、お店のショウ・ウィンドウに向けようとしたが、母は自分の本音を話しはじめた。

「ベルリン中がお前のうわさをしてるわ。お前は英国諜報機関と国際ユダヤ人組織に雇われたんだって。マウジはばかで、自分のことしか考えないって。立ち止まって、自分が家族に引き起こしている不幸のことを考えたことないでしょう。お前のうわさを聞くたびに、兄と弟ははずかしくて身を焼く思いで、弁護のしようもないのよ。二、三日ベルリンに来て、お前の家族と会ってちょうだい。ブリストルで私とお昼を食べて、私たちが一緒にいるところを皆に見せてやりさえすれば、こんなうわさは消えてしまうわ。お前は自分の立場をはっきり見せられる。それからスイスに戻ってくればいい。私はかまわないわ。すがただけ見せてちょうだい」

「そうしたらここへ簡単に戻れるかしら」とわたしは内心つぶやいた。わたしのことをいつまで子供だと思っているのだろう。

声に出して、わたしは答えた。「お母さんは、わたしの立場をよくご存知でしょう」

「あなたは自分のこころを、敵のプロパガンダで完全に毒されてるのよ」母はつらそうに大声をあげ、それから気を取りなおして微笑もうとした。二人は黙って歩きながら、それぞれ意気消沈して考えていた――このみぞを埋める手立てを何か見つけなくては。

ホテルに戻ると、母は疲れてすぐ自分の部屋に引っ込んだ。わたしもそうした。気を張り詰めていてへとへとだった。だが寝てしまうわけにいかない。母は自分の道を探っており、ここまで来た理由をまだ全部わたしに話していなかった。ゲシュタポに拉致された人たちの話がとても多かったので、友人はいつも、行く先や食べた物には気をつけるようわたしに警告していた。わたしも実際自分の部屋を調べて、ベッドの下や衣裳ダンスをのぞきこんだ。

土曜日の午前中、わたしたちは買い物をして過ごした。母がお店で、かっこいい手を米国製高級絹ストッキングに通すのを見慣れていたのに、いまいちばん厚いウールをほしがっているのを聞くと、ふしぎな気がした。政府がウールの水着を消費制限するのを忘れたものだから――と母は話してくれた――それがいちばん流行《はやり》の冬の下着になっていた。ふたりはチーズとチョコレートを買い、それから母がほしかったのに時間までに買う決心のつかなかったものをウィンドウ・ショッピングした。土曜日はお店が早く閉まるからだ。

お金さえ出せば、ベルリンではまだ食べるのに不自由しない、と母は言い、クアフュルステンダムの新しいレストランのことを話した。そこでヒャルマル・シャハトと彼の彫刻家の花嫁バーバラ・フォン・カルクロイトが、キャビアとロブスターを満喫したというのだ。母の説明では、ロシア人はヒトラーに、彼が緊急に必要な食糧補給品を送るのは無視したが、ゲーリングその他のグルメはキャビアで満足していた。

午後おそくわたしたちはホテルに戻ったが、どちらも緊張して、爆発するのをあまり先延ばしできないことがわかった。二人は母の部屋にいた。わたしは窓際の大きなひじ掛椅子にすわっており、母はベッドでわたしと向かい合っている。青緑色に揺らめく母の化粧着は、戦前のきれいな東洋製シルクで、その肌に金の色合いをもたらしている。

ふたりはまだ独ソ協定のことを話していた。母はヒトラーの抜け目なさをたたえて、スターリンとのかけひきのことを繰り返した。わたしは思わずこう言って、爆発させてしまったのだ。「あの人がほんとのこと言うなんて、本気で信じてるわけじゃないでしょ。ほかの人にとおなじで、お母さんにも嘘をつくのよ」

母はきちんとすわりなおした。その顔から親しげな、いきいきした表情が消え、恐怖の表情に、それから冷たい憎悪の表情に変わった。わたしが神の無欠性を疑ったとしても、これほど激怒はしなかっただろう。

「今のいままで」母は窒息しそうな声でわたしにぶつけた。「よその人間が言うことを私は信じたくなかったわ。お前がドイツに歯向かって自分の首が飛ぶようなことを言ってると、みんなパリから報告してきたけど、わたしはどれも信じなかった。だけどいま自分の目でたしかめたわ。私も何てばかだったのかしら。思い知るといいわ、私はあなたの母親よ、金輪際勝手なまねはさせませんからね。しっかり錠を下ろして閉じ込めてあげる」

母は身を乗り出して、じっとわたしの目を見つめた。

「最後にもう一度、家に帰るよう要求するわ。あなたの兄弟が、帰国してこれ以上恥をかかせるなと命令してるの」

「ずいぶんゲルマン的」とわたしは批評した。「それに、いつわたしが兄弟の言うことにしたがったかしら?」

母の声がきびしくなった。

「私はお前に選択権を与えに来たの。いますぐ決めなくてもいいわ。考える時間はあげるけど、でもどちらか選ばなくちゃならない。すぐドイツに帰ることもできる——国では一定期間安全などころに閉じ込められるけど。それとも中立地域に滞在して、お行儀よくしているか。おしゃべりはやめなきゃだめよ。それに応じられないと、拉致されて安全な場所に送られるの」

　わたしは口をはさみかけたが、母はまだ終わっていなかった。

「もしどちらもうまくいかなかったら、命令が出される。お前は都合のつき次第抹殺され、根絶されるわ。実際に敵国地域へ行こうなどとしたら、どういうことになるかわかるわね。お前はドイツ市民権を剥奪され、財産は没収されて、一生、家族と会うのを禁じられるか、いかなる連絡も取れなくなるのよ」

　聴いているうちにわたしの顔から血が引いていくのがわかった——脅しがこわかったからではなく、母の使ったことばに怯えたのだ。「抹殺」とか「根絶」というのはもちろんヒトラーなりヒムラーの用語である。彼女はそのことばにまったく無感覚で、自分自身の子ども、血肉を分けた我が子に使って平然としていた。「アウスティルゲン・ウント・アウスロッテン（Austilgen und Ausrotten）」！　いや、わたしがドイツ語を忘れるはずがなかった。文字通り「抹殺し根絶する」という意味なのだ。

「よく考えて」ふつうの声にもどって、母が言った。「そして私に知らせて。決心がついたら手紙をちょうだい」

「だけどあたしもう決心ついてるのよ。長いあいだ、英国のビザを持ってるし。フランス通過ビザを待ってるだけで、英国に行く予定、そこからアメリカにいくつもりなの。準備万端よ」

危険だとは思ったが、わたしはバッグから英国外務省の文書を取り出して、見せた。母の顔は凍りついた。

「英国政府にお前は何をしてやるの、敵国から敵国へ旅行できるだって？　戦争してるのよ。ドイツの敵に何をしてやるの？」母の声は悲しみに打ちひしがれ、泣き叫ばんばかりだった。「ドイツ人のお前が、どうして敵国を旅できるの？」

これは国と国の戦争というよりはイデオロギーの戦争なのだ、とわたしは母に伝えようとした。無駄だった。母の声は高くなるばかりだ、「だけど総統が——総統が、あたし総統に何て言えばいいの？」

答えようがなかった。これ以上話しても無駄だ。わたしは静かに立ち上がり、部屋を出て、ドアをそっと閉めた。わたしのデスクの上には、ルツェルンから転送された公式の手紙が載っていた。わたしのフランス通過ビザだった。大きなため息が出た。

母が夕食に下りてきたとき、わたしはトスカニーニのことばを思い出しながら、そこに座っていた。あれだけのことがあったにもかかわらず、わたしは母に言いたくてたまらなかった——もし万一ドイツを逃げ出したくなるようなときがきたら、どうすればいいかを。だがロビーに入ってきたとき、母は気持ちが落ち着き寛大だった。表面上愛想のいい鎧に身を固めてわたしなど寄せつけようともせず、その態度は別れるまで変わらなかった。

その夜は、〈Austilgen und Ausrotten〉（「抹殺し根絶する」）というあの恐ろしいことばが、わたしの耳に鳴り響いていた。大切な通過ビザをにぎりしめ、わたしはまたしても眠れない、警戒おこたりない夜をすごした。

とうとうわたしと母は、いっしょにチューリッヒ駅のプラットフォームに立っていた。その最後の数分間にも、過去を帳消しにするような何かができたはずだ——ふたりがそれまで一つだけできなかったこと、つまりおたがい譲り合うという以外の何かが。

列車が入ってきた。

「考えておいて。時間をかけて、決まったら知らせて」まるで希望をすてていないみたいに、母はくり返した。わたしにお別れのキスをし、客車のステップに足をかけて、ふりむいた。声が突然変わった。

「帰ってきて、マウジ。家に帰って。あなたが必要なの」

だがもう遅すぎた——その返事は全部出つくしていた。これは別れなのだ。ドイツでわたしが愛したすべてのものへのお別れなのだ。列車が動き出すと、わたしの目が涙で曇った。トスカニーニのことばがまた耳の中で鳴り響いた、「なんと言っても、君のお母さんなんだから」わたしは駅に背を向けて歩き出し、このうえなく恐ろしい孤独の感情を味わっていた。

それからわたしは、見慣れたチューリッヒの大通りを歩きながら、自分がまったくひとりぼっちではないというふしぎな感じにとらわれていた。そして、わたしは思い出したのだ——わたしの祖父リヒャルト・ワーグナーも、亡命者としてチューリッヒに来たのだった。
するとふしぎなほど元気が出てきた。

——完——

訳者あとがき

この本の著者フリーデリント・ワーグナーは、一九一八年三月二九日、ドイツのバイロイトに生まれた。ドイツ帝国が崩壊して第一次世界大戦が終る七か月あまり前である。翌一九一九年にはヴェルサイユ条約調印、共和国憲法のワイマール憲法が成立する一方で、ドイツは多額な賠償金に苦しめられ、ナチス（国家社会主義ドイツ労働者党）の前身党が誕生している。近代ヨーロッパの国々にとっては、第一次大戦後のほうが〈大変な戦後〉であった。

父ジークフリートが奔走して、一九二四年、十年ぶりにバイロイト音楽祭が復活したことは第三章に書かれているが、この音楽祭では『マイスタージンガー』公演のあと、聴衆がいっせいに立ち上がって「ドイツ、世界に冠たるドイツ」を涙ながらに絶唱したという。音楽界でも、まだ保守派が圧倒的に優勢だった頃である。

フリーデリントが生まれ育ったヴァーンフリート館は、祖父の作曲家リヒャルト・ワーグナー（一八一三〜一八八三）の終《つい》の棲家《すみか》である。二六年という歳月をかけた楽劇『ニーベルングの指環』四部作が完成した館の入口には、リヒャルト自身の銘盤がかかげられている――「私の希望《ヴァーン》（と妄執）が安らぎ《フリート》を見出すこの館に、ヴァーンフリート（Wahnfried）という名を与えよう」。

　フリーデリントは、ドイツ、英国、パリなどで教育をうけるが、早くからバイロイトのワーグナー作品上演に関わった。一九三六年には、演出助手としてバイロイト音楽祭に正式参加している。だが、父ジークフリートの急逝後、音楽祭運営責任者となった母ヴィニフレートにとって、ナチズムの意向とヒトラーの支持援助とを共存させながら音楽祭を経営しなければならない、むずかしい時代になっていた。アドルフ・ヒトラーは若い頃からワーグナー音楽の熱烈な崇拝者で、第二次世界大戦が始まったときも、バイロイト音楽祭を無期延期にしたいというヴィニフレートの意向を許さなかった。

　その頃、独・米国両国であいついでウランの核分裂現象が発見され、核分裂のエネルギーが原爆化可能であるという論文が、亡命物理学者らによって書かれている。一九三九年、第二次世界大戦突入前後のヒトラーの背後では、科学者たちによる核分裂現象の研究が進められていた。

　第三帝国批判の言動が多くなり、スイスで英国への亡命を準備中のフリーデリントが、母ヴィニフレートと会って別れるところが本書のラストシーンだが、その後英国に逃れたフリーデリントは、指揮者のトスカニーニ夫妻の助けでウルグアイ、アルゼンチンを経て、一九四一年米国に移住し、反ナチ・ラジオ放送などに協力している。この年米国はウラン核分裂による連鎖反応の実験に成功、ドイツに後れをとるなと原爆開発マンハッタン計画を開始した。

　一九四五年、バイロイトが連合軍の空爆を受け、ヴァーンフリート館も三分の一が崩壊した。四月末ヒトラー自殺、五月ドイツ降伏後、七月に米国は原爆実験に成功、その原爆を日本に投下して、第二次世界大戦は終わった。

敗戦後ヴィニフレートはナチズム加担に対する責任を問われ、二度の裁判ののち一九四八年一二月に「二年半バイロイト音楽祭にタッチすることを禁ずる」という判決を受けた。これを機会に彼女はワーグナーの遺産一切と音楽祭運営権のすべてを、二人の息子にゆだねることにする。その後フリーデリントとも表面上は和解するが、娘のヴァーンフリートへの立ち入りは許さなかった。ただ一人の理解者である兄ヴィーラントの協力で、フリーデリントはバイロイト音楽祭を手伝うことになる。バイロイト・フェスティバル・マスタークラスを主宰して若い才能を育てるが、ヴィーラントの死（一九六六年）により英国へ去らざるを得なかった。

一九七三年、「リヒャルト・ワーグナー財団」が設立される。祝祭劇場、ヴァーンフリート館およびリヒャルト・ワーグナーの遺産のすべて（楽譜・書簡などの精神的遺産も含む）が財団法人化され、ワーグナー家、連邦政府、バイロイト市などから選出された委員によって管理されることになった。

一九七六年、ドイツの映画監督ハンス・ユルゲン・ジバーベルクが、三〇〇分の長尺ドキュメンタリー映画『ヒトラー時代の回想／ヴァグナー家一九一四〜七五年』を制作し、八〇歳近いヴィニフレート（一九八〇年没）がみずからの過去をほぼすべて語っているという。このドキュメンタリーの一〇〇分版は七八年に東京でも上映されたが、訳者は見ていない。

フリーデリントはながらくイングランド北部に住み、晩年はスイスのルツェルンに居を定めたが、バイロイト移住はついにかなわず、生涯独身のまま一九九一年五月八日、故国ドイツのヘルデッケ市民病院で亡くなった（享年七三歳）。

本書の原書は、"HERITAGE OF FIRE —The Story of Richard Wagner's Granddaughter" by Friedelind Wagner and Page Cooper（1945, Harper & Brothers Publishers, New York）で、ドイツ語版（本書のドイツ語訳）が"Nacht über Bayreuth"というタイトルで一九七五年に出版されている。

もともとは一九九九年と二〇〇四年に劇作家、福田善之氏の『ワーグナー家の女』の参考図書として訳出したものを、今回福田氏のお薦めにより改定訳したものである。ドイツ語などの一部に関しては、音楽家の堀井恵氏、ザビーネ・ザイフェルト氏にお世話になった。出版にあたっては、論創社の高橋宏幸氏のお手をわずらわせた。あわせてここに謝意を表させていただく。

二〇一一年七月二二日

北村　充史

著者：フリーデリント・ワーグナー　【Friedelind Wagner】(1918-1991)
作曲家リヒャルト・ワーグナーの孫。ドイツ、バイロイトに生まれ。祖母と父の死後、バイロイト音楽祭を手伝うが、ヒトラーのナチス・ドイツと音楽祭をめぐり母ヴィニフレートと対立、英国などをへて一九四二年米国に亡命した。戦後はヨーロッパに戻り音楽祭関連の仕事もするが、バイロイト定住はかなわなかった。

著者：ページ・クーパー　【Page Cooper】(1891 − 1958)
米国ウェストヴァージニア州生まれの作家。児童向けフィクション、ノンフィクションのほか、伝記および馬に関する物語も多く執筆している。「Great Horse Stories」「Mano' War」「Rudyard Kipling」ほか。

訳者：北村充史　【きたむら・みつふみ】
1939年奈良市生まれ。京都大学法学部卒業。著述家・翻訳家。NHKドラマ部ディレクター、チーフプロデューサー、総合企画室主幹、WOWOWゼネラルプロデューサーなどを歴任。著書に『テレビは日本人を「バカ」にしたか?　大宅壮一と「一億総白痴化」の時代』(平凡社新書) など。

炎の遺産——リヒャルト・ワーグナーの孫娘の物語

2011年9月10日　初版第1刷印刷
2011年9月20日　初版第1刷発行

著　者　フリーデリント・ワーグナー
　　　　ページ・クーパー
訳　者　北村　充史
発行者　森下　紀夫
発行所　論　創　社
東京都千代田区神田神保町 2-23　北井ビル
tel. 03(3264)5254　fax. 03(3264)5232
http://www.ronso.co.jp/
振替口座 00160-1-155266
印刷・製本　中央精版印刷
ISBN978-4-8460-0930-4　C0073